JN296523

企業のトップが語る
ビジネスリーダーシップ

Business Leadership

小原芳明 監修
玉川大学経営学部 編
編者代表 玉木 勝

玉川大学出版部

監修の言葉

　この度『企業のトップが語る　ビジネスリーダーシップ』を出版するにあたり、監修者として一言述べたい。

　講座ビジネスリーダーシップは正式には平成15年度から経営学部の講義としてスタートし、春学期、秋学期と年2回に分けて行われてきた。実は本講座は経営学部設立以前から文学部英米文学科国際経営コースの国際関係特別講座として約10年間の歴史がある伝統的講座であり、平成13年度まで続いてきた。経営学部の講座になって以降、最近までの講義において講師の方々の中には毎年ほぼ一貫して継続して講義いただいている先生も多い。今回経営学部のこれまでの講座をまとめて、ここに本書を刊行することになった。本書は各講師の講義録、編者代表・玉木勝の解説の構成にした。

　本講座の講師陣は、(1) 製造業出身の経営者、(2) 金融・サービス業出身の経営者、(3) ベンチャータイプ経営者、(4) ホテル・レストラン・流通業における経営者、(5) 非営利法人および玉川学園理事長・玉川大学教授の19名である。

　第1部は、池森賢二（株式会社ファンケル名誉会長）、山岡法次（元日本IBM株式会社常務取締役）、佐藤敏明（元日本ケミコン株式会社社長）、齊藤十内（日本スピンドル製造株式会社社長）、齋藤安弘（日本原料株式会社社長）が製造業出身者として講演したものをまとめたものである。

　第2部では、知念常光（株式会社ジャパンクレス会長）、前田晃伸（株式会社みずほフィナンシャルグループ社長）、深沢英昭（東京海上キャピタル株式会社社長）、玉木勝（玉川大学教授）が金融・サービス業出身者として登場する。

　第3部は、牟田學（日本経営合理化協会理事長）、久志本一郎（株式会社ピーエージージャパン社長）、小谷洋三（株式会社エム・ディー・マネジメント社長）、玉木剛（株式会社コミュニケーションデザイン社長）がベンチャータイプの経営者として講話したものをまとめたものである。

第4部では、力石寛夫（トーマスアンドチカライシ株式会社社長）、塩島賢次（元フォーシーズンズホテル椿山荘東京総支配人）、亀井淳（株式会社イトーヨーカ堂社長）がホテル・レストラン・流通業の経営者としての講話をしている。

　第5部では、私が玉川学園理事長として、松尾武（元日本放送協会専務理事）、川野秀之（玉川大学教授、知的財産本部部長、前経営学部長）とともに非営利法人・政治におけるリーダーシップ論を展開している。

　各講師の講話は非常に広範なもので、ビジネスリーダーシップの本質論に関わるリーダーやリーダーシップの定義・内容、講師それぞれの生い立ちや現場体験、人生論、人間論、学生へのアドバイスと様々である。

　リーダーシップ論については種々議論があるが、あえて定義すれば、組織の1つの目標に向かって集団を引っ張る統率力として把握する講師が多かったと思う。もちろんそれを発揮するためには、判断力、決断力、実行力が伴い、そして感性や直観力も必要だと述べる講師も多い。またリーダーはそうしたリーダーシップを発揮し実践できる組織のトップであるとして位置づけていたと思われる。さらにリーダーがリーダーとしてその組織内で統率力を発揮するためには、そのリーダーの人間性を周囲が認めていくことが必要である。ビジネスの現場でも、教育現場でも人間性の向上を重視していかねばならない。

　最後に各講師の講義に感謝して監修の言葉としたい。

玉川学園理事長・玉川大学学長　小原芳明

はじめに

　本書は玉川大学経営学部講座ビジネスリーダーシップにおける講話をまとめたものである。講話の時期は主として 2007 年度に実施されたものである。いずれの講話も各講師の豊富な人生体験とビジネスリーダーとしてのリーダーシップ経験を吐露されたものであり、得がたい珠玉の講話集になっている。もちろん各講師のキャリアや活躍している分野は違い、出身校も様々である。しかし学生に対する温かい思いやりに溢れた話が多く、編者としても講話に引き込まれた感が強い。

　今回の講話集は総勢 19 人の講師によって構成されている。講師の属する業種や経営者として活躍された分野によって 5 つの分野に集約し、それらを第 1 部から第 5 部とした。講師の肩書きは原則として講話時点のものを使わせていただいている。19 人の講話を 19 章にまとめ、それぞれ講話内容を記述するとともに、編者による解説を付して一体とした。解説では複数回講話している講師に関しては何回かの講話、及び講話後のヒアリングを含めた解説を試みた。また、講話で取り上げられている事例について、講話時点のものなので、現在は事情が変わっているものもあるが、その点はご了承いただきたい。

　終章として本書のまとめを記述している。まとめでは、ビジネスリーダーシップについて、事業戦略・事業戦術について、コーポレート・ガバナンス（企業統治）について、人生哲学のアドバイス、の 4 つにまとめた。さらにあとがきについては、本講座を共同で担当した川野秀之教授にお願いした。川野教授は本講座を国際経営コース時代から担当されており、本講座の歴史をよく熟知されている。

　本書の完成に至る経緯は次の通りである。19 人の講話自体は録音されていたが、文字起こしには相当の時間を要した。文字起こしについては主として編者のゼミナールの諸君にお願いし、編者が修正した。さらに原稿を講師に校正していただいた。また講話原稿を積み上げると大変な量になるのでか

なりの分量を削除することになった。これも校正の段階で講師にお願いし、大量の講話を削除していただいた。また最終的には頁数の関係から編者の判断で削除させていただいた部分もある。最後に玉川大学出版部に校正をお願いした。なお文中の誤字・脱字あるいは文脈に誤りがあれば、最終的な責任は編者にある。

　本書については多くの皆さんの支援をいただき完成をみるに至った。まず海野博経営学部長はじめ、経営学部の教職員の皆さんに感謝申し上げたい。さらに講師の全員に深く感謝申し上げるとともに、講話内容・記録のチェックについて十分なご連絡ができなかった点があるのでその点をお詫び申し上げたい。次に講師でもありかつ監修の労をいただいた小原芳明玉川学園理事長・玉川大学学長には深くお礼申し上げたい。最後に本書出版について最大限支援してくれた玉川大学出版部の方々に謝意を表したい。

玉木　勝

目 次

監修の言葉　小原芳明（玉川学園理事長・玉川大学学長）——— 3
はじめに　玉木　勝 ——— 5

第1部　製造業におけるリーダーシップ ——— 11

第1章　心の経営
池森賢二（株式会社ファンケル名誉会長）——— 12

第2章　企業再建におけるリーダーシップ
山岡法次（元日本IBM株式会社常務取締役）——— 31

第3章　ビジネスリーダーシップ〜私のビジネス体験から
佐藤敏明（元日本ケミコン株式会社社長）——— 45

第4章　会社再建から学んだ経営の要諦と私の経営観
齊藤十内（日本スピンドル製造株式会社社長）——— 61

第5章　日本原料におけるリーダーシップ
齋藤安弘（日本原料株式会社社長）——— 81

第2部　金融・サービス業におけるリーダーシップ ——— 97

第6章　必要とされる人、人生の三感王になろう
知念常光（株式会社ジャパンクレス会長）——— 98

第7章　みずほフィナンシャルグループの現状と今後の展望
前田晃伸（株式会社みずほフィナンシャルグループ社長）- 113

第8章　M＆Aと投資ファンド
深沢英昭（東京海上キャピタル株式会社社長）——— 130

第9章　国際金融市場におけるリーダーシップ
玉木　勝（玉川大学教授）——— 149

第3部　ベンチャータイプ経営者におけるリーダーシップ —— 163

第10章　私の経営哲学
牟田　學（日本経営合理化協会理事長）—— 164

第11章　企業再生におけるリーダーシップ
久志本一郎（株式会社ピーエージージャパン社長）—— 175

第12章　私の起業論〜何故医師紹介会社を立ち上げたか
小谷洋三（株式会社エム・ディー・マネジメント社長）—— 191

第13章　キャリアマネジメント〜起業する
玉木　剛（株式会社コミュニケーションデザイン社長）—— 212

第4部　ホテル・レストラン・流通業におけるリーダーシップ —— 227

第14章　ホスピタリティビジネスにおけるリーダーシップ
力石寛夫（トーマスアンドチカライシ株式会社社長）—— 228

第15章　フォーシーズンズホテルの経営理念
塩島賢次（元フォーシーズンズホテル椿山荘東京総支配人）—— 243

第16章　イトーヨーカ堂の事業戦略とリーダーシップのあり方
亀井　淳（株式会社イトーヨーカ堂社長）—— 258

第5部　非営利法人・政治におけるリーダーシップ —— 275

第17章　私の考えるリーダーシップ
松尾　武（元日本放送協会専務理事）—— 276

第18章　学校法人におけるリーダーシップ
小原芳明（玉川学園理事長・玉川大学学長）—— 286

第19章　政治的リーダーシップ―ビジネスリーダーシップとの比較
川野秀之（玉川大学教授）—— 299

終　章　まとめ〜厳しく、優しいリーダーを目指す
　　　　　玉木　勝 ──────────────── 313

あとがき　　川野秀之（玉川大学教授・前経営学部長）──────── 333

第1部
製造業におけるリーダーシップ

第1章　心の経営

池森賢二（株式会社ファンケル名誉会長）

1．はじめに

　皆さんこんにちは。ファンケル創業者の池森です。
　今日の私の話の中心は、人の「心」の話です。皆さん日夜、一生懸命勉学に励んでいると思いますが、どんなに学問を積んでも心が伴っていなければ意味がありません。心が伴ってこそ、はじめて身につけた学問が活きてくるのだと思います。決して学問を軽く見ているわけではありませんが、やはり人間は生きていく上で、心の有り様が一番大切であるという話をこれからさせていただきます。

2．私の経歴

　まず私の経歴を紹介します。私は昭和12年の6月1日生まれです。出生地は三重県の伊勢神宮の側でした。小学校1年生までは三重県に住んでおり、戦争が激しくなったので、小学校2年生のときに新潟に疎開しました。疎開後まもなく、小学校3年生のときに事故で父親を亡くしました。母親は当時37歳で、一家の大黒柱を失ってしまったのですが、以来1人で5人の子供を育ててくれました。大変に気丈で立派な母親だと今でも感謝しています。
　その後、私が中学2年のときに東京に引っ越しまして、中学卒業後、15歳時に住み込みでパン屋に就職しました。父を失い、家計が苦しかったので、非常に残念でしたが、進学を断念せざるを得ませんでした。以後、そのパン

屋で、6年間にわたり、パンを焼いたりケーキを作る仕事をしました。ですから、今でもパンやケーキは作れますし、これまでにも人に教えることもありました。

　22歳のときに縁がありまして、小田原に行き、結婚をしました。そこで、小田原ガスという地元の企業に転職をしました。この会社には15年にわたりお世話になりました。まず、担当したのは、プロパンガスの販売です。プロパンガスは、設置の必要がありますから、国家資格である設置作業主任の資格も取りました。当時、この試験はなかなか難しかったことを覚えています。

　そうこうしているうちに5年経って経理部門に異動しました。経理では、当時「伝票会計」という新しい手法に切り替わる時期で、それを私が導入した関係で、経理にも非常に詳しくなり、自分で確定申告までできるようになりました。そこで私は税理士の資格を取ることを目標にしたのですけども、今度は営業に回れと言われ、営業の現場を経験しました。既にガスで冷暖房できるシステムがありましたので、ガスの空調設備をお勧めしたり、また大きなビルの空調設備のシステム設計などにも携わりました。

　小田原ガスでは、本当に楽しい会社勤めを経験させてもらったのですが、35歳になったころに自分は地方のガス会社で果たして本当に終わっていいのかという疑問を持ち始めました。実は、係長も課長も非常に早く拝命しまして、自分で言うのもなんですが、会社では出世頭だったのです。少し自信過剰になっていたのかもしれませんが、この地方のガス会社で自分の一生が終わるのは嫌だと、そんな気持ちになりまして、会社を辞めて、起業に挑戦しました。これが37歳のときです。

3．起業への挑戦と失敗

ボランタリーチェーンの起業

　そういった経緯で、脱サラを目指していた仲間13名と会社を設立しました。事業はボランタリーチェーンです。簡単に言うと、今のコンビニエンス

ストアのはしりのようなことです。自分たちは商品開発を行い、一方で洋品店とかいろいろなルートに販売網を構築し、そこを通じていろいろなものを売ってもらう。しかしスポンサーはおらず、我々13名が、個人で各々事業資金を調達するという形だったので、なかなかうまくいかない。役職も年の順番で、社長、副社長、専務を決めるという格好でした。

まず、1年半で、最初の社長になった人が心の病になり入院してしまいました。年齢順で、2番目の副社長が社長になり、私が専務となりましたが、しばらくすると、次の社長は姿を消してしまった。いわゆる蒸発です。

起業の失敗と借金返済

その後、私がそれを引き継いで社長となり、立て直しに奔走しました。しかし結局、それから8ヶ月後に倒産してしまいました。この、8ヶ月というのは今思い出してもまさに地獄でした。手形を発行し期限までにお金を工面しなければいけない。死に物狂いで、資金繰りに歩き回る。しかし、やはり自転車操業は続かず、ついに力尽きて倒産しました。

倒産したときの苦しみというのは、本当に何ものにも譬(たと)えようがありません。この経験は私がファンケルという会社を起こす一番の基礎になっています。倒産は本当に異常事態で、自分を信じて品物を納めてくれていた人たちに対してお金を払えなくなるわけですから、詐欺だと言われても仕方ない。本当に辛い経験でした。

最終的に、倒産で2400万円の借金ができました。今の金額に換算すると7000万円くらいでしょうか。それを2年で返済したというのが大変な自信に繋がりました。

どうやって返したかというと、クリーニングの外交でお金を返したのです。

私の兄が東京都江東区で大きなクリーニング屋をやっていまして、持込専門だったのです。そこで新たに、外交をさせてもらい、新しいお客様を開拓していきました。当時は、この地区に大きな団地がどんどん建っていたので、そこを狙ったのです。また、お客様の利便を考慮し、夜に出張で注文を受け、昼間に届けるシステムをつくったことも大きかった。注文を受けた分につい

て、一定のマージンを自分の取り分として、結局2年ちょっとで借金をすべて完済しました。

　日本では、現在、自殺する人が1年間で3万人以上います。そのうち約1万数千人が、企業が倒産したために自殺してしまう。正直なところ私もそこまで追い込まれました。2400万円もの借金があったのですから、ここで自分が自殺したら楽だろうと考えたこともありました。また、前の社長のように蒸発という選択肢もあったかもしれません。しかし、そんな無責任なことは自分にはできない。とにかく、債権者にお詫びして、返済を猶予してもらい、最終的には約束通り借金をすべて完済した。その自信が、ファンケルの創業に繋がったのです。

4．ファンケル創業

創業のきっかけ

　ファンケルを創業したきっかけは、私の家内の肌トラブルです。家内は、女優を目指していたこともあり、化粧することが大好きでした。しかし、突然肌トラブルで化粧品が使えなくなったのです。当時、私の友人に皮膚科の医者がいたので相談しました。原因は、化粧品に含まれる防腐剤、「パラベン」で、これがアレルギーの原因でした。さらに皮膚科の先生が言うには、自分のところに来る患者の7割は化粧品が原因でトラブルを起こしているというのです。当時の化粧品は女性の肌の安全よりも、感触や色の鮮やかさに力を入れており、安全性が軽視されていた時代だったのです。ですから、化粧品公害が大きな社会問題になっていました。

　もう1人、化粧品の製造会社の社長にも話を聞いてもらいました。彼に言わせると、化粧品は栄養が豊富で傷みやすい成分を使っているから、化粧品の中には防腐剤とか酸化防止剤や殺菌剤が入っている。これが肌に悪いのはわかっているけれども、傷んでしまった化粧品を肌につけるのはもっと悪いから必要悪としてやむをえないということでした。しかし私には隣に化粧品が突然使えなくなって悩んでいる家内がいた。私は門外漢ですから、「傷ん

でしまうと良くないのはわかるが、何日くらいで傷んでしまうのか」と質問しました。

彼が言うには、「1ヶ月はもつ」。では1ヶ月経つとどうなるかというと、化粧水は濁って、酸の匂いがする。乳液やクリームは黒いカビが生えてくる。ならば「1ヶ月以内に使いきれるアンプル容器に密閉すればいい」と提案をしました。

しかし、彼は笑いだすのです。あなたは化粧品のことがまるでわかってないと。化粧品は女性には必需品だけれども、一方女性に夢を売っている。デザインの良い綺麗な容器の中に入っている、良い香りがする、それで、綺麗な色がついている。肌につけるとツルっとするその感触がすごく良い。そういう心理的な効果が化粧品にはあるのだ。そんな薬みたいな容器に入った化粧品を女性が買うわけがないと言われたのです。

しかし、私は、防腐剤が入っていない化粧品をアンプル容器に入れて家内に使わせてみました。案の定、家内に肌トラブルは起こらない。さらに、同じ悩みで困っていた彼女の友達にお分けしたら、やはり大丈夫でした。次に出てくる言葉が「これをなんとか手に入れることができないか」ということです。

ファンケルの化粧品事業の開始

そこで本格的に始めたのが、ファンケルの化粧品事業です。コロンブスの卵みたいなものだと思います。友人の社長は、否定的でしたが、実際にこれを販売して、アンプル容器に、女性たちがどういう反応を示したかというと、驚いたことに「かわいい」と言うのです。もう1つは「格好いい」。さらに「携帯に便利」ということでした。要するにその業界に長くいると、改革とかイノベーションを起こせないのです。化粧品に防腐剤を入れるのは必要悪としてしようがない、入れないで傷んだものを使ったら肌にもっと悪い、薬みたいな容器の化粧品を買うわけがない。これはもうこの業界の常識に毒されている。私は業界には全く関係のない人間でしたから、消費者の目線で提案できたわけです。実際これを売り出しまして、大変な反響を呼びました。

肌の弱い人たちから、「こんな化粧品を待っていた」ということで非常に反響があったわけです。それがこのファンケルの基礎になりました。

5．相対価値と絶対価値

絶対価値に水準をおき起業

　最初に申し上げたように、私は学問には心が伴っていないといけないと考えています。私はファンケルで無添加化粧品を発売した後、いろいろな事業を起こしています。振り返って整理してみると、根本には、「相対価値」と「絶対価値」という考え方があります。

　私が起こした事業はすべて絶対価値の水準です。たとえばこのファンケル化粧品は、私が実際にマーケットの調査はしていません。しかし肌が弱くて本当に困っている人たちが、身近にこんなに大勢いるならば何とかしてあげたいということで事業につながったわけです。これが絶対価値です。実際に、アトピーの人とか本当に敏感肌とか肌が弱くて困っている人たちから大変な反響があったわけです。いわば正義感で始めたビジネスです。

　一方、相対価値というのはどういう価値かと言いますと、何か新しいことをはじめようとすると、すぐ他社動向はどうだろう、業界動向はどうだろう、お客様からアンケートを取って聞いてみよう、必ずそうくるわけです。そんなところに新しい事業が生まれるはずがないのです。

　ただ、事業を拡大するなかでマーケティングを意識せざるを得ないことが起きました。ファンケルがある程度認知を受け、肌トラブルに悩む人に広がると、新しいお客様が増えるのがちょっと緩慢になってきました。しかし当時は4人に1人が皮膚障がいを経験しているとか、10人のうち2～3人は敏感肌の女性がいるとか言われていた時代で、一方当社のお客様は、日本の女性の1000人に1人の割合にもいかない。これはなぜだろうと突き詰めて考えたときに、ファンケルの無添加化粧品というのはどういう位置づけにあるのかというマーケティングを意識しました。

　肌が弱く、何かいいものがあったらすぐにでも使いたい。そのお客様には

一通り浸透した。これを「顕在需要」と定義しました。

サンプルを売るというアイデア

しかし、まだまだ実際に肌が弱くて困っている人たちが「潜在需要」として、いらっしゃるはずだと考えました。さらにそうしたお客様の心理を考えました。おそらく肌が弱くていろんなメーカーから化粧品を勧められたけれどもいっこうに良くならない、鏡台の前には化粧品が山となって並んでいる、もう二度とだまされないぞと、しかしそうは言っても肌が弱くて何かないかと困っている。では、どういう働きかけをしたらファンケルの無添加化粧品が安全であるということを、肌にトラブルが起きないということをわかってもらえるのだろう。それを考えました。

そのときに私の頭にすっと浮かんだのは、サンプルを使ってみてもらうことです。サンプルを1回使ってみたらわかる。しかし当時サンプルというのは化粧品業界では、当たり前の手法で、お店に行って何かを買うと必ずくれるのです。

ですから、新しいアプローチを考えて、浮かんだのはサンプルを売るということでした。

アイデアのきっかけは、あるニュースでした。大手自動車メーカーがお金を取って、試乗を始めたのです。これなら、買わなければという義務感を感じずに車に試乗することができる。これがサンプルを有料で売ろうと考えた大きなヒントになったのです。これは人の心理を考えた結果です。それで、果たしていくらならば肌の弱い人にサンプルを使ってもらえるのか。お金がない人でも出せる金額、だまされても腹が立たない金額、一体いくらなのだろう。そこで私の頭に浮かんだのは1000円だったのです。

そこで1000円のお試しセットを作ろうと考えたわけです。また、チラシはそれまで1色でしたが、肌色にもっとも近い色が赤色と青色の組み合わせで出せるため、2色刷りのチラシにしました。それからもう1つ、テレビや雑誌での紹介で信頼感を出すことを考えた。準備を万端整えて1000円のお試しセットを展開したのです。これが大変な反響を呼びまして今のファンケ

ルの基礎ができたのです。今、化粧品業界では有料サンプルが当たり前になっていますが、これは私のアイデアから生まれた手法です。

6．アテニア化粧品の誕生

良いものを安くがコンセプト

　ファンケルが軌道に乗った後、しばらくして、アテニア化粧品を創業しました。当社の調べでは、アテニアは、現在35％くらいの知名度があります。創業のヒントは、化粧品の世界には良いものを安くという考え方がなかったことです。

　化粧品の原価を調べていきますと、化粧品は原価と売値とはあまり関係ない。たとえば300円の口紅の中身の原価が100円だとすれば3000円の口紅の中身の原価が1000円するかというとそうでもない。化粧品というのは、いくらお金をかけたからいくらで売るかじゃなくて、売る金額を決めてからそれにふさわしいデザインのものを、ふさわしい容器を選ぶという世界です。ですから原価とは全く関係ないです。

　つまり、「プロダクトアウト」の世界じゃなくて「マーケットイン」の世界なのですね。原価がいくらだからいくらで売るというのは「プロダクトアウト」です。「マーケットイン」はお客様が値段を決め、それに合わせて作っていく。

　化粧品の場合にはマーケットインが主流で、原価は関係ない。私の愛すべき女性たちが、非常に安い原価のものを高い金額で買わされていることになっている。

　ならば、とにかく最高の品質の物を極めてリーズナブルな価格で売ろう。しかしそれにはデザインも非常に重要で、小さな容器ではなく、大きな容器でさらにデザインも洗練されていないといけない。この条件ですと、わずかですが防腐剤を入れなければなりませんでした。しかし、ファンケルの化粧品は、無添加であり、この理念、経営哲学が重要なのです。防腐剤の入っている化粧品をファンケルで売ったのでは、無節操な会社と言われるので、ア

テニアは別会社にしました。

　超高級な顔を持ったものを極めてリーズナブルな価格で売る。これはやはり大当たりしました。今ファンケル全体では約1000億円近い企業ですけども、アテニアだけですでに今130億円です。15億円くらいの利益を上げられる企業に成長しています。

7．サプリメントへの進出

サプリメントブームに火をつける

　次にサプリメントの話をさせていただきます。サプリメントを始めたことには理由が2つあります。1つは化粧品を売り出して、10年くらい経過した後に本当に化粧品だけで女性がキレイになるだろうかという疑問を持ち出したことです。多くの化粧品会社はこの化粧品には有効成分が入っていると当たり前に宣伝しています。しかし人の皮膚は、簡単に成分を吸収するようにできていません。私はやはり、口からとるもの、食べるもの、それからキレイになるものをとるべきだと思いました。当時うちの研究室に行きまして、「食べる化粧品」を研究しようと提案したのです。そこで生まれたのがビューティーサプリメントです。いわば「内外美容」でこれも私が初めて提唱したものです。

　もう1つの理由は、私の口内炎です。私はすぐ口内炎ができる体質で、お医者さんに行きますと、ビタミンが足りないと言われ、ビタミンBを飲んでいたのですが、なかなか直らない。そうしたら私の友人が、蜂が女王蜂を育てるために分泌する「ロイヤルゼリー」を紹介してくれ、数日で治るのです。飲まないとまた口内炎が出る。ところがそのロイヤルゼリーはものすごく高い。1万円から2万円で売られているのです。

　その頃から私は健康食品というものに非常に関心を持ちました。また日本は、こんなに食品が満ち溢れているのに、生活習慣病がまん延しており、これは栄養のバランスが極めて悪いためだと考えました。さらにある機会にアメリカに行きますとビタミンは日本の5分の1くらいの値段で売っている。

日本人にはどうしてもサプリメントが必要であり、これで日本の食生活を変えようと考えました。しかし、日本では値段がべらぼうに高い。ならばうちで研究し、うちで製造し販売することによってアメリカ並みの価格で販売できるということでこの健康食品の業界に本格的に参入しました。また、そのときにファンケルが「サプリメント」という言葉を日本で初めて使い始めたのです。このサプリメントという新しい用語と、価格破壊で、このサプリメントのブームに火をつけたわけです。通信販売のため、全国に一斉に広告できたことも大きかったと思います。

基本的に大企業は、小さな会社が頑張ってやっていてうまくいくと、それをそっくり真似してくる。冒険ができないで、我々がやっているのを「鵜の目鷹の目」で見てうまくやったら飛びつく。私たちはそうじゃない。だから大企業が手がけるのは、先ほど説明した「相対価値」です。私たちファンケルは、あくまで「絶対価値」です。このほかにもいろいろなことをやってきたのですけど、失敗した仕事もいっぱいあります。

私には「1つの事業は永遠ではない」という信念がありますから、1つの事業がある限界に達し、成熟化して下降線に入る前に、新しい事業を起こしていきます。

実は青汁も、ある会社が「まずさ」を逆手に取って、知名度が上がりましたが、それより前にファンケルは研究していました。しかし、あまりのまずさにとても売れるものじゃなかった。ファンケルはそれから数年してようやく飲みやすい青汁を開発し、販売を始めたという経緯があります。

発芽玄米の可能性

それから発芽玄米の話をします。実は、玄米はものすごく栄養が豊富です。しかし、すごく美味しいものではない。このため、美味しくない外側を削って白米にして食べるわけです。米偏に白。これ「粕」（カス）と読みます。酒粕とか絞り粕とか。ものを捨てるのを粕って言いますね。では、米偏に健康の康って書いてみてください。これ「糠」（ヌカ）と読みます。お米の栄養はほとんど外側を削っちゃった糠のほうにいっているのです。ですから白

米というのは栄養が30%しかないのです。70%は糠のほうにいっている。
　ですから日本人が、玄米を食べなくなったときに脚気という病気が日本中に流行りました。これはビタミン不足が原因です。玄米も栄養価が高いのですが、これを発芽させるとさらに栄養価が高まる。玄米を、一定温度のお湯に一昼夜漬けると芽が出てきます。その段階で乾燥させたのが発芽玄米です。動物でも植物でも人間でも同じですけども、子供を生み出す瞬間というのは子孫を残すために最大に活性化するのです。ですから玄米を発芽させるとものすごく栄養が豊富になります。ビタミンやアミノ酸など必須栄養素が増えます。また、ギャバという栄養成分が多くなります。ギャバっていうのは、「脳機能」の活性に働きかけるため、いわゆる「キレル」ことを防止する。あるいは脳の血行を良くする。ですから日本人みんなが発芽玄米を食べると医療費の上昇問題は解決すると思います。
　お米はこの40年で消費が半分に落ちてしまいました。私たちは先祖からこんなに素晴らしい、極めてバランスの良い食品を伝授されていながら、まずいという理由で、糠を取って、白米にして食べている。発芽玄米を日本人全員に普及させるのがこれからの私の夢です。これにより、医療費問題は一気に解決すると思いますので、なんとかこれを普及させていきたいと考えています。

8．海外への進出

香港での取引の拡大

　ファンケルは海外にも展開しており、香港、中国本土、台湾、タイ、シンガポール、それからアメリカにも会社があります。香港と中国は、代理店契約で取引するようになってから13年目に入りました。この香港のパートナーが、13年前に日本に来まして、その際に出会いました。この人は、ある大手化粧品メーカーの代理店をやろうということで来日したのですが、その際友達から、当時、ファンケルの直営店舗1号店（実験店舗）が静岡にあり、無添加化粧品を販売していると聞いて、お店に訪ねてきた。

そこで彼女は肌が弱かったこともあり、うちの無添加化粧品の虜になりまして、なんとしてもこれを香港で売りたいと申し出がありました。ただ、私のほうは日本でもやっとお店の1号店を出したばかりでしたので、海外進出は早すぎると断っていたのです。

しかし半年間くらい通いつめられまして、なんとしてでも売りたいということになった。ここまで熱心に言ってくるならと話を聞きましたら、契約期間を15年ほしいと言うのです。15年かけてでもファンケルを香港に普及させようとしている。すごい熱意を感じ、私は社長独断で契約をしました。これが当たりまして2年目には、香港ではトップブランドになりました。今では、銀座にあるファンケル銀座スクエアの開店時には、中国、香港、台湾からのツアーのバスが並びます。

また、このパートナーを通じ、ファンケルは中国大陸にも進出しました。上海、北京などでも展開しています。

この香港のパートナーの話をしましたのは、この人のマーケティングが非常に巧みだからでもあります。普通、広告宣伝には大変なお金が必要となります。特にテレビは、おそらく30秒CMを流すとなると、1000万円近くかかります。ところが実に上手なやり方をしている。彼女のやり方は香港のマスコミに日本で無添加のファンケル化粧品が非常に有名であることを、ニュースとして流します。次に、香港の有名な雑誌とか新聞やファッション誌の記者を日本に招待し、ファンケルの工場や店舗などを見てもらう。さらに創業者の話ということで私に無添加化粧品について語らせるのです。終わりますと、私と記念写真を撮って帰る。そうすると、ファッション誌や新聞にファンケルの記事が載る。しかも常に無料です。あまりお金をかけずにファンケルブランドを有名にし、一方でスタッフをしっかり育てて、一番有名な場所にポーンとお店を出すのです。ですから、香港の百貨店の中で売上が常にトップです。上海でも北京でも全く同じ手法でした。非常に巧みなやり方だと思います。

9．社外活動

ブランド価値ランキングが 53 位に

次に、当社の社外活動についてお話をします。私は会社の事業は利益を伴う事業と利益を伴わない事業があると思っています。利益を伴う事業はちゃんと利益を出し、そして次なる投資とか社員の給与など、事業の拡大に使う。一方において利益を伴わない事業は、会社のイメージを高めるために必要です。

実は、ある調査のブランド価値ランキングでは 53 位にファンケルがランクされています。これは上場企業がすべて対象で約 4000 社がノミネートされています。この中の 53 位というのは、非常に高い順位です。大手の有名百貨店よりも高い、これは一体どういうことだろうかと考えました。

企業のブランド価値をわかりやすく言いますと、たとえば A 社と B 社がある。A 社が有名なブランド価値のある企業。B 社はそうでもない。同じ品物であれば 100 円のものならば A 社なら 120 円で売れるけど、B 社だと 100 円でないと売れない。同じものを 20 円高く売れる。ブランド価値というのは、わかりやすく言うとそういう意味と考えて下さい。ファンケルは、無添加とか安全とか安心とかそういう面で、消費者の期待値が大きく、ブランド価値が高いのだと思っています。

社会貢献活動に熱心なファンケル

それからもう 1 つは実はファンケルは社会貢献活動が非常に熱心な会社だというイメージがあることも影響していると思います。これにはある出会いが影響しています。私がちょうど 50 歳になったときに重度の障がい者の施設に事業家の仲間と訪れたことがありました。重度の障がい者は、車椅子に乗っているだけで自分では何もすることができない。しかし、「朋」という施設の日浦先生という方は、こういう人たちにも、生を受けたのだから体に障がいがあるからといって日陰で黙って育てるのではなく、堂々といろんな

ことをやらせてあげたい、青春を送らせてあげたいということで、この施設を設立しました。

施設の訪問は驚きの連続でした。小さな子供を囲んで、誕生日祝いを行っていたのですが、その方は、なんと20歳でした。体の大きさからいうと5〜6歳くらいでしょうか。

それから、お母さんが15歳くらいの少年の子供の手を引いて歩いてきました。彼は、なぜかヘルメットを被っているのです。「なぜですか」と聞くと、この子は発作が起きると自分の頭を血が出るまで殴ってしまうと。実はこの子には後日談があり、ある式典を開催したときに、この子が30分間椅子に座ってじっとしていた。施設に通っていたお陰で、落ち着いてきた。それを見てお母さんがひざに顔をうずめて泣いたというのです。私は残念ながら50歳までそういう人たちとは全く出会わなかったものですから、もうそこで身につまされたわけです。

それでそのときの先生がおっしゃったのが1000人に1人の割合で障がい者は生まれる。ということは999名の人たちがこの人たちの面倒を見るのが当たり前だということです。あなたの代わりになり、彼らは障がい者になった可能性もあるという話も聞きました。私は家に帰って自分がこの歳まで何もやってこなかったことをすごく恥ずかしく感じまして、1週間のうちに、再度、日浦先生のところに行き、「私に何かお手伝いできることはありませんか」と尋ねました。さらに、「先生はなぜこういう世界に携わることになったのですか」と聞いたら、逆に先生のほうから質問を受けまして、「池森さん、あのとき20人くらいの人たちが一緒に来て、『できることはないか』と言ったのはあなただけです」と言われました。

大抵の人は、みんな見に来て本当に気の毒だって言いながら、覗きこんで気の毒だなって言いながら立ち去ってしまう。池森さんは気の毒なので何かできないかと入ってきた。それだけの違いだって、そんなことをおっしゃったのです。

こうして、「朋」とご縁ができ、施設に診療所やお風呂を作るお金を援助することにしました。また、バザーをやるときに、みんないろんな物を持ち

寄って販売する。障がい児を持ったお母様方のたくましさを描いた『朋の時間——母たちの季節』という映画製作の資金も出させてもらいました。そういうことが始まったら、うちの社員たちも「朋」のイベントをお手伝いするようになったのです。

　その翌年から、毎日ご苦労している職員の皆さんをご招待して食事会（パーティー）を始めました。ところが、ファンケルという会社をこの子たちに見せたことがないから、一度連れてきたいということで、車椅子のまま、お医者さんも付き添いでうちの会社に来てくれるようになりました。今では、毎年1回ご家族の方も一緒に来てもらって大きなパーティーを開くようになりました。みんなうちの社員たちも非常に喜んでこの人たちをもてなしている。そういうことを続けていると、ホスピタリティを持った社員がきちんと育っていく。私は実感として感じています。

ファンケルスマイルの設立

　それから、また別の縁があり、知的障がい者の教育を担当している先生と出会ったのです。この先生がおっしゃるには知的障がい者というのは一生懸命自分たちが職業訓練をしても、一向に職場がない。

　ならばうちの会社でその職場を作ろうということで、1999年に知的障がい者の働く会社「ファンケルスマイル」を設立しました。この子たちは、とにかく朝から晩まで、同じ仕事を飽きずにきちんと繰り返しやる。それからこの子たちのやっている仕事の中に、いらなくなった紙をドロドロに溶かして再資源として活用する仕事があります。これは地球環境を守るために大切なことだと言いますと、われ先に自分たちでこの仕事をやります。

　それからこの子たちの素晴らしいところは、挨拶がしっかりできることです。

　会社から駅までシャトルバスで往復しているのですが、運転手さんに向かって「おはようございます」「宜しくお願いします」と丁寧に挨拶する。帰るときには、「ありがとうございます」「お先に失礼します」と言って帰る。一般の社員のほうがよっぽど挨拶ができませんね。

また、フォークリフトが必要な仕事があり、このファンケルスマイルの社長が、社員に本社の人たちにフォークの運転をお願いしないで、自分たちの力で何とかしようと提案した。
　そうしたら男の子が3人、「僕は免許とりたい」と手をあげた。ところが後で筆記試験があることがわかったのです。とたんにみんな後ずさりで「僕には無理です、辞めます」と言い出した。ところが社長は、「男が一度言い出して辞めるとは何事か」と、半年間徹底的に教育し、3人のうちの2人は1回で合格。もう1人が2回目に合格しました。
　知的障がい者がフォークリフトの試験に合格したというのは、スマイルが初めてだと思います。またこれに社員が触発されて、今では英会話教室だとかいろんな勉強会を開催するようになりました。また私はこの会社は、黒字化しなければならないと言いました。そうすれば、障がい者を雇用する特例子会社でも会社の大きな負担にならないことがわかり、他にも同じような会社ができるからです。スマイルは、なんと2年半で黒字になりました。その影響で4社ほどが知的障がい者を受け入れる会社を作ってくれたのです。

シニアゴルフツアーの主催

　このほかにも、たとえば「ファンケルクラシック」というゴルフのシニアツアーを主催しています。プロゴルファーは、50歳でシニアになると、出場機会が大幅に減ってしまう。この人たちの活躍の場を作ろうということで「シニアの元気は日本の元気」とスローガンを掲げ、これまで8回の大会を行っています。
　また、日本テレビで『感動紙芝居　優しさ便り』という番組も提供していました。今は、BSで引き続き放映しています。きっかけは、世の中にあまりに暗いニュースが多いことです。本当に最近は、朝、テレビのニュースを見るのが怖いくらいですよね。しかし一方において、世の中には、素晴らしいことをしている人がたくさんいる。この人たちの話はほとんど話題にならないのです。そこで、そういったいい話を、葉書大の大きさに書いて送って下さいと告知したら、かなり集まりました。これを紙芝居形式でテレビで流

第1部　製造業におけるリーダーシップ

したいと提案したら日本テレビさんが賛同してくれ、金曜日の午後11時前にこれを全部で70～80話くらい放映しました。この中から、特に素晴らしいお話をピックアップし、ビデオにして図書館とか小学校とかに寄付しました。世の中に本当に素晴らしいことをしている人たちがたくさんいる。是非そういうことを大勢の人たちに知ってもらいたくてこんな番組を作りました。今後もファンケルでは、こうした社会貢献活動に力を入れていく方針です。

　以上で私のお話を終わらせていただきます。ご清聴ありがとうございました。

(2006年12月1日講話)

****
解説

　池森賢二先生は株式会社ファンケル創業者であり、無添加化粧品と健康食品を中心とした企業のオーナーとして活躍している。先生は、「心の経営」と題する講話をされた。講話は、心がなければどんな学問も経営も生きてこないという一言から始まった。大事なことは心の経営であり、どんな物事においても心が一番重要であるということである。

　池森先生は三重県に生まれ、戦争のため新潟に疎開し、そこで父親を事故で亡くした。そして中学3年生のときに東京へ越してきた。兄弟も多く貧しかったため、パン屋さんに住み込み就職をする。先生はパン屋で6年働き、小田原のガス会社で15年働いた。ガス会社では、プロパンガスや、経理や、営業など様々な仕事をこなしていたが、35歳のとき、ふと、自分は地方のガス会社で終わっていいのかと疑問に思うようになった。2年後、37歳のときに、思いを抑えきれずに退職した。出世頭であったにもかかわらず退社し、マーチャンダイジングを始め、13名の仲間とともに起業したのであった。しかし、資本がない状態からのスタートだったため、軌道に乗ることができず会社は8ヶ月ほどで倒産した。先生は2400万円、現在の価値に直すと約7000万円もの借金を背負ってしまった。一時は死ぬことも考えたそうだが、兄のクリーニング業を手伝いながら、何と2400万円の借金を2年で返済してしまったという。

第 1 章　心の経営

　ファンケルを立ち上げるきっかけになった出来事は、池森先生の奥さんが突然化粧品のアレルギーになってしまったことだ。アレルギーの原因は化粧品の中に含まれる防腐剤だとわかった。化粧品は傷みやすく防腐剤を入れなくては保存が難しいため、入れるしかなかった。しかし、先生は防腐剤を入れなければどれくらいもつかを専門家に聞き、1ヶ月だとわかると、防腐剤を使用せず、1ヶ月で使いきれるものを作った。そしてそれを妻や肌トラブルに悩んでいる人に試してもらった。良い結果が出たため商品化してもらおうとしたが、化粧品会社からは、パッケージが女性に受け入れられないとして拒否されてしまった。そこで自分で売ろうと考えファンケル化粧品が誕生した。池森先生の考案した化粧品は高評価であり、発売後は大盛況であった。これは業界に携わっていなかった先生が、常識にとらわれない発想をしたためであった。絶対価値と相対価値では絶対価値のほうが重要であり、人の真似をしていてはいけない、ということである。
　マーケティングには顕在需要と潜在需要、そして大衆化と3つあるという。顕在需要は何かあったらすぐに飛びつく人々であるが、潜在需要は、たとえば化粧品業界であれば、肌が弱くて困ってはいるが今までの失敗経験から慎重になっている人々である。そこで、サンプルを使ってもらってから売る、という方法を考え出した。トヨタが100円で試乗させたことをヒントにして、1000円のお試しセットを販売した。さらに人気番組のスポンサーになることによって、大衆化で多くの人々にも認知されるようになった。
　池森先生のビジネスの発想は、絶対価値と相対価値、人の真似をせずオリジナリティを追求することである。さらにマーケティングの基本は、上から顕在需要→滞在需要→大衆化というピラミッドの層をイメージし、新商品に興味を持つ顕在需要のエリアから少しずつ大衆化していこうという考えである。この2つの理論があったからこそ新しい商品も大盛況となったのである。世の中に出ていないものを一般化することは、頭で考える以上に難しく、ファンケルの化粧水はそれを成し遂げた大変貴重な存在である。
　さらに、当時マーケットインという良いものを安くという、今までの概念になかった考えを用いて、最高級な健康食品をリーズナブルに提供し、食事として体の中からキレイにするイメージで当時高級品だったサプリメントをデイリーな価格設定で実現し、日本でサプリメントブームを作ったのである。
　現在ファンケルは社会貢献活動にも力を入れているという。社会貢献と

いうのは、障がい者のための雇用施設など社会的に不利な立場にある人たちの援助が中心であるという。シニアゴルフ競技なども主催している。また、世の中に出ない良いニュースを、紙芝居形式にして『優しさ便り』という日本テレビの番組で放送した。これらの活動は一見利益に繋がらないように見えるが、企業の好感度アップになり、結果的には大きな利益になると述べられた。

　池森先生が若い時代に苦労した経験、心を重視した経営哲学はファンケル創業で見事に花開き、無添加化粧品や健康食品分野で成長してきた。何か心の経営という話は玉川の全人教育とも通じるものがあると思う。改めて心の経営というのは素晴らしいものだと感動し、先生に大きな拍手を送りたい。

第2章　企業再建におけるリーダーシップ

山岡法次（元日本IBM株式会社常務取締役）

1．はじめに

　こんにちは。山岡です。今日は4つくらいのお話をさせていただきたいと思います。
　最初に倒産寸前の企業の共通点についてお話したいと思います。
　倒産というのは企業に入られたらよくわかりますが大変なことです。と同時に倒産する会社とはどういう会社なのかというのを見ると、一種の企業の本質というのがわかるということです。それから2番目にいくつかの再建に携わったのでそれのお話をしながら、企業のリーダーシップはなんだということをまとめてお話をさせていただきます。それから3番目は、グローバル化があたりまえですが日本の企業と海外の企業では差があります。これはどちらが良いとか悪いとかではなく、こういう差を見ることで、自分はこの中でどう生きていくのかということを少しでも考えていただければいいと思います。4番目はこちらも私の経験からですが、私ができなかったことなどから、若い皆さん方にご自身が社会人として成長するためのヒントをお話したいと思います。

2．倒産寸前の会社の問題点

再建にあたっては事前調査が重要
　物騒な話題ですが、昨年日本で倒産した企業の件数はどのくらいだかご存

知ですか？　日本の企業は小さな企業も含めて153万社くらいあるといわれていますが、そのうちの1万3000社以上が昨年倒産しています。これは負債が1000万円以上ということ。今年はもっと増える、来年ももっと増えるという話があります。いずれにしても大きな変化が起きているといわれています。これには共通点があります。まず社員とか管理職とかいろいろな方々とお話をします。そうするとまさか自分の会社が倒産するとはまず考えていません。倒産する会社ほどそうです。万が一赤字になってだめになっても何とかしてくれるに違いない、したがってすごく明るいです。

　一方高業績の会社は緊張感がありますが、むしろ悲壮感でいっぱいです。明日はだめになるかもしれないという悲壮感でいっぱいです。前者とは逆の印象をよく受けます。

　再建するときにはこういうことを事前によく調べる、社員や取引先に話をよく聞いて、冷静な判断をしていくことがものすごく重要なことです。あるとき管理者インタビューをしました。自分の部門はよくやっている。だけど業務評価基準がとても不明確です。とはいってもほかとの比較は好まないのです。で社員というのは会社の状況をよくわかってないじゃないか。会社も将来像を示してくれてない。なんか他人事です。管理者でありながら、他責にする傾向があります。自分がどっちの方向にやるかそういう感覚・意識・気が薄いという傾向があります。

ルイス・ガースナーとカルロス・ゴーンの再建

　ルイス・ガースナーとカルロス・ゴーンという2人がいます。これはかなり前のことですが、世界のトップ10に入っていたIBMが倒産ということになったときにアメリカのビスケット会社のCEOをされていた人が来てIBMを再建したと、それがこのルイス・ガースナーですけども、この方と仕事上深く付き合うことができました。またカルロス・ゴーンさんも私がIBMにいたときに会社に来ていただいて、どうやって再建したのかというお話を聞いたのですけど、この2人に共通しているのは、非常に綿密に調査すること。ものごとを決める前にこれほどまでやるかというほど調査する。

たとえばルイス・ガースナーさんはナビスコというビスケット会社から来られて、自分は何も知らないとは言いながら、コンピューターのユーザーでもありましたから、まず、聞くことからスタートしようと、会長に就任して3ヶ月間で7000人のお客さんに会ったのです。でいろんなことを聞いている。カルロス・ゴーンさんは講演をお願いしたことがあるのですが、かなりの資料を机に置くのですね。それを見るわけではないのですけど、いろいろ準備されている。一見すると彼は非常に辣腕でなんでもぱっとやるように見えます。実際はそうじゃないのです。非常に綿密。そしてこの2人に共通しているのは、決めたら決断して実行していくということ。これは1つのリーダーシップの重要な要素です。こういうことが事前の調査ということも含めて、重要な1つの例だということをお話しました。

共通の問題点

倒産寸前の会社にはいくつかの問題点があります。キーのところだけお話します。

最初に、やはり倒産する会社は長期戦略とかビジョンというものが社内、社外問わず浸透、徹底していません。これは企業戦略の体験的なお話ですけども、まずちょっとおさらいです。企業形態とはどういうことか、昔から明治、それより前からですけれども、最初の企業形態というのは西欧の形をそのまま直輸入してきた。だけどもそれじゃいけないということで、リバースエンジニアリング、いわゆるもう少し嚙み砕いて独自の企業形態にもっていった。最後は日本独自の世界に通用するようなものにもってきた。こういう形が企業形態です。

かたや環境です。これはもう国の政治的な境はありますが商売としてはボーダレスになる。それから企業の透明性。これは今まで隠し事とかができたのですけど、なかなかそうはいっていられない状況になってきた。したがってグローバルの競争、世界の競争になる。そうすると戦略として求められることは何かというと、生き残るために世界的に何に特化していくか、差別化です。これができなければいけない。そうするためにはやはりビジョンが重

要です。ビジョンに基づいた明確な企業のアイデンティティー、存在、それがみんなに理解、納得されるようにもっていかなければいけない、これが企業戦略に求められている重要なところです。こういったことで日本だけでなく、グローバル化によって世界でもってきちっとしなくてはいけないということで挙げた例です。

　2番目は変化についてですが、変化というのは急には来ないと、今起きてもそれはまたすぐに元に戻ると、心の安らぎを保つために否定するような傾向にあります。一過性として何もアクションをとらないということで、これがまた倒産のもとになります。雑誌『フォーチュン』に出た情報ですが、S＆Pトップ500社の20年前と今の長期業績予測を比較して企業の安定度を調査したものがあります。20年前には3分の2の企業が安定しているのに対して、今は3分の2が不安定と報告しています。大企業であろうがリスクが大きい部分を含んでいる、これは世界の話ですが日本の構造も全く同じだと思います。すなわち変化がどんどん来ているという証拠です。

　それから3番目ですけども、社内の調整ばかりに時間を使って、競争相手はどんどん先に進んでしまっていると。これは企業のみならずそれ以外のことでもよく起こることなのですが、非常に重要なことだと思います。それから他企業の比較分析ですが、できるだけ他と比較して自分を比較の中に入れたくない、これも消極的です。それから業績評価があいまい、これも倒産企業の共通した点です。みんながわかるような評価をしてくれないということで不満がとても大きくなる、こんなことが共通点として挙げられます。

3．企業再建に必要なリーダーシップ

　次の項目に移ります。実際に企業再建した経験をもとにして、そのなかでどのようなリーダーシップが必要かのお話をしたいと思います。

　今回はA社のお話をしたいと思います。東南アジアにある製造業で赤字に苦しんでいました。そこで私は会長兼CEOとして3年間再建を頼まれ活動しました。この経験をお話したいと思います。

いわゆる粗利というものですけども、この会社では、赤字になったとき、これは一過性だと、すぐに回復するから心配ないと考えていました。したがって適切な対策を取ってこなかったわけです。私は再建に当たり1ヶ月間徹底的に社員の声、お客様の声、それから管理者の声を聞きました。するとさっきお話した倒産寸前の会社のコメントと似ているのです。

お客様はその会社は誰が責任者かよくわからないと言うのです。何を言ってもどこに伝わっているかわからない。社員も、自分は一生懸命やっていると、だけどもコミュニケーションもよくないと、自分の課長は全然リスクをとってくれないと。さっきと一緒ですね。管理者の声はまさに倒産寸前の会社の共通点と一緒です。自分はよくやっているのに評価は悪い、会社が悪い、他者と比較をしない、もっといっぱいありますが凝縮するとこんな感じです。これじゃ悪くなるという結論に達しますね。まとめてみますと、3つになります。

変化に対して希薄な意識

1つ、外部の環境変化についていけなかった。先ほども話しましたが変化に対して当たり前に対応していけない、企業自体が変化についていけない。変化というのはいろいろありますね、お客様の変化とか、競業企業の変化だとか、そういうものに社内の人が非常に希薄な意識であるということですね。

それからもちろん消極的だということもありますけども、ここの会社で一番悪かったのは過去の栄光です。過去は良かった、何で変えるのだと、今悪いのは一過性だ、だから何もすることはないと。これはほかの会社にもありましたけども、非常にやっかいな問題です。こういう考えを持つ人が会社のトップにいられると非常に難しいです。それから組織自体も内部ばかり向いているような組織になっているのです。だから内部で力を使ってしまって、外と競争ができなくなってしまっている。そんな形で総括したわけです。じゃあ問題点はなんだということですけども、経営者を含めた管理者がこの会社をどういう方向に持っていき、企業競争していくのかが明確ではない。したがってお客様志向ではないということですね。そして変化に対しての認識

が薄すぎる。それから責任者は自分じゃない。まあ、こんなような問題があるわけです。それからもちろん会社としては在庫が多すぎることや生産性が管理できていないというような問題があります。こうしたことを見た上で、どうしたらいいかの基本方針を立てたわけです。

　私、1ヶ月間会社を見てこうしようと決めて、夜勤もありましたから現場の人1500名を全部集めて次の話をした。カンパニービジョン、何かというと、3年後にはこの業界でナンバー1にします、お客様にも社員にとってもベストな会社にします、こういう大きなビジョンを作った。倒産寸前の会社でこういうことを言ったので、ある社員のインド人が辞めようと思っていたが6ヶ月間で変われるなら頑張ってみようと、こういう話を私にした。人間の集中力はそんなには続かないので、「180日」で約束しました。それからあなた方は解雇しないよと、少なくとも6ヶ月間できるだけ解雇しませんとこんな話をした。それから、行程表は2段階に分けるのですが、第1段階で6ヶ月後には単月で黒字にしますと、誰も信じていなかったのですが、第2段階で恒久的な黒字、長期成長を目指すとこういう話をした。

目標を立て、リーダーを選出

　2番目のリーダーシップですが、先がどうなるかという鋭い洞察力を持って、それで方向付けする。これは上の立場になればなるほど重要なことです。これが1つのビジョンということになります。第1段階で目標にしていた180日後には単月で黒字が生み出せる経営にする、ほかの会社でこの話をすると、なんで6ヶ月としないで180日なのですかと質問されました。私の意図としては1日1日売り上げなどのすべてのことを管理するという体質に変えるということで「180日」とした。「月」だと長伸びしてしまうので「日」と書いたのが理由です。いろいろやってその中でもオペレーション改革に焦点を合わせてお話したいと思いますが、これは180日で在庫や材料購買を3割減らさなきゃいけないということで、これは普通だったらこんなのできるわけないと、必ず言います。ここで私が学んだのは、高い目標を出すと、できない言訳をする前に、これはやるしかないなという雰囲気になっていくこ

とです。みなさんも今後何かをやるときにできそうな目標を立ててチャレンジするというのも1つだし、高い目標を立てて、できなくてもしょうがないという気持ちでやるのも1つです。特に企業、生死をかけた場面でこういう高い目標を出すと、もうやるしかないというようなことを感じました。

しかしこれをただやりましょうというのもいけないので、いわゆるタスク、作業グループというのを6つ作りました。リーダーは誰でもいいというわけではない。潜在的な面も含めてリーダーの選出には1ヶ月くらいかかりました。いろんなリーダーシップの資質を持った人から選ぶということをしました。1つ目は情熱。熱い情熱をもってリードする、これは伝わります。2番目は決断力。決断するのは大体の人はできる。決断したものは時間がたつとだんだん意思が変わってくるのですが、頑として意思を変えない。これも含めて決断力です。最後は、外部の変化は当たり前だと、それを他の人の意識を変えて行けるようにもっていくと。こんなのが企業におけるリーダーシップ、またみなさんが会社に入ったときに要求される能力じゃないかなと思います。

さて、結果として180日間でほぼ達成できたのです。粗利はトントンまできました。まあ、とりあえずの目標は達成できた。私は多くの企業のトップの方々とも会ってきましたが、彼らに共通していることはよく人の意見を聞いてくれることです。聞いてもらうと心を開いてどんどん話しちゃう。なのでこういう人にはいろいろな人が情報を流してくれる。その中からそれなりの判断をして正しい方向にもっていくことができるということです。やっぱり謙虚さ、素直さ、嘘は話さない、率直に受け答えすると、こういうところがもう1つのリーダーシップではないかなと思います。

熱い情熱を持つ

それからさっき情熱と言いました。デルの創設者のマイケル・デルと仕事の上でかかわりあいがありました。直販というのを彼が考えた。このときほかのPCメーカーは量販店で売っていたわけですけれども、そのとき彼が直販という新しいモデルをやった。それを熱く語って自分で進めていった。こう

いうビジネスへの熱き情熱というのもリーダーシップの1つではないか。

第1段階については先ほどお話しましたけども、目標は達成したけれども従業員1人ひとりがこの成果、価値を実感しているかわからないと、それで第2段階は長期的に利益が確立できるもの、そしてお客様に向いた組織にしようということでやったわけです。第2段階は180日ではできません。1年かけてやったわけですけども、投資も始めました。いろいろなことをやった結果、お客様の評価は、やる前とやった後で、結果として最低のD評価からB評価まで大体よくなってきています。お客様からも評価していただいている。総合してみますと2年間でこのような形になりました。単月黒字になってみんな喜んだ。喜んだとたんに次の月はだめになって、そこからまたやり直したけれども、それなりに上がっていって利益を上げる体質になって持続しています。私はこの会社を若い人を育成して譲りまして、40半ばの人にこの会社をついでもらっています。

後継者育成も大切なトップとしてのリーダーシップなのです。再建に必要なリーダーシップというのは外部の変化に対する見通し、それから目標達成への推進力が必要だと、それから決断力、熱い情熱だと、こういうことが企業にとっても皆さんにとっても、とても重要になってくるということです。

4．日本企業と海外企業の違い

それでは3番目のお話をさせていただきます。私の30年あまりのいろいろな経験から見て日本企業と海外企業とどのような違いがあるのかを、特にマネジメントと人材育成という観点に焦点を合わせてお話したい。

マネジメントの違い

まず管理者ですけども、管理者はどういう基準で自分は行動しているのかというのを見ますと、私がナスダックの会社の社外取締役をしたときに見聞きしたのですけれども、トップは社外取締役の様々な評価をまず通過しなくてはいけない、その次は証券アナリスト、それからリサーチャー等々の評価

をクリアーしなくてはいけない。そして最終的には株価で評価されてしまう。外のいろいろな見方でもって自分の行動がかなり動かされている。それに対してどちらかというと日本の企業は内部を調整していくというのがトップの主な仕事になる、こんな違いがあります。それから経営手段ですけども、たとえば破綻に瀕していたときに、ルイス・ガースナーが来て何をやったかというと、1つは、普通、会社で特許を持っていると、特許というのが会社を守るものだと思っている。ところがルイス・ガースナーはこの特許を外に売ります。今までに考えたことのないようなことをやり、結果的に大きな利益を出した。

　それから経営視野ですが、グローバルとインターナショナルとありますけども、グローバルというのは、市場は日本にあっても世界レベルという観点から物事を判断する。インターナショナルというのは、日本の市場を基準にして、それを世界にどうやって広げていくか、こういう違いがあるのですけども、今はグローバルな形にいろいろ動いているなと感じています。それから経営者選択、日本の企業では内部の人が上にいくのが主ですが、最近はいろいろ違ってきていますね。それに対して海外企業は、その会社が存続するためには誰が必要かということから考えるから、内と外と関係なく選択します。経営の評価も同じく利益に対して、企業の存続というのが日本企業にとっても重要なことですね。

　まあこのお話をすると、海外企業のほうが良くて、日本企業のほうが悪いのかと思われる方がいらっしゃいますが、決してそんなことを言いたいわけじゃないですね。そういった違いの中からどういうところがいいのか見ていくという意味で、際立たせてお話していますけども、海外企業の中でも日本的な要素もあります。日本企業の中にも海外的な要素もありますので融合はしています。いずれ皆様方はたとえ日本の企業に入られたとしても、日本の中だけの仕事はほとんどないと思います。グローバルなことに何らかの形で関わると思いますので、こういったことを頭の中に入れておくと後の助けになると思います。

人材育成の違い

　それから人材育成。一言で言うと、海外企業は個人の成長を通して、個人が良くなれば会社が良くなるという考えを持っています。それはどういうことかというと、帰国子女は会社を選ぶとき仕事で選ぶのに対して、日本の大学を出た人々は、仕事より会社で選ぶという、これが80％。帰国子女は仕事で選ぶのが80％。仕事に対して個人が成長するということが結果として会社が良くなるのだという思想、ここがまだまだ差があると思います。以上のことを頭に入れると、たとえば人をどうやって育成するかは人事部が中心の日本企業に対して、やはり海外企業はその仕事をもった部門のところがその人をどう育てるか。それから採用に関しても海外企業に関しては専門性で必要に応じていつでも採る。それに対して日本企業は人柄、協調性というのを強調しながら特定の時期に採るということになっている。特にトップ育成は人事部がやるわけではないですね。トップ直属のスタッフが上級幹部を育成するという形になっています。あえてまとめれば個人の成長、会社の成長というのに違いがあるかなと思います。こういう差があることに対してどうやって対応していったらいいかということです。

5．皆さんへの期待

ボーダレス化の本格的始まり

　それでは私が皆さん方に期待したいことをお話したいと思います。ボーダレスというのは今では当たり前です。私は30年前にアメリカの研究所にいました。そのときに同僚にアメリカ人が2人、それからイスラエル、インド、ドイツ人など多国籍の人たちがいて、平気で仕事するようになった。重要なことはいろいろな人種の人たちと交わることは大変だということです。30年間くらいそういった問題を認識しながら国なり会社なりがノウハウを蓄積してきた。日本の企業はやっとこういったことが始まったばかりです。ただ日本の場合、全従業員に対して他国籍の人は1％いない。それに対してアメリカは別です。ものすごい数がいます。保守的なイギリスでも10％から

20％います。それに対して日本は1％きる。こういうことから日本ではボーダレスが始まったばかりと言っていいと思います。

　それから2番目です。企業というのは全方位でやっては何もできません。世界で生きるためには特化しなくてはいけない。今まではマーケティングから始まり、開発、生産などこういったことを自社ですべてやっていた。今まではできた。規模も小さいし、競争相手もいなかったから。ところがもうそういったことを言ってられないので、自分の本当に得意としているところにみなさんも入る。それ以外のところは委託だとか提携だとかライセンスによって企業のすべてのプロセスを完了する。こういう形になってきています。ここで言いたいことは、自分の得意としているところをより伸ばして、そして外部資源とうまくすり合わせたところが勝つということです。外部資源と内部資源をうまく組み合わせる管理経営というのが意外と重要なことになる。このようなことが企業を取り巻く環境です。これをスピード、ダイナミズムと言いましたが、なんで企業が外部の環境によって変わるかというと、今までは地域的需要の増減で変化していた。

　ところが私は最近違うなと感じています。たとえば半導体の性能・容量の急激な進歩があります。ハードディスクも1年で容量が80％増える、こういうようなことが世界規模で起こっている。これが世界の変化の原因になっている。こういう環境の中で個人が1つ自負できる得意分野を持ちましょう。企業でも自分の得意とする分野を持とうとしているのですけども、自分自身でもこれだけは絶対負けない、こういうのを1つだけ持つ。得意分野と呼べるまで自分を育てた自信というものがあると、会社の中で困難にぶつかったときに自信を持って対応できます。このバックグラウンドを持っている人と、持っていない人とでは大きく違います。

4つの課題

　もう1つ企業組織の変化についてお話します。課長と部下と1対1という関係から、上司が2人か3人というマトリクスマネジメントになっています。さらにネットワークマネジメントといって、お客様のプロジェクトができる

第1部　製造業におけるリーダーシップ

　と、そのプロジェクトに合わせて皆さん方の技術・能力データが全部入っていますから、その中からコンピュータがスペシャリストを選ぶわけです。こんな傾向が増えてくると思います。そんな中でも自分の中で自負できる力を持っておくことが重要です。

　それから2番目、正解はないと。昔アメリカの大学院で学んだとき、いろんな国の人が来ていました。みんなでディスカッションをして、それを先生が見ていて適宜話をまとめていくわけです。私はその中で話を聞くだけになってしまっていました。英語が苦手なのもあったのですが、ここで間違ったことを言ってしまったら悪い点になる……、答えは1つしかないと思ってしまいます。だから恐怖心が出ちゃう。企業に入ったら正解なんて全くないです。見方を変えると、いろんなことを言ってもいいのです。たとえおかしくてもああじゃないこうじゃないと話がどんどん進む。これを理解すると大変リラックスできます。そのためにはうまく聞かないといけない。人の言うことを正解じゃないと思うのでなくて、言っていることの中からヒントを得ながら自分を変えていくこと、これが2番目です。

　3番目、コミュニケーション上手になろうということです。我々は下手です。外交など何を見ても下手です。理由の1つには言葉という問題があるかもしれません。東南アジアに行くとわかるのですけど、ほとんどの街で商売している方が3ヶ国語ぐらいしゃべっています。高等教育なんて受けていません。自国語と英語とあと1つですね。それともう1つ説得力。これがないと効果的コミュニケーションができない。説得力とは何かというと、データでお話をするということ。この2つがあればコミュニケーションはうまくなると思います。

　それから4番目、皆さん方は今、学んでいるわけです。学ぶということは真似る、今、一生懸命真似ているわけです。さっき明治の企業形態の話をしました、真似ていたと。けれどもその中を分析して、何でこれがよいかと、中を見ながら真似るものは真似ると、最後は日本から発信する創造性というものを作っていかないといけないのです。そのように皆さん方1人ひとりが思っていると、日本はもっと良くなるのじゃないかと思います。

第 2 章　企業再建におけるリーダーシップ

　非常に残念に思ったのが、東南アジアで一番尊敬されているのは日本企業ではないことです。たしかに小型化したものや自動車もいいと言いますが決して尊敬されていない。尊敬されているのは独自なものを真似しないで作ったヨーロッパです。次がアメリカ。これから皆さん方の手で日本発信型に変えていくような心構えでやっていただければ、道はもっと開けるということです。最後は私も含めて変化に対応するのは居心地が悪いと思うことですが、とにかく変化は当たり前ということをまず前提にしていると、逆に今まで出せなかった皆さんの経験が活かせるし、隠れたものが出るかもしれない、恐れないということでこれは玉川の先輩方が証明していますから大丈夫です。ということで、4つの課題を申し上げました。

（2007年12月21日講話）

****
解説
　山岡法次先生は日本IBMご出身で、現在は玉川学園のシニアスタッフも勤めている。かたわら、日本IBM時代からの再建の経験を生かし、日本、米国、アジアの企業を再建した経験を持っており、そうした企業再建の経験に基づきビジネスリーダーシップについてわかりやすく丁寧に説明をいただいた。具体的事例を多面的に引用し、いかにトップとして企業再建のリーダーシップを果たしたかの説明には説得力がある。
　そのあたりについて、先生は、企業再建に取り組む際、自分はジェネラリストなので、総合力を出すにはどうしたらいいか、ということを常に意識し、問題企業の専門分野のリーダーを探し出す能力をフルに発揮してきた、と説明している。問題企業に派遣されて行き役職員に聴取する中で、「何よりも人を探すときというのは、話しているうちに感覚でわかってきてしまうのです。再建というものを30代からやってきましたから。そして、任せたら完全に任せることが重要です」と言っている。つまり先生の場合はジェネラリストとしてトップに立ち、個性の強いリーダーを探し、組織全体としてのリーダー・キーパーソンたちを、全体の目標に従って力を集中していく形でマネジメントしていくことによって、再建が可能だと

述べている。1人がリーダーシップを取るというのは浮いてしまうリスクがあるという。そして、常にトップである自分の考えを共有化できるような雰囲気を作るのに、ものすごく時間を使ってきたと説明している。部下に任せ、自信を持たせ、結局全員が努力する過程で、再建を果たしつつジェネラリストとしてトップマネジメントを形成してきたこと、外国企業においても同じ手法を用いてきたこと、は特筆すべきことであろう。

さらに日、米、アジア3つの地域のマネジメントの違いは大きくはないという。問題点の共有、専門分野のリーダーの選択、そのリーダーに完全に任せた経営、経営目標の達成、というスタイルを粘り強く遂行してきた先生の語り口には自信がうかがえる。3つの地域での成功の根底には、30代からのIBMでの経験があり、また8年間IBM米国本社での製造部門の責任者を経験したことが大きいのではないか。英語も大変な努力をされ一流のレベルである。

玉川大学については、卒業生が企業の変化に対してタフだと評価している。「タフというのは、物ともせず、それに挑戦していると評価するのです。変化に負けちゃってそんなこと嫌だよと言わないで、受け入れてくれるということがすごく嬉しいです。いい意味で柔軟性、ある意味では怖いもの知らずということで、これが印象的でした。何か新しいことをやることに対して、あまり抵抗がないですね、この学校は。むしろ新しいことをやって、その先、失敗するかしないかはあまり気にしない風習があると思いました。逆に不足しているところは、もっと自信を持ってほしいこと、他校との交流が少ないことです」と言っている。学生に対して温かい目で常に自信のある講義をしていただいたのが印象的であった。

第3章　ビジネスリーダーシップ
～私のビジネス体験から

佐藤敏明（元日本ケミコン株式会社社長）

１．はじめに

　皆さんこんにちは、佐藤です。こうして母校の後輩のみなさんと同じ時間を共有できることを大変嬉しく思っています。さて私は卒業40年目になりますが、そのうちの約30年は経営者として現場にいましたので、経験談を中心にして今日は皆さんにお話できればと思います。こうやって皆さんと一緒の席にいるというのも何かのご縁ですね。縁がなければこうやってここに立っていることはできません。

２．４つの縁～血縁、地縁、学縁、職縁

　さて、ここで縁ということについて皆さんと一緒に考えてみたいと思います。この縁という言葉は古い言葉のように聞こえるのですが、よく考えてみるといつの時代でも不変の意味を持っていると私は思います。良縁のことは仏教では縁尋機妙と言って、良い縁ができるとそれは鎖のように繋がって次から次へといい縁に結びつくと、教えています。それに対して悪縁もあります。よく縁を切るという言葉を使いますが、この縁を切るということは悪い縁の鎖を切るということです。ところで私は縁には４つのグループがあると思っています。まず１番目が「血縁」です。これは親子、兄弟、親戚、血で

繋がっている縁ですね。基本的に何も言わなくてもわかり合える。何かあったときにはお互いに助け合える、そういう最も強い縁です。

それから2番目は「地縁」です。皆さんが住んでいるところ、向こう三軒両隣。お隣付き合いのことですが、今、隣同士で助け合うような意識が希薄になってきているように感じます。その結果いろいろな社会問題も起こっているような気もします。

次は学びの縁「学縁」です。皆さんが今日ここに集っているのは学縁です。私も40年前にこの学校を卒業しましたけれども、こうやって皆さんと出会うことができたのは学縁によるものです。同じ学校で学んだことは一生消えることはありません。生涯同窓生です。

それから最後の1つが「職縁」です。これは皆さんにとって未知の領域でしょう。これから皆さんは社会人になって多くの人間関係をこの「職縁」によって結ぶことになるのです。縁という言葉を人間関係という言葉に置き換えると考えやすいかもしれません。仕事を通じてお付き合いしていく上で相手から何かを学ぶ。その中には自分にとって力を貸してくれる相手もいるでしょう。あるいは自分を否定されるような言動や行動をとられることもあるでしょう。社会人になると、苦しい、辛い、嫌なことがいろいろ出てくるものですが、そうした出来事を「あたりまえ」と意識しながら、皆さんが人との出会いを考えていくと、冷静な人間関係がつくりやすいと思うのです。縁というのは出会わなければ縁にはなりません。だから人と出会った瞬間を真剣につかまえていって、良い職縁を広げていくということが皆さん方のこれからのテーマになるのではないでしょうか。ですから皆さんがこれから「縁」ということを意識しながら時間を過ごしていくことが大切なことなのではないだろうかと、思っています。

3．終戦の年に生まれる

私は1945年、昭和20年の1月2日生まれですが、昭和20年という年がどういう年だったかということを振り返ってみると、皆さんもご存知の通り、

日本が戦争に敗れた年ですね。私はまだ0歳児でしたから記憶に残っているわけではないのですが、人間というのは不思議なもので、自分が生まれたときから後の歴史は、自分の人生と重なりますから身近に感じます。ですから私は自分が生まれた昭和20年という年を自分の歴史の1頁目としています。昭和20年というのは東京が大空襲にあった年で、40平方キロメートルにわたって家がなくなってしまって焦土と化しました。それは3月9日でしたが、その翌日には今度は大阪が空爆を受けて13万戸の家が焼けました。4月1日になると、今度は沖縄に米軍が上陸しますね。8月になって、6日に広島、9日に長崎。原爆の投下によって広島、長崎が壊滅的な状態になる。そして8月の15日に終戦になりました。

　62年前の日本の状態というのは東京も大阪も焼け野原だったわけで、そこから日本の戦後が始まりました。ですから私は自分の人生を振り返ってみると、全くゼロからスタートした日本と一緒に年齢を重ねてきたわけです。私の生まれた年は、日本にとっては歴史上忘れることのできない年でした。そのころ私の父親は品川で町工場を経営していましたが、昭和19年に「これは危険だ」ということでその町工場を青梅市に疎開します。家族はそこでもまだ危ないと思ったのかもしれませんが栃木県の矢板市に疎開しました。ですから私は疎開先の土蔵の中で生まれたということ"らしい"。その後父親が仕事を移転した青梅市に家族も移って、戦後の生活が始まったわけです。

4．玉川での学生生活

玉川学園高等部での生活

　玉川学園には1960年、15歳のときに高等部に入学しました。ですから7年間このキャンパスで過ごしました。なんで玉川に入ったのかということですけれども、それは父親が小原先生のご講演を聞いて心酔して、あの先生だったら子供を全部預けたいという気持ちになったらしいのです。それで兄弟4人が、全員玉川の小原先生のとこへ行けということになりました。玉川がどんな学校かというのはもちろん知りませんでしたが、当時は私が住んでい

第 1 部　製造業におけるリーダーシップ

た青梅から玉川までの通学時間は 2 時間以上かかりましたから、朝早く授業があるときには始発に乗っても間に合わない。ということで、下宿生活が始まったのです。

　高校生活のときに私がつくづく玉川はいいなと思ったのは、公立校で小学校、中学校と過ごしましたから、公立の学校生活に比べると大変自由度が高かったことと、自分が好きなことを選んで学習する「自由研究」ができたことです。「自由研究」という言葉は今、いろいろな学校で使われていますけれども、その当時の玉川にはすでにありました。

　私は自由研究でゴルフをやりました。父親の仕事の関係でそういう環境があったからですが、興味もあったので友達 2 〜 3 人を誘ったら、皆全然ゴルフなんて知らないのですが、面白そうだからやってみようということになって、高等部で初めて自由研究でゴルフをやりました。高等部展というのがありまして、そのときに自由研究の発表をやるのですが、教室を 1 つ借りて、教室の中にネットを張ってそこにボールを持ってきて練習場にしたわけです。そしたら結構保護者の方でゴルフをやる方がいて、「面白いな、この学校は生徒が教室でゴルフの練習場をやっているよ」とだいぶ多くの保護者の方に来ていただきました。それは研究というよりも、「やりたいこと」と言ったほうが当たっているかもしれません。そんな誰もやらないようなことをやらせてくれました。玉川の高等部はそういうところでした。

ゴルフ練習場建設

　そして 1963 年に大学に入学しました。私は工学部に入学したのですが、高校時代に自由研究でゴルフを選んだこともあって、大学でもゴルフ部を作って、キャプテンをやっていたものですから、玉川らしい何か面白いことはないかと思って考えていましたが、その当時はゴルフと言ってもあまり盛んでありませんでしたので、近くに練習場がないのです。玉川にはこんなに広い敷地があるのだから、それじゃいっそのことゴルフ部で練習場を作っちゃおうかという気持ちになって、練習場を労作（教育活動の一環として取り組む労働体験学習）で作ることを部員みんなで決めました。

第3章　ビジネスリーダーシップ～私のビジネス体験から

　しかし練習場を作るとなると当時の学長であった小原國芳先生、おやじの許可を取らなきゃいかんということになって、クラブの役員3人でおやじのところへ行きました。松陰橋からちょっと上がっていくとけやき食堂がありますが、けやき食堂の前に木造の「本部」という場所がありました。そこの2階におやじの部屋がありましたのでそこへ行って、「実は先生、その……ゴルフの練習場を作りたい」と。練習場だから100メートルくらいの長さの土地で、50メートルくらいの幅があればまぁ何とか練習場を学生の労作でも作れますと言ったんです。そしたら「本当にやるのか？」と聞かれたので「やります」と答えました。そしたら「ようしわかった。じゃぁそこだ」と言って貸して下さった土地が今の工学部の下です。ちょうど正面から行くと工学部の右下、大グラウンドの体育館のちょっと手前です。あそこを貸して下さったのです。

　そんなわけで、私は大学2年のときから練習場作りのための労作に着手しました。そしたらまぁ、あそこはゴミの山なのです。トラック2～3台分くらいゴミが出ました。それから今度は下草を刈って土を出して、芝生を張ってというような作業で約1年半かかりました。やっぱり1年半の労作というのは辛かった。ゴルフ部っていうのはゴルフをするための部です。ゴルフやらないで練習場作りのための労作ばっかりやっているのは、いくら後輩のために必要だからといってもゴルフができないわけですから、1年くらい経ったときにクラブの中で反乱が起きました。ゴルフの練習場を作るのじゃなくて練習しましょうよ！　と、部員が随分出て行ってしまいました。挫折……というのはおかしいかもしれませんけれど、クラブ活動が継続できるかどうかという大きな危機に陥ったわけです。

叱られて発奮

　そんなときにおやじに叱られたことは今でもはっきりと覚えています。「あのなぁ、人間っていうのは"やります！"って言ってやらないヤツがいるだろう。これってウソじゃないか。約束したら守れ！　どんなに困難なことでもそれをやり抜け！　もしそれを"やり抜けない"と思うなら、それは

そのやろうと思った人間の腹に弱虫がいるのだ！」「その弱虫は"やろう！"という気力を食っていっちゃうのだ。だから"やろう"と思ったことは熱をもってやり抜け。できないのは熱が足りないからだ」。そこで「よし、約束したのだからやり抜こう」と決心しました。そうして苦心の末に練習場が完成したのが1966年の6月6日でした。私はそのときに、1つのことをやろうと思って取り組んだときに難しいからといって諦めることは誰だってできる。そこを突破して何かを完成させるところに本当の意味がある、ということをおやじから学びました。そして助けられました。あのおやじの叱責がなかったら挫けていたかもしれません。これは玉川での大学生活の中で忘れ得ぬ思い出として今も残っています。

卒業してしばらくしてから、山形県の米沢藩で藩の財政を建て直した上杉鷹山公の言葉と出会いました。鷹山公が「なせば成るなさねば成らぬ何事も」そして「成らぬは人のなさぬなりけり」という言葉を使って藩政を立て直したのです。つまりおやじの言っていたことと言葉は違うけれど同じことなのです。できないというのは人がやらなかったから。その通りですよね。やらなきゃできないわけですから。できないと思ったとたんにその仕事は100%できません。やれると思っている限りそれは続いていきます。人間の意志の力ですね。学生は学生の分に応じて努力をすることによってそれなりの成果があげられた。それができ上がった日の感動ですね。感動というのは実際に真剣にやっていないと得ることはできないものです。ですから一緒に労作をした仲間たちと私にとっては、本当にこの1966年の6月6日というのは記憶に残る感動的な日でした。私が在学中に玉川教育の大きな柱の1つになっている労作教育を通じて学んだことです。このときの仲間たちとは、先ほど言った"学縁"がずっと続いています。

玉川のモットーの真髄

もう1つ、年を重ねるごとに深まる言葉、それが校門にある玉川のモットーです。皆さんももちろん玉川のモットーは知っていると思いますが、モットーとは信条のことです。信条というのは心に深く刻み込むということです

から、是非みなさんも心に深く刻み込んでほしいと思います。「人生の最も苦しい、いやな、辛い、損な場面を、真っ先きに微笑を以って担当せよ」これが玉川の信条です。社会人になって、40年の実社会の経験を積んで改めて考えてみると、この言葉には非常に重みがあります。

　どういうふうに重みがあるか、私流の解釈ですが、最初にある人生という言葉、その前に「自分の」という言葉を入れてみるとわかりやすいのです。人生は自分のものですから、あそこで言っている人生というのは、今を生きている自分のことでしょう。だから「自分の人生の最も苦しい、いやな、辛い、損な場面」とは何か、と考えてみると、「自分にとって不得手なこと」と気付かされます。「真っ先きに微笑を以って担当せよ」、この言葉は、「いやがらず自ら進んで」と考えると、校門にある玉川のモットーは、今の自分にとって最も不得手な、いやだと思っている事柄を、自ら進んで改善して自らを高めていこうということになります。

　私の卒業後の実社会での体験を振り返ってみますと、やっぱり一番不得手なものっていうのは避けて通りたいんですね。だけれどもだんだんと地位が上がって職域が広がっていくと、不得手なことを不得手で終わらせることができない。だからチャレンジします。そのチャレンジしていくことによって、人間の不得手な部分が消えて、そして得手な部分が増える。得手な部分が増えれば今までできなかったような難問も解けるようになる。難問にもチャレンジしてみたくなる。そんなふうに進化していけます。これが玉川のモットーの真髄ではないかと私には思えてなりません。

　今62歳の自分の人生、まだ不得手なことがたくさんあります。だけれども人生は死ぬまで自分のものです。皆さんは今20～22歳ぐらいの方でしょう。今の皆さんが不得手だと思っていることと、私が不得手と思っていることは違います。皆さん方が不得手と思っていることを私はできるかもしれない。私が不得手だと思っていることを皆さんならできるかもしれない。そういうものです。しかし不得手なものが多いほど、自分が苦しくて、自分が嫌で、自分が辛くて、自分が損なのです。玉川のモットーの主語は自分です。

第1部　製造業におけるリーダーシップ

5．経営者としての体験

27歳で取締役に

　私が大学を卒業したとき、父親は会社を経営していました。私が生まれたときには町工場だった会社がだんだんと大きくなっていって、その当時は社員が2000人ほどいる会社になっていました。

　そんな環境でしたので私は22歳のときに父親の経営する会社に入りましたが、父親が高齢だったために、27歳で取締役になりました。何よりもそのときにしんどかったのは、自分の部下が全員自分より年上の人なのです。自分より年下の部下は1人もいませんでした。そんな中で、先輩に当たる部下の人たちと仕事をしてきたわけですが、どのような状態だったか、皆さん想像して下さい。皆さん方から見れば、私のような人が部下なのです。動くと思いますか。動くわけがないですよ。私よりもはるかに知識や経験が豊富な人たちが私の部下なのですから。「何あの若造、社長の倅で偉そうにして」と言われるのがオチです。

　皆さんならこういう環境になったとき、どうしますか。私はどうしたかというと、サボったのです。わからないものはできるわけがない。できる人にやってもらう以外に方法はない。だから先輩たちに頭を下げて「お願いします。こういうことをやれと言われたのですが、コレを上手くやるにはどうしたらいいでしょうか」と頼んだ。そしたら「コレはこういうふうにしたらいいよ」「わかりました。じゃあ私は組織上ここのポジションにいますから、上手くいかなかったら私が責任を取りますからだからやって下さい。一切あなたのやることに文句は言いません」とそうやってきたのです。そうこうしているうちに失敗も出てきて、社長に怒られちゃうなぁというケースが出てきます。そのときにどうしたかというと、社長は私にとっては親父ですから、頼み込みます。「ごめんなさい。こういう理由で失敗しました。だけど一生懸命やったので、許して下さい」とね。ここは絶対的な人間関係の血縁を最大限利用したのです。そしたら「まぁ仕方がないか」といって、通常だった

ら100叱られるところを20くらいで終わる。それから絶対に部下の告げ口をしない。これを守ったのですね。そして1年ぐらいしたら私の意見を部下が聞いてくれるようになったのです。私よりも年長の人たちが、あいつは信用できると。そんなふうにして1年ぐらい経つとわかるんですね。告げ口をしていればバレます。だけど告げ口をしていないことがわかるから、まぁ仲間に入れてやるか。と、こういうことじゃないですか。それで初めて、上司と部下、というよりも一緒に仕事をする仲間に入れてもらったというほうが正しいでしょう。そして私が33歳のときに父親が亡くなりましたが、このときは基本的に人間関係のトラブルはありませんでした。「一緒にやろう、頑張っていこう」というみんなの機運を感じて私は大変ありがたく、嬉しく思いました。

　そしてちょうど卒業してから20年目の1987年、42歳のときに社長に就任しました。それからおよそ18年間、企業のトップとして仕事をさせていただいたわけですが、本当に仕事というものは目まぐるしく変わるものですので、一口に社長だ、あるいは会長だと言っても、やっていくことはその時代に応じて大きく変化します。

仕事を産み出す

　今お話したようなことは、私が今まで歩んできた大筋です。皆さんは今学生ですが、でも大学あるいは大学院を卒業すれば社会人です。皆さん社会人になるのですよ。そうすると多かれ少なかれ、今私がお話してきたような出来事が形が違いますが現れてきます。ところで社会人っていうのは何ですか？　社会人っていうのは実社会で職業を持った人のことです。働いて社会のために有益な活動をしてお金を稼ぐ人、一人立ちできる人、それが社会人です。

　産業というのは一次産業、二次産業、三次産業といろいろな産業がありますけれど、皆さんは、いずれかの産業にその職業を通じて身を置くのです。では産業人とは何か。これを逆さまに読むと「業を産む人」ですよね。仕事を産み出す。だから仕事を産み出さない人っていうのは社会では認められに

くい。私はそう思います。

　皆さんがまず産業人になって仕事をする。その仕事をする人をなんて言いますか？　プロと言いますね。プロがする仕事は「生業」です。「生業」という字をよく見てください。生きている業です。仕事というものは生きているわけです。だから油断すると自分のやっている仕事が腐ります。仕事が腐るのじゃないのです。人間が生業を忘れて生の仕事を腐らせてしまう。だから私が是非みなさんにわかってほしいことは、自分の周囲で起こっている出来事はもしかすると自分が原因で起こっているかもしれないということを意識してほしいのです。だから自分に落度はなかったか、ということをまず第一番目に考えてほしいのです。そうでなければ、人間関係は築けません。誰も自分が悪いとは思ってはいないのですから。

人間が事業を支え、事業を創る

　経営者というのはそういう一連の流れから考えてみてもわかると思いますが、「人間の集団の力を活用して仕事を産み出す」ということが最大の任務だと思います。経営とは事業を産み出し続ける。そして、時代の変化とともに事業を変化させて、事業を産み出して、そして事業を継続する。これが経営者の最も重要な役割です。ではそれを支えるものは何か。私は躊躇することなく「それは人です」と答えます。会社という器でもなければ会社が今やっている仕事でもない。

　そこを構成している人間が事業というものを支え、事業を創る。大きくするも潰すもすべてそこで働いている人間、トップ以下、そこの人間たちが作り上げるものなのです。社会は変化します。どんどん変化していきます。その変化というものに対応していかなければ、企業の継続的な発展はできません。

　ですから事業を経営するに際しては「変化への対応」こそが、最も注意しなければならない点だと思います。ちょっと周りを見渡してみてください。カラーテレビは液晶になってしまいました。ブラウン管のカラーテレビはほとんど店頭に見られなくなりました。どんどん液晶に変わって壁に掛けられ

第3章　ビジネスリーダーシップ〜私のビジネス体験から

る薄さになっています。カラーテレビが市場に登場したのは昭和39年、東京オリンピックの年です。そのときにはあまり色も出なくて、重くて大きかったカラーテレビの受像機がわずか40年ぐらいで、あんなに薄くて壁に掛かるようになった。皆さんはDVDを見たり、CD、MDあるいはiPodを使って画像や音を楽しんでいますが、これだって30年くらい前は円盤を回して音を聞いていたわけです。それもデジタルじゃなくてアナログです。アナログがデジタルになって、そして機械が要らなくなったわけです。つまり、レコードを回したりする機械がなくなってしまいました。それを作っていた企業はどうしますか。社会からのニーズがなくなってしまったのです。これはその企業にとっては生きるか死ぬかの大変化です。そういう変化に企業は対応しなければなりません。もちろん働いている人も対応せざるを得なくなります。ですからダーウィンが言った「頭がいい人間、強い人間が生き残るわけじゃない。いくら頭が良くても、いくら強くても、その時代の変化に対応できなかったものが死滅するのだ」という言葉は不滅です。

　1980年代、皆さんが産まれて間もない頃の日本は、製造業のモノ作りが極めて優秀で、世界の注目を集めていました。工業化社会の見本のように言われ、世界から認められていました。

時代は変化する

　そのとき私は会社のトップとして仕事をしていましたが、その時代の日本のエレクトロニクス産業は、半導体からカラーテレビ、VTRなどのいわゆる電子産業の日本国内での生産高っていうのがどれくらいあったのかというと24兆円でした。今どれくらいになっていると思いますか。1995〜96年その辺りから10年くらい経ちましたが17兆円です。30%減っています。そして日本はもはや生産適地国ではなくなってきたと言われ始めています。どこへ行ったのか、それは中国を中心とする主として東南アジアの国々ですね。ですからこの約10年間で7兆円から8兆円の国内の生産が中国をはじめとする生産適地国に移っていってしまっています。つまり日本国内での仕事がその分だけなくなってしまった、ということです。

55

第1部　製造業におけるリーダーシップ

と、いうように時代は変化していきます。しかも1991年にソビエト連邦が崩壊し、1990年代の中ごろになると世界が1つになっての大競争時代に突入しています。1990年代以降の世界の置かれている状態は東西に2極化していた世界が1極化したのです。だから今まで2極化した世界の中で生産なり経済活動を進めていたのが、1極化した中で考えなければならなくなりました。その大変化の結果として今言ったような様々な現場での対応が求められるのです。おそらく日本の中で今までのように商品の生産を続けたならば瞬く間に競争に敗れてしまうような商品が年々増加しています。1985年のプラザ合意で日本があまりにも世界の中で外貨の獲得、外貨保有が高くなったために円高政策がとられたとき、あっという間に円高が進行しましたが、そのときに我々がやったことは何かというと、思いきった海外生産シフトの断行でした。おそらくそれはオイルショック時代に続く第2期海外生産シフトブームだったと思います。そして1990年代に入って生産拠点をさらに世界中に拡大していきました。世界中の市場で、その市場により近いところでモノを作り上げていくという時代に入ってきた。大まかに言ってこれは私が経験した日本の経営環境の変化でした。

6．リーダーに必要なもの

リーダーの3つの能力

リーダーというのは様々な経験をしていきます。皆さんはリーダーを目指しています。リーダーというのは指導者のことです。私は最初27歳のときにリーダーになりましたが、リーダーという名前はもらったけれど真のリーダーではないリーダーでした。本当にリーダーになったのは多分、社長になってからでしょう。

そういった経験からリーダーには3つの能力が必要だと思います。1つは「問題を把握する能力」。今起こっている問題は何か、解決すべき優先順位を把握する能力。2つ目は「人間関係能力」です。部下との良好な関係、上司との良好な関係、取引先との良好な関係、それには是非「縁」ということを

念頭においておいて人間関係を考えてみて下さい。そして最後に「未来を想像する能力」です。未来を想像する能力というのは変化対応能力と言ってもいいかもしれません。誰もわからない将来を予測して1人で孤独に決断をする。これが未来想像能力です。周りの人はそんなことになるはずがない、と言っても、自らの決断で自らの組織の未来を作り上げる決断をする。この3つの能力がリーダーに不可欠な能力だと、私は思います。

リーダーの4つの条件

そしてリーダーの条件というのは何かと言いますと、4つあると思います。これは私の経験から出てきたことですが、まず自分を変革できる人。時代と共に、あるいは自分の弱みを、さっきの玉川のモットーじゃありませんが、それを自らが克服して自分を大きく育てられる人。自らを変革する過程で、歴史を学び経験を積み重ねて、そこで学んだことを自分の知識として蓄えることができる人、その蓄えた知識、経験を次のポジションになったときに活かすことができる人。地位が上がってから勉強したのでは遅いのです。だから、変わる、蓄える、そして活かす。最後に「自分を律する」。リーダーはこの4つの条件を満たさなければならない。私はそう思っています。

その中でも一番大事なことは、4つ目の「律する」ということです。トップに立つと「言われもない全能感」に襲われます。自分の言っていることは絶対正しい。周りの人間が全部言うことを聞く。これはウソです。それは地位の持つ権力に人が従っているだけで、トップが勝手に自分の考えは正しいと思い込んでいるだけのことです。だから「自分を常に律することができる」こと。それから自分が時代の変化に対応できなくなる、歳も取ってくる、そういったときには自ら後継者に道を譲る。トップの座を退くことを決めることはトップだけにしかできません。そういうことを含めて「自らを律する」ことが組織を守るために最も大切なのです。変わる、蓄える、活かす、律する。この4つのリーダーの条件と3つの能力をしっかりと兼ね備えていかなければリーダーシップは発揮できない。私は体験上そう思います。

7．最後に

　さて、今日のビジネスリーダーシップというテーマの最後の話になりますが、リーダーシップというのは、指導力、あるいは統率力ということです。ある１つの組織を牽引していく力のことです。リーダーシップというものは統率力だということはハッキリ言えますけれども、残念ながらリーダーシップに定義はありません。どうしたらいいのかという定義もありません。「リーダーシップには顔がある」と言われますが、それぞれのリーダーはそれぞれの経験、知識はもとより全人格を投入して初めてリーダーシップが発揮できます。あえて共通点をあげるとすれば「部下から信頼される」ということでしょう。しかし部下から信頼されるための自らの在りようは、それぞれに異なってきます。技術的に優れている、体力的に優れている、判断力が優れている、もろもろのことがあると思いますが、その人その人によってそれは異なる。だから「リーダーシップには顔がある」ということが言われるのです。

リーダーに求められる３つの要素

　リーダーと言われる人たちに求められるものは、第１に「部下を信頼して部下に仕事を任せられるか」ということが１つ、第２には「人を信用することができるか」、そして第３には「部下の失敗を自分の失敗として、部下に転嫁しない」ということ。その意思をしっかりと持っているかどうかがリーダーシップを発揮するための絶対的条件です。リーダーシップを発揮した、あるいはリーダーシップを確立したと言われる人たちの持っている共通点というのは今私が言った３つであろうと思います。「部下に仕事を任せられるか」「部下を信用できるか」「部下の失敗を自分の失敗とできるか」この３つの覚悟がないとその人の下についた部下がかわいそうです。実はそういった３つの要素をリーダーが持っているかどうかを一番知っているのは部下なのです。部下がこの人は自分がリーダーとして仰ぐに足りるかどうか、と。辞

第3章 ビジネスリーダーシップ〜私のビジネス体験から

令1枚もらって、さっきの私の27歳のときの話じゃありませんが「俺がリーダーだ」などと思うのは部下がかわいそうです。部下が自分をどう見ているのか。部下をうまく動かすためには自分はどう変わらなければならないのか、どう努力をしなければならないのか、そのことをしっかり認識することがリーダーの要諦です。リーダーは常に部下から見られていることを意識しなければなりません。そう簡単なことではないと思いますが、玉川のモットーを思い出してください。今の自分にとって何が足りないのか、何が苦手なのかと、その苦手なものを自分から進んで取り除いていこうという覚悟を持って下さい。

　皆さん方がこれから前向きに、積極的に自分を変えて、そして立派なリーダーに育っていただくことを心からお祈りをして話を終わりたいと思います。今日は話を聞いていただいてありがとうございました。

(2007年10月26日講話)

＊＊＊＊＊＊＊＊＊＊＊＊＊＊＊＊＊＊＊＊＊＊＊＊＊＊＊＊＊＊＊
解説
　佐藤敏明先生は、玉川学園に高等部から入り玉川大学工学部を卒業した。卒業後、父親の経営していた日本ケミコンに入社し、27歳のときに取締役になり、42歳で社長になり、社長8年・会長8年を務めた。現在は青梅佐藤財団理事長として社会的に活躍しており玉川学園とは縁が深い。
　佐藤先生は在学中のゴルフ練習場建設にあたって小原國芳先生から厳しい指導を受けたという。1年ぐらい経ち部員から建設を止めたいという造反があったときに「約束を守れ、やらない人は弱気の虫がいるのだ、どんなことでもやってみろ」という國芳先生の指摘に発奮しこの難問に挑戦し見事に完成させた。完成させた6月6日を記念して今でも66杯を行っているという。玉川学園に入った動機も父親が國芳先生の講話を聞いてファンになったことであるという。厳しさと暖かさの両方を備えた企業人として佐藤先生は日本ケミコンで開花していく。
　日本ケミコン入社後27歳で取締役になると、周りは全部先輩であり、

59

とにかく仕事は部下に任せ責任は自分で取り、父である社長に部下の悪口は一切言わない方針を貫き、徐々に信頼を獲得していったという。「部下に仕事を任せられるか」「部下を信用できるか」「部下の失敗を自分の失敗とできるか」この3つの覚悟がないと管理職は務まらないと力説する。

42歳で社長就任後、1990年までの4年間は超優良企業で、内部留保も250億円ほどあり、利益率も20％の会社で、高額配当でもあったため優良会社だったが、バブルの崩壊の時期に会社は大きな試練を受けた。株式投資をはじめ投資の拡大で財政基盤が悪化し、不良債権を抱え、現場に緩みが出て営業利益の赤字につながり、ダブルパンチを受けた。その間社長として生きるか死ぬかという状況での毎日であったと回顧する。その際の経営戦略として、余分な資金に頼らないこと、利益は自ら出すこと、その利益は本業で出すこと、この3つを厳しく実践し、大きな窮地を乗り越えたという。会長になってからは一切を後継社長に委ね、もっぱら対外活動を行い、社長の引き立て役に徹したという。

そうした経験から佐藤先生は、ビジネスリーダーとしての3つの能力と4つの条件をあげる。3つの能力は問題把握能力、人間関係能力、未来想像能力である。本文にある4つの縁を大事にすることが底流にある。4つの条件とは、自分を変革できること、自分を克服し自分を大きく育て、経験を自分の知識として蓄えること、蓄えたものをそのポジションで活かすこと、最後に自分を律すること、である。リーダーは、変わる、蓄える、活かす、律する、この4つの条件を満たさなければならない。一番大事なことは4つ目の「律する」ことであるという。経営をするにあたって、あるいは組織をリードするにあたって、トップに立つと全能感覚に襲われるが、佐藤先生の引き際は鮮やかであった。玉川学園時代に全人教育を体得し、自らが日本ケミコン経営トップとして実践してきた先生のビジネス人生には感銘を与えられるところが多い。

第4章　会社再建から学んだ経営の要諦と私の経営観

齊藤十内（日本スピンドル製造株式会社社長）

1．はじめに

　はじめまして、齊藤十内といいます。私は終戦の年の昭和20年に生まれ、昭和26年に玉川学園の幼稚部に入りました。そのあと小学部、中学部と進学してちょうど10年間、この玉川学園の丘で学びました。大自然がそのままの景色で残された素晴らしい教育環境のもとで、伸び伸びと過ごしました。今回ご縁があって、ビジネスリーダーシップについてお話をする機会ができたことを大変嬉しく思っています。

　ご縁というのは、記憶にあると思いますが、2005年4月25日にJR福知山線で列車が脱線して、107名の方が亡くなり、多くの方が重軽傷を負うという大惨事が起こりました。事故が起こった現場が、私が社長をしている日本スピンドルの尼崎本社工場のすぐ傍であったことから、私の決断で工場の操業を止めて全社員による救援活動を行いました。当社が行った救援活動は、民間人が行った活動としては想像を超すものであると全国に報道され、多くの方々から賞賛の言葉やねぎらいの言葉をいただきました。何ヶ月か経った後、その社長の齊藤十内というのは玉川学園の卒業生ではないかと同窓会事務局に伝わり、そして、経営学部長と私が玉川学園の小学部で同級生だったという縁が重なり、長い間、玉川の丘から遠く離れていた私でしたが、今回、経営学部の皆さんにお話をする機会ができたという次第です。

2．住友重機械工業入社

　話のタイトルは、「会社再建から学んだ経営の要諦と私の経営観」ですが、会社再建を担当するまでには30年という長い社会人としての経験がありました。この期間、仕事を通じて得たことは、再建のいろいろな場面で生かされたと思っていますので、前半は、1971年に住友重機械工業に入社してから2000年までの30年間を大きく3つに区分してお話します。そして後半に、2000年から現在まで8年間にわたってやってきた、会社の再建と会社の経営について話をします。それでは時代背景と併せて話を始めます。

第1の区分〜海外案件を数多く担当

　第1の区分は1971年から1985年頃までについてです。1960年代半ばから日本は急激に高度成長していくわけですが、その牽引役は鉄鋼・造船・化学といった重厚長大系の産業でした。私もその一員として、70年代から80年代半ばまでは、重厚長大系の主として民需を対象にした事業を担当しました。国内だけでなく海外案件も数多く担当しました。港湾荷役設備、製鉄所やセメントプラント、製紙工場、肥料工場などで、原料や製品を扱うのに使われる機械や設備の設計です。海外への進出がどんどん拡大している時代でしたので、韓国、台湾、中国から始まって、アメリカ、インド、中東、アフリカと、地球を1周するほどの勢いで飛び回っていました。しかし、その間2度のオイルショックを経験し、為替の自由化による円高で、日本の経済・産業界は大きな影響を受けることになります。

　オイルショック後の不況では、タンカーの需要が急激に減少したために、住友重機は造船事業を持っている会社ですから、構造不況業種に指定されるほどの影響を受けました。1970年代の後半には、人員削減、定期採用の一時中止などをしなければならない状況でした。しかし、日本の製造業は、ここからがすごいところで、生産性の向上、品質の向上を徹底的に追求していき、世界トップの競争力を作り上げていきます。私が所属していた事業部門

も品質管理活動や生産性改善活動を強力に推進していましたし、私自身もQCやTQC活動のリーダーをやり、成果を上げていきました。

そのような努力の積み重ねで、日本全体では自動車、電気、精密機器を筆頭に輸出を増大させていきました。しかし輸出が増えて貿易収支の黒字が大きくなりすぎると、その反動がくるもので、1985年のプラザ合意後に起こった急激な円高で、日本の製造業の輸出競争力は急速に失われていきました。私はその頃、海外案件も担当していたので、円高が進むたびに、価格競争力が弱くなる状況に直面し、最後は海外案件から撤退せざるを得ないところまで追い込まれ、悔しい思いを何度も経験させられました。この頃の出来事は私にとって忘れることのできないことばかりです。

第2の区分〜内需関連、公共投資関連事業に従事

第2の区分は1985年から1993年までです。海外案件から撤退したことで、国内の内需関連、公共投資関連事業を主とする仕事に変わりました。日本は2度のオイルショックの経験から、国としてのエネルギー政策を見直します。エネルギーの多様化が基本方針として掲げられ、石油に代わる石炭専焼の火力発電所が全国で建設されました。私はすでに課長職として、外注の設計者も含めると70人の所帯の切り盛りをしていましたので、石炭を船から荷揚げして貯炭する設備、石炭を細かく砕いて燃焼ボイラーに送る設備などの設計・製作から工事・試運転・引渡しまでのすべてを担当していました。北は東北から南は沖縄まで数多くの案件を手掛けました。

公共事業で大きな案件としては関西新空港の建設があります。人工島を大阪湾内に埋め立てで作り、そこに空港を建設するわけですから、大阪湾周辺地域の複数箇所から、山を削ってものすごい量の岩石を運んで来なければなりません。機械メーカーとして、山から切り出した大量の岩石を効率よく人工島の建設場所まで運ぶシステムを設計して納入しました。この頃、本四架橋も最後の3ルート目となる明石大橋の建設も始まっていましたし、国内のいたるところで、公共工事が行われていたと記憶しています。

こうしたインフラ整備、公共事業の仕事は大掛かりで、金額的にも大きく、

個人的にはやりがいを感じていましたが、公共事業にあまり依存すると実体経済はおかしくなってくるもので、日本国内は、我々が意識していないうちにバブルの時代へと走り出していたようです。しかし、そうなると止まらないんですね。行くだけ行ってしまう、そしてバブルが一気に崩壊して、長い経済の停滞の期間に入ってしまいました。アメリカでは1987年にブラックマンデーと呼ばれる株価暴落が起こったりして、その後の日本のバブルの崩壊を予兆させていました。こうした会社を取り巻く経営環境の変化を受けて、私の仕事も変わることとなりました。

第3の区分～事業構造の転換に深く関わる

　第3の区分は1993年から2000年にかけてです。公共事業や重厚長大系の事業はピークを過ぎていましたから、住友重機としては成長が見込めなくなった事業を捨てて、将来にわたって成長が見込める事業に転換していかないと会社がもたなくなります。こうした経営課題のことを、「事業構造の転換」と言います。「事業構造の転換」とは、利益の出る事業を増やし、赤字の事業や利益の上がらない事業を止めることです。私の仕事は、利益率の低い事業の縮小と、同時に将来の成長が期待される事業を伸ばすというものです。

　成長が期待される事業とはどんな事業なのかを見ますと、1つは航空機の部品で、チタンでできたジェットエンジンの部品です。これはXYステージと呼ばれる製品で、ナノレベルというミクロンの100分の1レベルで精密な位置制御ができる、ハイテク技術がぎっしり詰まった製品です。大画面の液晶の製造工程などに使われます。これは極低温冷凍機です。－269℃まで冷却できる世界トップの性能を誇る製品です。こうした開発から生まれた商品をさらに強くしながら、将来性のある事業に育てるのが私の仕事の1つでした。約8年間担当しましたが、現在これらの事業は大きく成長して、安定した利益を出すまでに成長しています。苦労はいろいろありましたが、仕事冥利に尽きると嬉しく思っています。

　会社はメーカーとしての生き残りのために、こうした努力を続けていきますが、バブル崩壊後に発生した金融不安が日本経済に与えた衝撃は大きく、

有利子負債を抱える会社の信用不安が問題となってきました。今までのような、日本だけで通用する経営のあり方では国際的に認められなくなってしまったということです。経営の健全性、透明性が強く叫ばれるようになりました。会社単体は黒字だが、実際は子会社に大きな赤字を移しているとか、不良債権や不良資産を抱えさせていた、などの事例がよく報道されていました。会社経営が連結で評価される時代を迎えて、住友重機グループの連結子会社が抱えている問題を見過ごすことができなくなってきました。そうした背景から、私自身全く思ってもみなかったことでしたが、結果的に2つの会社の再建を担当することになりました。過去そのような前例はもちろんありませんが、神が与えてくれた試練、というより思し召しと思ってやってきました。ここからは、2つの会社の再建についてのお話をします。

3．子会社の立て直し

①新日本造機の再建

業績悪化で赤字に転落

2000年6月に新日本造機の社長に就任しました。この会社は当時、東証二部に上場していた、蒸気タービンとポンプを製造・販売する機械メーカーです。創業時は、戦前に遡り、戦艦大和を建造したことで有名な呉海軍工廠の工場の1つでした。したがって長い歴史と優れた技術を持った会社です。

蒸気タービンは中・小型ですが、シーメンス、GEに次いで世界で第3位のシェアを持っています。国別の納入実績をみますと、80ヶ国以上に実績があります。東南アジアは殆どすべて、それからインド、ニューカレドニアやフィジーといった南の島々にもこの会社の蒸気タービンが納入されています。熱帯地方で栽培される、さとうきびやヤシの実を絞った後の廃棄物を、バイオ燃料として燃やして蒸気を発生させて発電します。ポンプ事業は、石油コンビナートで使われる大型のポンプです。これも国別納入実績からみますと60ヶ国以上に実績を持っています。

1997年に起こったアジアの通貨危機では、輸出比率の高さが裏目に出てしまいました。東南アジア諸国の通貨が紙くず同然にまで下落してしまったために、お客様はすべての設備投資を取りやめます。この影響で、受注は一気に減少し、売上が半減してしまったということです。それと同時に発生した大問題は、代金の回収ができなくなってしまったことです。お金が紙くずになってしまったわけですから、お客様もお金を払おうにも払えない。これを損金として処理すると、会社の経営責任は免れなくなります。この会社はそれまで、まずまずのレベルで利益を出していましたし、過去の利益の積み立てで財務状況は全く問題がありませんでしたが、業績が大きく落ち込んで赤字に転落してしまったのです。このような事情があって、会社全体は暗く沈んでいました。

再建ロードマップに沿って方策を実行

そんな中、私は1人で、たとえて言えば落下傘で敵地に飛び降りるようなかたちで、社長に着任しました。したがって、会社を再建させるために最初にやったことは、人員削減や受注の低迷で元気がなくなってしまった社員の心を、どうやって元気にさせるかということでした。「社員のために一生懸命やるぞ」と宣言し、再建のロードマップに従って、次々と方策を実行していきました。ここでは詳細の説明は省略しますが、再建ロードマップの大筋は、この後にお話する日本スピンドル製造のそれと同じです。最初の2年間は大変な苦労をしましたが、幸い通貨危機も落ち着き、さらには新興国の台頭が世界的な景気上昇の流れを作ってくれたお陰で、受注が増えてきました。

そうなると何事も好循環に働くもので、再建ロードマップから、予定より早めて成長・発展のプログラムへ切り替えていくことができるようになりました。もう1つの大きな問題、滞留債権の回収については、法務の専門家を増員しプロジェクトを組んで、現地へ何度も交渉に行ってもらいました。お客様も通貨危機の被害者ですから、これは大変です。お客様自身が元気にならないと返すお金が出てこない。その国でお客様が元気になるように、新たな事業が成功するように、そこの銀行団だとか弁護士だとかと一緒になって、

根気よく解決していかなければならないのです。当然大変な苦労が伴いましたが、でも社員はやり抜いてくれました。本当に頭が下がる思いです。2004年には約7割の回収に目処をつけました。そのあとも、後任の方々が根気よく交渉を続けてくれたお陰で、すべての滞留債権の回収に目処をつけてくれました。

　アジア通貨危機による不良債権、滞留債権の問題は、日本の名だたる銀行、商社、企業も同じように巻き込まれてしまったわけですから、この会社を非難することはできません。しかし、販売契約の仕方、代金回収に対するリスク管理の面で改善の余地があったことは確かでしたので、法律の専門家も交えてリスク排除の仕組みを作り、厳格に実行させました。初めは皆さん窮屈な思いを持ったようですが、これ以降、新たに発生した滞留債権はなくなりました。新日本造機は大きな利益を産む優良企業に生まれ変わったことを機に、住友重機の100％子会社となり、連結経営に大きな貢献をするようになりました。

②日本スピンドル製造の再建

紡績業界の衰退に伴い事業縮小

　2004年5月末をもって新日本造機の社長を辞し、6月に日本スピンドル製造の社長に就任しました。この会社は長年にわたって業績が低迷していて、直近の2年間は大きな赤字に落ち込んで経営が危ぶまれるまでになっていました。日本の多くの企業は、すでにバブル後の低迷期を脱出して、景気回復期の中で業績を伸ばしていましたので、再建策の実行は相当急いでやらないと、取り残されてしまう、という切迫感をひしひしと感じました。

　この会社の創業は紡織機械に使われるスピンドルという部品の生産で始まり、来年で90年を迎える歴史の長い会社です。戦前、戦後と当時の基幹産業であった紡績業界の隆盛とともに発展した優良企業でした。スピンドルというのは紡織機械にはなくてはならない重要な部品の名前です。したがって、紡織機械を作る会社とは強いつながりがあったようで、最大手の豊田自動織機にいらしたトヨタ自動車の創業者でもある豊田喜一郎さんが、戦前の一時

期ですが、日本スピンドルの社長を務めていたという記録が社史に残っています。

　1970年代に入ると、国内の紡績事業は衰退していきます。それとともに、スピンドルという部品の注文も年々減少しましたので、それに代わる中核事業を作ろうと会社はいろいろ考えていきます。新工場を建設して、新たな事業が発展した時期もありましたが、本当に強い事業までに育てることができなかったために、日本経済の動向に振り回され、不景気がくるたびに事業を縮小せざるを得なくなる、そういうことを何度か繰り返していたようです。そのようなことで、この会社にはスピンドルに代わる中核となる事業が育っていませんでした。私が社長に就任した2004年当時は売上規模の小さな事業で構成されていました。現在は8つに事業が増えて規模も大きくなってきましたが、機械メーカーとして国際競争で戦うことを考えると、まだまだ事業規模は小さく、強い事業・会社にするには道半ばだと思っています。

　それでは、日本スピンドルの再建をどうやって進めてきたのかについて、説明します。やるべき課題を大きく3つに区分しています。1番目は事業収益構造の変革です。2番目は財務対策です。3番目は制度改革です。事業収益の変革については、赤字を止めることが緊急課題でしたから、それを真っ先に実行しました。再建を進める上で大事なことは、問題となっている現場を自分の目で確認すること、同時に、実際行われているマネジメントの中に入って、実態をいかに正しく摑むかということです。現在は2007年度ですから、1番目と2番目が終わりに近づいて、3番目のステップに入って、増収増益を目指した課題に入っているところです。

初年度における再建（2004年7月から2005年3月）

　再建初年度、2004年7月から2005年3月までの再建についてです。社長に就任して全社員にメッセージを出しました。「もの作りの原点に戻れ」です。この会社は、その昔、自社に技術訓練所を持つほどの、もの作りに力を入れた会社でしたが、私が社長になった頃は社内での作業は組立ぐらいで大事な部品は何も作っていない、みんな外注に任せてしまった。メーカーとし

てそれでいいのだろうか、ということです。そこで、このメッセージ「もの作りの原点に戻れ」を出しました。

　それから、社員との対話を仕組みとして実行していきます。これは非常に大事です。事業部の各部門とのヒアリング、支店を含む営業とのヒアリング、それに毎月何日も費やしました。朝の9時から夕方まで2時間ずつ4部門、事業部門毎に各個人に与えられた課題と方策の進捗について発表してもらいます。回を重ねるうちに全社員の半分ぐらいの人から発表を聞くことになり、さらに質疑を行うことで、短期間で社員をよく知ることができます。何度もそういう機会を重ねていくと、社員の能力・気質・性格といったものまで大体摑めます。社員の適材適所を考える上で大事なことです。

　次は一体感が感じられる環境づくりです。長い期間業績が悪かったために、新規の設備投資は勿論、補修費用も出ない。事務所も工場も照明の数が少ないのか、暗い雰囲気でした。これでは、「再建！」と叫んでも元気が出るはずがありませんので、早速なけなしのお金を使って、割れたガラスを入れ替え、建物の内も外も明るいペンキで次々塗っていきました。照明もほぼ倍に増やしました。社員が自発的に作業環境を綺麗にするように、5S「躾・整理・整頓・清掃・清潔」活動を全社的に取り組みました。毎月1回のパトロールを継続することで目に付かないところも見違えるほどに綺麗になりました。それから大部屋方式をとり、これは社員の意識を変えるのに大きな効果があったと思っています。どういうことかと言いますと、尼崎本社工場の敷地には建物がたくさんあるため事業毎に事務所が分散していました。これでは、私の意思をタイムリーに伝え、ものごとをスピーディに進めることができない。特に幹部クラスとはフェイス・トゥ・フェイスでやらないと考えを的確に伝えることができない。そこで、床面積の大きな2つの建物の2階に全部門を集合させました。

社長の本気を示す

　それに併せ、私も社長室を出て大部屋の一角に座ることとしました。社員から見れば遠い存在だった社長が毎日いる。それも朝早くから夜遅くまで

る。そして声をかけてくる。これは社員に対して、「社長の本気」を示すのに大いに効果があったと思っています。私は先ほど話をしましたように、赤字の大本を止めることとか、管理レベルを上げることとか、緊急課題を進めていますが、一般の社員にはこうしたことは見えません。「社長が再建、再建」と言っているが何をやっているのだろう、というぐらいです。しかし、一般社員にとって、事務所が変わるとか、なんか綺麗になってきたとか、身近なところで毎日何かが変わっていることを実感すると、会社は変わり始めた、自分たちも頑張ろうと思ってくれるようになります。それから大事なことは、ITツールを徹底に使うことです。「見える化」という言葉がありますが、経営には、経営状態が常に見えることが重要です。経営に関係する項目や事業運営上必要な項目を細かく分けて、全部数字で見えるようにします。初めは皆、その意味や重要性を実感として持っていなかったので、結構時間がかかりましたが理解してもらいました。受注が計画通り進んでいく、売上も計画通り進んでいく、利益も予想通り上がっていく、そうしたことが数字で見えるようになると、自然にいろいろ工夫するようになります。経営側としては必要な数字がいつも見えるわけですから、非常によかったと思っています。

　次にメール機能を全社に展開しました。事技職系社員にはパソコンを全部渡しました。電話は1対1でしか情報を伝えられませんが、メールは一度に全社員へ伝えられます。双方のやり取りも関係者が見られるようになりますから、同時多層の情報交換と言えると思います。それから、管理職以上には週報を義務付けました。自分の課題の進捗、問題点あるいは自分の考えていることなどを書くわけですが、それには自分自身がきちんと整理できていることが必須となります。これは強制的にやらせました。管理職の週報に対しては事業部長や役員が週末にコメントをします。そうしたやり取りも含めて、私はパソコンで見ることができるわけですから、週明けの月曜日は、新たな目標に向かって、エンジン全開でスタートができます。ビジネススピードが速くなる時代を迎えて、ITの活用は絶対不可欠だと思っています。

けじめの人事を断行

　次に人事のけじめについて話をします。人事ほど新社長の考えを社員に見せることはありません。今度の社長はどんな人事をするのか社員はじっと見ています。真面目にやってきた社員の大半は、業績悪化は誰かのせいで、自分は被害者だと思っています。したがって、再建を本格的に進めるためには、けじめの人事をしなくてはならないこと、その上で当面の組織強化に相応しい人事をすること、の2つが極めて重要になります。これは失敗が許されません。私は過去の経緯を念入りに調べてけじめの人事を行いました。もう1つ私が人事で心がけたのは、敗者復活の人事です。けじめの人事で職を解かれた人は、実は再建の強力なバネになることが多いのです。悔しい思いを人一倍持っており、事情も一番知っているからです。だから別の業務をある期間担当させた後、もう一回復活させます。いわゆる敗者復活です。こうすると、その当人は以前と違った情熱に溢れた行動をするようになり、再建の大きな役割を果たすことができます。

2005年度の再建ロードマップ～再建への強い意志をアピール

　次に2005年度の再建ロードマップです。懸案であった分社事業の統合を実現し、社員の労働条件を統一しました。その思いを込めてポスターを作成して会社中に貼りました。胸にはワッペンをつけて、「輝く未来へ　2005 わたし達はひとつになります」という言葉で社員の思い、再建への強い意志をアピールしました。さらに中堅の社員にまとめてもらった、2010年ビジョンと将来に向けた経営理念、それから行動規範を対外的に発表しました。もう、「日本スピンドルは業績低迷している会社ではありません」と社内外に宣言をした、歴史的な出来事だと思っています。この年には、長年途絶えていた設備投資と開発投資を再開しました。社員が喜んだのは言うまでもありません。みんな良い機械、優秀な設備をほしがっていたのです。そしていよいよ社員教育を実行していきます。人材の採用もスタートさせました。事業を伸ばすには人が必要です。通年採用を実施していますが、だんだん応募者も増え、毎年相当な人数を採用することができるようになりました。

2006年度と2007年度の再建ロードマップ〜増収・増益の課題がポイント

　次に示すのが3年目2006年度と今年4年目2007年度の再建ロードマップです。それまでの2年間で事業収益構造の変革はほぼ計画通りに進んできましたので、増収・増益の課題がこれからのポイントとなります。成長事業への経営資源の投入、人材の補強、社員1人ひとりが自分自身の力を高める「個人力の強化」などを実行していきました。事業の発展とともに、大きな市場であるアメリカ、中国、東アジアでは、営業拠点、サービス拠点が必要になります。現地で営業要員、サービス要員の採用も行いました。

　また、事業が拡大していきますと、当然いろいろな種類のリスクが増えてきます。それを未然に防ぐために、ガバナンス体制の仕組みを構築しました。監査室を強化して、営業の引合段階から審査を行うことを義務付けました。多くの人の目を通すことで、リスク発生の可能性を抑えることができます。再建初年度から3年間、このような課題を着実に実行していったことで業績は上昇し、売上高利益率は8％を達成するまでになりました。

　そして、今年の株主総会では、念願であった13年ぶりの復配が承認されました。ここまで頑張ってくれた社員に対しては、当然のことながら、毎年、給料アップと賞与の増額を行っています。社会的責任を果たす会社とはなんだろう、時々そんな思いが頭をよぎります。再建という仕事をやっていますと、何といっても社員を犠牲にしないことが第一ではないかと思います。そうするためには、利益をきちんと出すことの大事さを強く感じます。日本スピンドルは社員の貢献にきちんと応えるとともに、株主へ配当を行い、長年納入していなかった税金を納めるようになりました。これでやっと、名実ともに上場会社と言えるようになったと思っています。

4．JR列車脱線事故の救援活動

　話は2005年に戻りますが、講話の始めに紹介したように、その年の4月25日に起きたJR福知山線列車脱線事故では全社を挙げて救援活動を行いました。会社再建中のこの出来事は、会社の名前が全国的に紹介されるなど、

第4章　会社再建から学んだ経営の要諦と私の経営観

社員にとって歴史に残ることになったと思っています。事故の概要と救援活動の概要を紹介しますと、列車の1、2両目がマンションに激突して大破し、乗客106名、乗員1名が亡くなり、500名以上が被災するという悲惨なものでした。

　事故現場のすぐ近くに会社の本社工場があったことから、私は緊急連絡を受けてすぐに現場に走り事態を確認しました。目の前に見たのは300人以上が救援を求めている惨状でした。これだけ多くの被災者に一度に対応できるのは、工場に300人近くが働いている当社しかないと判断し、工場の操業を止めて全社員を救助活動に行かせました。9時18分の事故発生から12時半過ぎまで、約3時間余りの時間、社員は献身的に活動を行ってくれました。後で社員のヒアリングからわかったことですが、社員の行動は現場の状況を的確に判断して、大きく4つの役割に分かれていました。第1の役割：大破した車両から生存者を救出する、第2の役割：被災者を安全な場所に移動する、第3の役割：被災者の応急手当を行う、第4の役割：社用車で被災者を病院に搬送する、です。

　社員の自主・自立的な行動に感動を覚えました。そして1人ひとりの社員に感謝の思いで一杯になりました。後々全国から賞賛の言葉をたくさんいただきましたし、紅綬褒章や内閣総理大臣表彰、菊池寛賞など名誉ある表彰をいただきました。悲惨な事故でしたので、このことを社員は決して口にはしませんでしたが、日本スピンドルの社員であることを大きな誇りに思ってくれたと思っています。そして、再建を推進する大きな力になったものと確信しています。

5．会社の再建から学んだ経営の要諦

　私は幸いにも、「事業構造の転換」を含めたいろいろな仕事をさせてもらい、そしてさらには、会社を2つも再建するという仕事を担当することができました。当然苦労が伴いますが、こうした仕事に巡り会えるのは、誰でもできることではなく、大変有難いことだと思っています。そうした経営の一

端を担う仕事を通して、私が胸に刻んだ経営上の重要ポイントを、「経営の要諦」としてまとめましたので、それについて話します。

　要諦その1：経営とは、社員の動機付けの基となる「自己の利益」と企業が求める「組織の利益」、そして社会全体で共有する「社会共通の利益」を同期化させることである。

　まず、社会共通の利益については、皆さん異論はないと思います。会社は不正をする会社であってはならないということです。当たり前と思うかもしれませんが、これは大原則です。そうでないと皆さん元気が出ません。新日本造機も日本スピンドルも、持っている事業は、バイオマスの利用、環境改善、省エネルギー、省資源など、地球環境の改善や維持に関係する事業で構成されています。だから、みんなが再建しよう、大きな事業にしようと頑張ります。

　また、組織の利益についてですが、事業の運営は組織として活動することの喜びが感じられるようにすることが大事ですね。そして、個人の仕事の目的、やりがいに代表されるように、個人としての利益を尊重しなくてはなりません。個人の利益と組織の利益が合致すれば大きな力になります。再建という仕事は、この2つを一致させ、一緒に大きな目標に向けさせる仕事だとも言えます。トヨタ自動車やキヤノンなど超一流の会社は、この考えがきちんとしていて、どんどん大きくなっています。マネジメントがうまく回っているんだろうと想像しています。

　要諦その2：経営とは人を集団として束ねて共通の目的に向かわせる技である。

　人間の持つ「情」とか「理」と言われるものを理解した上で、人間の持つ「不合理」と企業が求める「合理」は、時として相反する場合が多いですから、その辺をやりくりしていく、社員という集団を束ねて目標に向かわせるには、もう人間と人間との闘いと言ってもいいでしょう。闘いをいつも続けられるはずはありませんから、相反するところを少なくする努力を払ってい

かなければなりません。その方法は、対話と教育を通して、繰り返し丹念にコミュニケーションをすることだと思っています。2つの会社再建では、このコミュニケーションに一番時間をかけたと思っています。何度も繰り返し、いわば忍の一字でコミュニケーションを続けました。

　要諦その3：「何をやるか」、「いかにやるか」、事業の戦略を常に問い続け、うまく機能しない場合は要因を見つけ出し、迅速に修正とフィードバックをかけることである。

　「何をやるか」、は基本中の基本です。業績が悪くても、その会社が営々とやってきた事業は尊重しなくてはならないと決めています。徒に他の会社が成功しているからといって、その事業を持ってきても、絶対に成功しません。それを成功させる土壌となる、人とか会社の文化・風土が合わないからです。それでは社員のモチベーションは絶対に上がりません。問題は、「いかにやるか」というところにあります。いわゆる戦略のところが間違っていることが大半です。実行力が弱いのも大きな要因です。ここに関しては議論をしながら理解させます。すると、戦略がだんだん正しい方向に向いてきて、社員のモチベーションも好循環で上がってきます。戦略が正しいかどうかは実行してみないとわかりません。少々気になっても実行させることで、「いかにやるか」が定まっていきます。

6．会社再建から学んだ「私の経営観」

　いよいよ最後のまとめです。会社の再建から学んだ「私の経営観」として4つにまとめました。まとめながら思ったことですが、いずれもが、実はどこかの時点で無意識のうちに自分の中では意識が始まっていて、その後、さまざまな出来事に遭遇する中で、悩み苦しみ、あるときは葛藤を乗り越えて喜びを分かち合い、感動したり感謝したり、そうした場面や時間を通して、こうした経営観の本となるものができ上がってきたように思います。会社の再建は、人間と人間が激しくぶつかり合う場面が多いために、以下の4つを

挙げました。

　1番目は、「思いを強く持つ」ということです。何に対して思うのか、社員に対して思う、事業に対して思う、会社に対して思う、協力業者に対して思う、顧客に対して思う、ということです。それも熱く、強く、思いを持ちます。当然そこには、あちら立てればこちらが立たず、といった矛盾もあります。それをよく理解した上で思いを強く持ちます。これがどれだけ相手に伝わるかがポイントです。伝わらない人もいます。でも逃げない。経営者になったら、この矛盾との葛藤から逃げないで、それで自分の道を貫いて決断できますかということですね。

　2番目は、「人間を理解する努力、人間に理解してもらう努力を惜しまず」ということです。人間を理解する努力と修練、人間に自分を理解して貰う努力と修練を積み重ねることが、様々な矛盾と葛藤の中で、最善の対処方法を実行する能力を身に付けさせると思っています。会社のトップは、放っておくと社員から遠い存在になりがちです。しかし、何をやるにしても、社員に理解してもらわなければなりません。したがって、常に相手を理解しようと意識し、同時に自分を理解してもらうためにはどうすべきかを考え実行しなくてはなりません。

　3番目は、「覚悟する」ということです。これは常に自分に言い聞かせてきたことです。困難に直面すればするほど「覚悟」が必要です。そして自分の「覚悟」を支えたのは、徹底した「目的指向」でした。初めての会社、初めて会う社員、この社員を幸せにする、というのが再建の目的だと決めていましたから、それが自分を支えてくれたんだろうと、振り返って思っています。

　4番目は、「使命を全うする」ということです。人はその立場、立場でやるべきことがあります。その立場になったとき、やるべきことをきちんとやれますか、ということです。会社の再建とは離れますが、あのJR事故の惨状を目の前にしたとき、私の立場でやるべきことをやったんだろうか、と自問自答しました。「なぜ想像を超す救援活動ができたのか」を動機付けの要因を挙げて、検証しました。この場合は社会的な貢献度から見て、私は、私

の立場としての「使命を全うした」と総括しています。

7．リーダーの心得

　技術屋から出発した私は、経営学を専門的に学んでいませんが、「リーダーとはどうあるべきか」「リーダーの心得とは」的な読み物は、中国・西欧・日本の、古典から近代までの戦争・戦記もの・人物伝などを中心によく読んでいました。その中から１つ、米陸軍の高級幹部養成学校の教材にある「リーダーに不可欠な心得」を参考に紹介します。
　その１：リーダーはどんなに複雑な状況下でも、善悪を識別する知的訓練をしておかなければならない。
　企業の不祥事が度々報道されますが、不正に気付くだけではだめで、それを糺す行動をしなければなりません。上の立場になればなるほど、嫌なことも不都合なことも、善悪の基準に照らし合わせて迅速かつ適切な行動をとらなければならないのです。
　その２：リーダーに不可欠な心構えとは、「どこまで心の眼は行き届いているか」を常に自問自答し、最善の努力を払う。
　他人が考える以上に気配りをする。他人が考えている以上に危険を冒す。他人が考えている以上に夢を抱く。他人が考えている以上に期待をする。……何でもないような文章が並んでいますが、社長は社員よりもっと細かいところまで眼が届いていなければだめですよ、と厳しい言葉が続いています。こうした心得を持つことで、リーダーとしての見識、人格が形成されていきます。人格はどこに表れるのでしょうか。それは、自己への厳しさ、他者への寛容、より高い価値の受容、常に一段上の正義で決断する、組織や自己への客観眼、に表れると言われています。人格を高めることについて終わりはありません。どこまでも自分自身を磨かなければなりません。
　本日聴講された皆さんが社会に出て活躍する頃は、もっと様々な予想できないことが起こると思います。そうしたとき、知恵を出せるかどうかは、皆さんがどれだけ学んでいたかで決まります。経営学者・社会学者である、ピ

第1部　製造業におけるリーダーシップ

ーター・ドラッカーは「明日を作るために、今日何をやるかを考える」と私たちに、未来への心構え・態度を示唆しています。

小原國芳元学長は、『贈る言葉』という本の中でこういっています。「身も魂も強かれ！　諸君の競争相手は無限大の大空、確乎不動の大地、しっかりやれ！」と。

今日は、私の社会人になってから会社再建の実際の話までをいろいろお話しました。玉川学園で10年間過ごしたことが、自分の中で生きているなと実感しています。6歳から15歳の一番大事な時期でしたからね。私のDNAの一部になっているのではないかと思っています。本日はご清聴ありがとうございました。

(2007年11月23日講話)

****
解説

齊藤十内先生は玉川学園小学部、中学部を卒業し、神奈川県立厚木高校、東京工業大学機械工学部及び大学院修士課程を卒業して、1971年に住友重機械工業に入社した。同社では約30年間日本経済の高度成長に沿って重厚長大系の仕事をやってきたと述べている。この間ハイテク製品の事業化も手がけたという。最後の約10年間はバブルの崩壊、失われた10年の中で公共事業、IT化事業に関連する仕事が多かったという。この間に先生は常務取締役執行役員に昇進し、活躍してきた。先生はその実力を評価され、2000年以降住友重機械工業の子会社で経営不振に陥っていた2社の再建を社長として指揮し、見事に再建を果たしてきた。

まず新日本造機の再建である。同社は蒸気タービンやポンプを主力製品として特にアジアを中心とする海外で展開してきたが、アジア通貨危機の影響もあり、代金回収が進まず業績が悪化していた。こうした状況の中で齊藤先生は受注の拡大と売上債権の回収に努め4年間で見事に再建を果たした。

その後再建の手腕を見込まれ2004年以降日本スピンドル製造の再建にあたっている。老舗企業で事業がバラバラになっていたものを集約し、社

第 4 章　会社再建から学んだ経営の要諦と私の経営観

員全員の社長面接を実施し、効率的な人員配置と的確な人事異動を実現し、増収増益状態まで回復させてきた。特に社長室を大部屋の中に置き日常的に社員と接し、どこに問題点があるか、どう改善したらよいか、人材の発掘と再配置をどうすればよいかを日夜考え実行してきたという。

そのあたりについて齊藤先生は、再建にかける思いが人一倍強く、人に非常に関心があることを挙げた。人を見抜いて最大効率を高めようと常に思っており、中長期的な人材の育成に力を入れていこうと思っていると述べている。日本スピンドルを画期的に変えたことについて、8つの事業があったが、主力がどんどん落ちて、それ以外が伸びていくのは自然体であり、これは仕方のないことで、淡々としてベストを尽くし必要なリソースを分配してきたという。また、自分は「『忍耐力があるね』とよく言われ、「もう無理」と言ってみんなは帰っても、自分は頑張る、また仮説を立ててみんなが納得する形を作っていく、自分にはこれしかないと思う」と述べている。ご自身24時間頭は回転しており、「切り替えは大切だ、とよく言われるが、切り替えは無理なのだ」と言う。こうした齊藤先生の熱意、仮説思考、改革魂が社員の奮起を呼び再建成功に繋がったのではないかと思う。

経営哲学については、人材に重きを置くこと、人・物を与えても使えなくては意味がないので、そのリーダーを育て全員が可能性を信じること、昇格されず忘れられている人がいるが、マトリックスを作り、それを把握すること、を挙げている。そして全体のモチベーションを上げることが重要であり、下から追い上げること、上を教育すること、それによって中堅の人が頑張ることに繋がると述べている。人材育成、人事配置、全員のモチベーションの引き上げこそ齊藤先生が成功されてきた大きな要因と考えられよう。

日本スピンドル社長在任中の 2005 年 4 月 25 日に JR 福知山線脱線事故が本社工場のすぐそばで起こり、齊藤先生の判断・指示で社員全員が救助にあたり、多くの犠牲者を助けた話は有名になった。これについて先生は、「私は当時工場の現場にいました。すぐに走って行き、現場を見て、工場を止めろと、みんな救助に行けということを指示しました。結果的には、全国から賞賛の言葉をいただいて、それまでの業績の悪い会社ということで、会社の名前をあまり口から言わなかった社員が、自分の口から、胸を張って言えるようになったのです」と述べている。事故は死亡者 100 名以上、全部で六百数十名が列車に乗っており、被災者は 500 名以上となった。日本スピンドルの会社は事故現場まで 30～40 m ぐらいで、300 人近い社

員全員を救助に行かせ、列車の中まで入って実際に何人もの人たちを救助した、アルミの梯子などいろんな機材を全部工場から持って行って救助にあたった、という。

齊藤先生が小・中学を過ごした玉川学園については、「全人教育を朝から晩までやっていました、失敗するかもしれないが先生は止めなかった、失敗して初めてやり直す、そんな余裕があった気がします、とにかく自分で考えて何かを得させてもらいました」と述べている。今の学生はいい意味で賢く、先を見すぎてやめてしまう。やってみると全然違うことがある、もっと好奇心を持ってほしいと言う。玉川学園で学び、経営者として再建に大活躍された齊藤先生の頑張り、忍耐力に頭が下がる思いがしたのは私1人ではあるまい。

第5章　日本原料におけるリーダーシップ

齋藤安弘（日本原料株式会社社長）

1．ろ過材の製造会社

　日本原料の齋藤です。私は1986年（昭和61年）に玉川大学工学部電子工学科を卒業して、横河電機という制御機器メーカーに入社、3年後、日本原料という会社に入社しました。

　日本原料という社名を聞いても何の会社だろうと思う人がほとんどだと思います。浄水場はご存知ですね？　簡単に言うと川や湖から取水した水をろ過して水道水を作る施設です。その浄水場で水をろ過するフィルターの役割である、ろ過材を製造している会社です。ろ過材というのはろ過砂やアンスラサイト、ろ過砂利といったものです。粒が大きいものから徐々に小さいものを何層も作り、このフィルターに水を通すことによってきれいな水を作るというものです。このフィルターのメーカーです。全国には何千という浄水場がありますが、その約80％は日本原料のフィルターを使って水を作っています。ですから皆さんが家庭や学校で使っている水道水は当社のろ過材でろ過をして作った水だということになります。つまり水を通して皆さんと非常に近密な関係にある会社であると理解して下さい。

　ろ過材の種類は多種に及びます。砂だけではなく特殊ろ過材といわれるもの、いわゆる砒素とかマンガン、鉄などを取り除くために多種類のろ過材が用意されています。ろ過材を組み合わせて水道水を作ります。その他に汚れたろ過材の洗浄機や民間企業の工場で使うろ過タンクも当社の製品群として扱っています。

お客様の約80％は浄水場や水道局といった官公庁がメインです。非常に地味な会社で、なおかつ一般の方々には馴染みがない会社ですが、この数年マスコミに取り上げられるようになりました。たとえばテレビでは『ワールドビジネスサテライト』やNHKのビジネス情報番組、『AERA』といった雑誌にも取り上げられるようになりました。どうしてメディアから注目されているのか、というところから話をします。

まず1つには当社の社風や制度が注目されています。もう1つは環境問題や水の問題、あるいは廃棄物の問題に光を当てた商品群を持っていることです。この2つが取り上げられています。まずは社風や制度について説明します。

2．ユニークな社風や制度

私の提案制度

1つ目は「私の提案制度」です。これは主に新入社員を対象に設けている制度で、入社後これはおかしいなとか、無駄があるな、この方法でよいのかなど気づいたことがあったら、何でも会社に提案して下さいというものです。疑問に思うことを提起し、その問題の改善・解決策を実施することによってどのような効果が生まれるかを論理的に提案してもらう制度です。入社して3日目の新入社員や何十年もいるベテラン社員でも、同じように会社の中で発言できるようにしようと作った制度です。上司には言いにくいけれど、こんなことを考えてみた、このような思考の習慣を身につけてもらうためのものです。内容によって、最低100円から最高50万円まで報奨金が出るという制度です。

21世紀プロジェクト制度

2つ目が「21世紀プロジェクト」です。新製品を開発したい、会社の仕組みを変えたい、仕事のやり方を変えたいなど考えたときに、プロジェクト"企画書"として提案します。その企画が認められれば立案者はプロジェク

トリーダーとして取り組むことができる制度です。通常の会社はトップに社長がいて副社長、専務などの役員がいるピラミッド型の縦の組織があります。当社にも当然縦の組織はあります。

　その縦の組織を度外視して、プロジェクトリーダーは役職などに関係なく、会社の中の誰でもメンバーに据えられます。これがこの制度の面白いところです。たとえば平社員のプロジェクトリーダーが自分の上司（部長、課長）を、あるいは社長を自分のプロジェクトメンバーに据えて、プロジェクトを進捗させていきます。つまり縦の組織図を横からプロジェクトが串刺しにするような、マトリックス体系を作った組織を構築しようというものです。本業の、たとえば営業部だったら営業の仕事、生産部だったら生産の仕事と並行してプロジェクトの仕事もやりますから、仕事量としては増えます。しかし増えた仕事量分はボーナスや、昇給や昇進時にきちんと反映します。表の組織と裏の組織（プロジェクト）、いわゆる21世紀プロジェクトをまとめると当社の組織図は各事業部との間に1つひとつのプロジェクトがあり、このプロジェクトが完成すると各事業部に吸収されたり、あるいは新しい事業部ができたり、全体の組織図そのものが大きく形を変えます。これはいびつに変わることもありますし丸く変わることもあります。しかしそれはすべて1つひとつのプロジェクトの成果が答えとなって組織を形成していくという当社の立体的な組織図となっているわけです。

ブルーバード制度

　続いて「ブルーバード制度」を紹介します。私はこの会社に入って約19年、社長になってからは11年です。35歳で社長に就任したとき、自分の周りに若くて行動力があり、いろんなことが考えられて、エネルギーがある人間が大勢いるのに、こういう人たちが主任や係長や課長、部長になったりしないと、私と一緒に仕事ができないということは非常に悲しいことだなと感じました。もっと早く若い人たちがレベルアップして経営の一翼を担えるような方法はないだろうかと考えました。しかし取締役というのは対外的な役員として大きな責任を持ちます。あるいは株主に対しても責任を持たなくて

はいけない。そういう重圧の中でまったく無経験の人間が対応していけるだろうか。であれば1年限定で取締役として仕事をしてもらおうと「青年取締役制度」を作りました。

青年取締役という名前は固くて面白くないと思い、青年の"青"と取締役のトリを"バード"（鳥）ということで「ブルーバード制度」と名付けました。毎年3月の取締役会にブルーバードになりたい人が21世紀プロジェクトと同様に企画書を提出します。21世紀プロジェクトとの違いは、社内外ともに取締役としての権限を持たないとできないような企画を提案するということです。取締役会がプレゼンテーションを聞いて1つだけ選びます。1年という期間限定でそのプロジェクトを実行します。

ブルーバードに与えられるのは取締役と同じ給料、取締役会への出席です。取締役としての立場をきちんと整えて必要であれば事業部を作り、部下も付けます。企画が完遂できるよう、社長がマンツーマンで1年間を過ごして成果を上げさせます。ブルーバードが終わって成果を上げると3段階から4段階と自分のポジションが上がります。たとえば平社員が次長に飛び級し、子会社の取締役になるなど、日本原料内でのアメリカンドリームを実現できることがこの仕組みになっています。この制度は社員が自分のやりたいことを実現できるそんな制度として作ったつもりなのですが、実は1年間ブルーバードと私がマンツーマンで事業を推し進めていく経験をすると、私の思考を推し量り、すべてを話さなくても以心伝心できる人が会社の中にできてきます。そういう人が私の周りにいてくれるとシナプスが繋がるように組織が繋がり、話が早くなり経営が楽になるという、経営者側にもいい効果を生みました。

こういった制度は重なり合いながら社風作り、あるいは社員のやりがいの構築に貢献しています。そして会社がここ何年間か業績が上がっているということをとらえて、各マスコミから取り上げられて、取材に来ていただくということになっています。

3．水道業界の環境

転機の時期にある水道業界

　次に水道業界の話をします。水道料金を利用者から徴収していますが、それだけでは水道の設備更新や新しいろ過システムを構築できません。毎年、厚生労働省から補助金が出ています。つまり水道は国家予算で成り立っているのです。この補助金は平成8年に2040億円くらいありました。平成9年にピークを迎えて2100億円ぐらいになりましたが、それがこの10年という月日の中で毎年落ち続け、ピークのときの約半分1160億円にまで落ち込みました。我々にしてみたら2000億円あった市場が1000億円に半減したわけですから物が動かない。企業数も労働人口も半分にならなければ成立しない市場しか残っていないというのが現状です。ただ平成8～10年という時期は日本経済のバブルが崩壊して、ほとんどの企業がリストラをする大変な状態でした。ところが水道は、平成9年まで国家予算のピークを迎えて、それから徐々に落ちていくという状態でした。言いかえればバブルが弾けるのが遅かった。なぜ遅かったか。

　水道事業はいわゆるライフライン。水、電気、ガス、この3つの中の1つである水道は欠かすことのできない事業であり、国も水道に関してはこの予算には手を付けないでいてくれたのです。ですから水道関連の企業は、バブルが崩壊しても水道業界だけは大丈夫だと思っていたわけです。毎年10％ずつ水道予算が削られてしまうとは誰も思わなかった。そういった先見性を持っていなかったのです。それ以前にバブルが弾けた業界の人たちは、リストラをして企業再生のために合併などを繰り返し、不幸にも倒産した企業も山ほどありました。そういった状況の中で水道業界だけがそのまま今日まで来てしまいました。この5年間で水道業界の大手プラントメーカーは赤字が続いて、リストラを繰り返す非常に苦しい状態になっています。バブル崩壊が5年遅かったわけですから、これから5年間地獄の苦しみを味わわなければいけない業界です。ですから皆さんが就職するときに留意してほしいのは、

ライフラインに携わっている企業でも、これから苦しくなる業界があります。その業界には足を踏み入れないほうがいい。そういうことで水道業界は業界の再編が大きく始まっています。まさに転機の時期にある、そういう状況になっています。

水道は常にライフライン

この間どのようなことがあったかというと、クリプトストポリジウムやO-157という言葉を聞いたことがあると思いますが、このような原虫が発生して水道水を飲んでお腹を壊し、亡くなった方も出たのもこの10年でした。それから阪神淡路大震災や新潟中越地震が起こり多くの浄水場が壊れてしまったこともありました。民営化の動きもありました。自治体の水道局ではなく民間企業に委託して、事業を継続する動きが始まっています。欧米の企業が日本法人を作って仕事を始めるようになりました。しかし、水道はライフラインであり、震災のときも対応が必要な施設です。お金をかけてでも守らなければならないことがあります。国がお金を出してきちんと整備をしなくてはいけない。そういうことで業界団体からは厚生労働省に対して嘆願書を出したりしています。

このような業界状況の中、日本原料という会社はどういう状況なのでしょうか。日本原料の売上の推移は、昭和55年ぐらいから平成元年くらいまでの10年間、9～10億円くらいを行ったり来たりして伸び悩みをしていました。その後、平成5年、10年、16年は右肩上がりになりました。平成16年の売上は25億円です。来年は売上目標を40億円に設定しました。海外事業の売上、子会社を含めたグループ全体の売上を合わせると平成21年で100億円の売上を確保できるだろうというのが現在の目算です。なぜ平成21年という半端な年なのか。平成21年は当社の70周年にあたります。70周年を機に売上100億円の大台に乗せることが目標です。

先ほども話しましたが、官公庁の予算が2000億円から1000億円に半減して、維持管理業務も減っていますから、当社の業務であるフィルターを交換しない浄水場も増えています。ではなぜそんな環境下で日本原料が売上を伸

ばしてきたのかをお話します。

4．日本原料の歴史を遡る

昭和 14 年に創業

　当社は昭和 14 年に創業して今年で 67 期目を迎えます。創業時はガラスの原材料（硅砂）を作る会社でした。これが日本原料という社名の由来です。敗戦後、日本は連合国軍総司令部（GHQ）の統治下になり、その GHQ 本部から初代の社長が呼ばれました。「あなたの会社はガラスの鉱物資源（シリカ）を篩い分ける技術があるから、その技術を使ってアメリカ軍が作っていく浄水場のフィルターの部分を作ってみないか」という話でした。アメリカには当時からアメリカン・ウォーター・ワークス・アソシエイション（AWWA）という水道協会規格があり、この規格に基づいて浄水場の建設から運営までを行っていました。そういう技術をアメリカ軍は持っていました。当時の日本は病原菌が多く、コレラなどの疫病で亡くなる人が多数いました。

　また戦争中の空襲で浄水場が破壊されており、復活させなくてはいけないということで、アメリカ軍がアメリカの水道技術で日本の浄水場を再生させる中で、日本原料はフィルターの部分を任されたのです。以後、高度経済成長期と共に全国各地に浄水場が建設されるわけですが、浄水場ろ過池に入れるろ過材に関しては、いわゆる準公的機関のような役割になっており、日本原料からだけろ過材の提供を受けなさいということで、全国各地の浄水場に当社のろ過材が納まり、現在でも 80％のシェアを誇っています。ろ過材は「砂」であれば何でもよいというわけではなく、成分、固さ、粒の大きさ、形状など規格があります。ろ過材に適した物性を有するろ過砂が茨城県高萩、京都府木津川、福岡県海の中道にて採掘されることがわかり、それぞれに拠点工場を建設して全国にろ過材を製造・販売したという経緯があります。高度経済成長と共に会社の規模は大きくなりました。当時、社員は 300〜400 人ほどの会社でした。売上規模は貨幣価値から換算して今と同じ規模の売上数字です。

昭和45年に祖母が社長に就任

昭和45年に私の祖父である初代の社長が急逝してしまいました。60歳でしたからまだバリバリ働ける時期だったのですが、亡くなってしまいました。次期社長を誰にするか、役員はいましたが初代の跡を継いで社長になるような器の人がいませんでした。そこで祖母が社長に就くことになりました。しかし昨日まで炊事・洗濯、子育てをしていた彼女が社長に就任したのです。会社経営は未経験、新技術の開発も知らない、将来の企業展望なんて考えたことがない人が社長になるわけです。

昭和45年に祖母が社長に就いてからも売上規模は約6億円でしたが、その後10年間で売上が倍増しています。この理由は浄水場がまだ建設されていたということがありました。また水をろ過するフィルターですから使っていくと徐々に汚れていきます。この汚れたフィルターをリサイクルや、交換するというフィルター更新事業などで売上を増やしていました。9億円くらいまでは日本原料のネームバリューとクオリティで伸ばしていくことができていたのです。ところが昭和60年代になると社員の平均年齢は54歳に、平成元年には57歳になってしまいました。定年が60歳ですから、あと3年経つとほとんどの社員が定年を迎えて退職するという状況です。社長である祖母も80歳に届く年齢になっていましたから後継者を迎えなければならない。

平成元年に日本原料に入社

そんなときに、大学を卒業して電機メーカーで3年間働いている孫である私に、白羽の矢が立ちました。私は玉川大学の電子工学科を卒業して、制御がやりたくて横河電機に入れてもらったので、ずっと働くつもりでいたわけですが、日本原料が潰れそうだからということで平成元年に入社することになりました。入ってみると平均年齢57歳ですから、すごいところでした。横河電機時代の所属部署は総勢60人くらいの課。日本原料も会社全体で60人くらい。横河電機は平均年齢28歳で、月の平均残業時間、100〜200時間を当たり前のようにやっていました。日本原料は17時の終業チャイムが鳴る5分前には片付けはじめて、17時には誰もいないといった会社でした。

入社した私は営業部に配属され、最初の仕事が大量の資料整理でした。ある書類を2日間で計算・集計して仕上げるように指示を受けたのです。納期は明日の夕方まででした。計算式を見ていたら同じ計算が続くので、自前のポケット電卓にベーシックでプログラミングして計算したら2時間ででき上がりました。2時間後に部長に提出すると「ふざけるのもいい加減にしろ。なんで俺の言ったことができないのだ」と怒られる始末です。「できていると思うのです」と言うと、部長はそろばんをはじき始めました。計算はどれも合っている。「できているじゃないか。すごいな、なんでこんな短時間でできるんだ？」と言われたことを覚えています。私の計算のスピードが速かったわけでも頭が良かったわけでもなくて、普通の会社では2時間でやらなければいけない、できてしまうような仕事が、日本原料では2日かけてやるのが当たり前、そんな会社だったわけです。

定着しない新入社員

　このような体質を変えるために求人をして、自分と一緒に会社を変革する人を探さなければまずい、ということで採用活動を始めたのですが、当時新卒は大学生どころか高校生も専門学校生も青田買いで内定を何社からももらっているという世相でした。そんな状況の中で名前も知らない、どんな会社かもわからない日本原料に入社しようという人は皆無でした。水道業界で社会的貢献度の高い会社です。高齢化が進んでいますから、入社してくれたらあなたが次の部長に必ずなる、などと嘘か本当かわからないような話をして求人活動をしてきました。知人から「君の会社がリクルート広告を載せてもだめなのはわかっているよね。だけど東北6県の専門学校には求人情報を送っていない。東北は地元採用が主流だから東京まで出てくる人はほとんどいない。リクルートは求人情報を東北6県の専門学校には送っていないのです」という話を聞きました。これはいい、東北6県の専門学生でもクラスの1人くらいは東京に出て仕事がしたい人が必ずいるはずだ、ということで3年ほど東北6県の小さな専門学校を回りました。3年目にやっと6人の新入社員を迎えることができました。

しかし半年から1年くらいで全員辞めていってしまう。なぜ辞めてしまうのか。「私の提案制度」も研修のときは意欲的に提出するのですが、各営業所や工場に配属した後はまったく出てきません。いろんなことを提案してくれた若い社員がどうして書いてくれなくなったのだろうと思いました。営業所や工場に行ってみると彼らは言いました。「そんなの無理だよ。配属直後は提出したけど上司が『こんな提案は以前にやったのだ。提案なんか書いている暇があったら砂の粒でも数えていろ』と言われて提案は握りつぶされてゴミ箱に捨てられちゃうのだ」と。「入社時に風通しの良い会社とか、何でも言ってもいいよ、というのは嘘じゃないですか」と言ってやる気をなくして辞めていきました。そんなことが何年も続きました。

土地売却を実現

当時は常に若い人の新しい意見が潰される、そんな会社でした。今の人たちが辞めていなくならないと、新しい組織は作れない、もう少しで皆、定年退職を迎えるから、そのときまで待とうと思っていた時期もありました。そんなときに、福岡の1万5000坪の工場を福岡市海浜公園の一部として国が買い上げるという話がありました。これは昭和40年代からずっと買いたいと言われていたのですが、当社はその土地を売りませんでした。当時の建設省は4億円で買いたいと打診していました。役員会では次の工場を建てるために8億円で売りたいと要望していました。ところが役員は年配の方々ばかりで、不動産を売買したこともなければ役所との交渉もしたことがない。

そこでいつも話が回ってくるのが私でした。8億円で売ってこいと言われるわけです。1年間通いつめて最終的には12億円で売れることになり、目標より4億円高く売れました。12億円で売れたという報告をしたときに、差額の4億円で茨城の高萩工場を全面リニューアルしてフルオートメーションにしたいという企画を提案しました。私としては、工場というものはフルオートメーションであるというイメージがありましたから、4億円を携えて茨城の工場に行き工場の方々に話をしました。工場も50〜60代、70歳以上のおじいちゃんたちが多く、「お前4億円ももらってきたのか、すごいじゃ

ないか、いい工場を作ろう」と言うわけです。みんなで知恵を出し合いました。1 台 2000 万円する機械を 3 台買おう、雨漏りしている屋根を 3000 万円かけて張り替えよう。しかし、まだ 3 億 1000 万円余っている。もうコレで十分だ、初代社長が作ってくれた機械で十分だから残りは取締役会に返してこいと言うのです。しかし私がイメージしているフルオートメーションの工場とは違ったので、このプロジェクトを解散して本社に帰りました。本社に戻ると、入社して数ヶ月や 1 年くらいの社員が 10 人いて、彼らを集めて工場とフルオートメーション工場リニューアルプロジェクトを再結成しました。

プロジェクトの成功

しかし、4 億円の予算を使って、入社 2 年以内の新参社員でプロジェクトを遂行しようとしたら、今まで賛成していた取締役会が猛反対。売上が 10 億円しかない会社で 4 億円もかけて工場を作る大事業に、なんで入社 2 年以内の何も知らない奴らで作るのだ、そんな話は認められない、ということでプロジェクトが潰されそうになりました。そのときに社長であった祖母が、「4 億円は入ってくるはずではなかったお金です。あの子が使うということで認めたではないですか、好きにやらせなさい」と言ってくれて、プロジェクトは進みました。祖母が私を擁護した最初で最後のときでした。

2 年で新工場が完成しました。完成時、生産量は 2 倍、生産コストが 30% 削減、人員は 25 人から 10 人に減り、当初の目標通りの工場が完成しました。それよりも、この工場が完成した意義は、知識や経験がなくてもやる気と行動力があればできないことはないという意識が芽生えたことでした。社内のジェネレーションギャップが一気に縮まり、若手とベテランが一体となった、そんな時期を迎えたのです。それからは 21 世紀プロジェクト制度ができ、現在では 40 ほどのプロジェクトを進行させながら、新しい製品の開発や、新事業の展開ができるようになりました。

売上高に戻りますが、バブルが崩壊しても水道業界が大丈夫だった時期に、当社はすでにだめな会社でした。世間一般の会社がバブル崩壊の余波でリストラしてどうしよう、と悩んでいることを平成元年からやっていました。バ

ブル絶頂期から社内改革と新事業の構築に苦心してきたことになります。ないないづくしが功を奏して他社とは違うスケジュールで歩んできました。平成元年に在籍していた社員は1人しか残っていません。十数年間で、従業員数60人は同じですが社員の100％が入れ替わったわけです。六十余年の社歴があるお堅い会社ですが、実はベンチャー企業精神があって新しいものに挑戦する気質を持った会社だと言えます。

5．製品群の紹介

ろ過材の汚れを洗浄する技術を研究

　続いて会社の製品群の紹介をします。ろ過材はフィルターの役割をしていますから、どうしても汚れてきます。砂の粒が水をろ過すると徐々に周りに水中の溶存しているマンガンとか鉄などが付着して汚れてきます。汚れは時間の経過と共に凝着物といわれる凝り固まった汚れに変化します。固まった汚れの上に比較的柔らかい汚れが覆ってきます。この汚れた砂を元のきれいなものに戻すことはとても難しいのです。柔らかい汚れは取れるのですが、固まった汚れはなかなか取れません。薬品を使えば簡単に取れてしまうのですが、水道水を作るろ過材なので水以外のものは一切触れてはいけません。つまり水洗いだけで固まった汚れを取らなければいけない。プロペラのような攪拌機で砂の汚れを取ろうとすると、固まった汚れもある程度は取れるのですが、砂自体も破砕してしまいます。砂の粒の揃い具合がろ過砂の善し悪しの判断基準の1つの要素になっていますから、割れてしまったら使い物にならなくなってしまいます。砂そのものを壊さないで汚れをきれいにする方法はないだろうか。10年前の懸案事項でした。

　その課題に対して当社が開発した砂の洗浄原理は"鳴き砂"でした。砂を踏むとキュッキュッという音が出る"鳴き砂"の研究をしている同志社大学の三輪先生という方がいました。"鳴き砂"が大気汚染などで汚れてしまい鳴かなくなってしまったので、人工的に鳴くようにする研究をしている先生でした。我々はろ過砂の洗浄を研究している、先生は鳴き砂を研究している。

第 5 章　日本原料におけるリーダーシップ

同じ砂を研究しているから、何かヒントがあるかもしれないと研究室を訪ねました。そこから、砂同士の揉み洗いが砂をきれいにするという大きなヒントを得て、砂をきれいにする機械を作りました。この機械によって浄水場では無理だとされていた、固まった汚れのろ過材をきれいに洗浄するという技術を確立したのです。これで浄水場における汚れたろ過砂を洗浄する仕事を完結しました。

「シフォンタンク」の誕生

　一方、民間企業のあらゆる工場でも排水処理や循環水処理、井戸水処理といった様々な水の処理が行われています。たとえば井戸水をろ過して工場内で使う水を作る、工場内で使って汚れて出てきた水をそのまま下水や河川に流せないので、きれいにろ過をして処理を施してから放流するというプラントがあります。そのようなプラントではろ過機といわれるろ過タンクが使われています。ろ過タンクは浄水場に比べて汚れがひどくろ過材への負担が大きいので、2～3ヶ月、長くても3年に1回はフィルター交換をしなければなりません。当社はこのような各工場のろ過材交換作業も仕事として行います。昨今ISO14000シリーズを認証取得している企業やゼロエミッションを標榜している工場では、汚れたろ過材（産業廃棄物）を排出しないといった企業が増えてきています。このような工場で使われているろ過材のリサイクルが次の課題になりました。当社にはろ過材の洗浄技術はありましたから、この技術とろ過機を組み合わせることはできないだろうか、と考えました。
　そうして誕生したのが「シフォンタンク」という製品です。ろ過機の中に洗浄機能を埋め込み、1日にわずか1分だけ揉み洗いをしてろ過機内のろ過材を常に清浄な状態に保ちます。半永久的にろ過材交換をせずにろ過をし続けられる装置を開発しました。この技術は全国発明表彰などの様々な賞も受賞しましたし、世界33ヶ国で特許を取得しています。この製品も先ほど述べた21世紀プロジェクトから生まれた製品です。そしてブルーバード制度に応募して、この製品を国内外で販売していく企画を提案した人がブルーバードになり、新しいマーケットへの販売体制を会社に創り出しました。

第 1 部　製造業におけるリーダーシップ

　日本は島国であり多くの山ときれいな川が流れています。ヨーロッパのように上流や下流に他国がありません。日本独特の地理的環境条件の中で水が作られる、非常に水資源に恵まれた国です。それゆえ、日本から海外へ出て行く水道の技術はほとんどありません。逆に欧米から導入した技術がほとんどです。しかしながら当社が開発した「技術」は日本が開発した水処理の新しいパラダイムとして海外に発信しています。ドイツやオランダの国際展示会に出展し世界に広めています。これまでイギリス、オランダ、ドイツ、韓国、台湾など数ヶ国にシフォンタンクの代理店ができました。アジア、アメリカ、ヨーロッパなど世界の各地域から引き合いを受けています。各国の水事情に役立てる日本発の技術として今後の展開に期待されます。

6．最後に

　当社はメーカーですから"ものづくり"を主体にした仕事をしていますが、社員に常々言っていることは「卓越、先見性、イノベーション」、この3つを必ず持ちなさいということです。自分たちの技術を常に磨き続けるという「卓越」を心掛けること、何が必要なのかという「先見性」を持つことは、将来何が自分にとって必要になるのかを見極めるということです。また新しい技術を生み出す、あるいは新しいことに挑戦する「イノベーション」。これが社員に望む3要素です。これらは技術開発だけではなく、経理や営業など全部門でそういう場を作りなさいということです。
　私は中学から10年間、玉川学園で過ごしました。中学生時代に面白い制度がありました。1年に4～5週間、自由にカリキュラムが組めるというものでした。自分で時間の使い方を決める習慣を教わりました。また私は物理部に所属していたのですが、ホバークラフトを作りました。ホバークラフトとは水陸両用の乗り物で、多摩川を横断走行しました。この試みに対して周りの大人は止めなさいという中、玉川学園はやらせてくれました。挑戦することを善しとしてくれる校風の中で育ちました。大学の入り口に「人生の最も苦しい、いやな、辛い、損な場面を、真っ先きに微笑を以って担当せよ」

第5章　日本原料におけるリーダーシップ

と書いてありますが、私はこの教えが体に刷り込まれて染み付いています。社会人となって、自分がやりたいことや目標を達成したいときに、この言葉が一番の近道だなとつくづく思います。楽をしようとしたり嫌なことを避けたりしてしまうと遠回りになってしまう。辛いこととか嫌なことをどのようにして楽しい顔をして実行するかということが、目標を達成する上での近道になるのだと感じています。

(2006年11月24日講話)

＊＊＊＊＊＊＊＊＊＊＊＊＊＊＊＊＊＊＊＊＊＊＊＊＊＊＊＊＊＊＊
解説
　齋藤安弘先生は、現在日本原料株式会社社長である。1986年に玉川大学工学部を卒業し、横河電機に就職して3年間勤務した。社長である祖父の死去により、急遽社長になった祖母の後継者として日本原料に入り、平成9年以降社長として大活躍している。今回は先生から日本原料におけるリーダーシップについて語ってもらった。
　日本原料は昭和14年に創業し、川や湖の水をろ過する施設で、そのろ過材を作っていた。最初はガラスの原材料を作る会社であったが、戦後に浄水場の創設のため、ろ過材であるフィルターの製造へ転じた。平成元年に齋藤先生は日本原料へ入社した。入社当時会社にはコンピューターもなく、古い電卓が3台だけだった。そして会社の作業効率は悪く、世の中では2時間で済む仕事を日本原料では2日かけて行っていた。齋藤先生はそのとき会社の改革を決意したという。
　社長に就任する前は、社員の平均年齢は57歳であったため先生は最初に求人活動をした。それにより平成3年に6人を東北6県の専門学校から採用した。そして私の提案制度という制度を作り、入社年数・部署を問わず、幅広く提案をすることができ、自由なアイデアを社員に期待したのだが、新入社員の提案は管理職や課長によりゴミ箱に捨てられて、ほとんどの新入社員は1年以内に辞めていったという。何をやっても変わらない管理職の人たちだったので齋藤先生は彼らが定年で退職するまで社内改革をすることを一時止めたという。
　平成9年に齋藤先生は社長に就任した。先の「私の提案制度」とともに

「21世紀プロジェクト制度」「ブルーバード制度」という3つの制度を作った。これらの制度は社員が主体となって、社員1人ひとりのモチベーションを上げるきっかけになっていったという。私の提案制度とは社員1人ひとりが自由に自分の提案を発言する機会を与え、審査後は報酬を得ることのできる制度である。21世紀プロジェクト制度とは、役職や部署などの壁を取っ払い、社員が自由なテーマで企画書を提出し、プロジェクトメンバーも提案者が自由に選ぶことのできる制度である。今まですべての企画書が通っており、実際にプロジェクトは進んでいる。ブルーバード制度とは、青年取締役とでもいうのか、1年間限定で若い社員に取締役の権限を与える制度である。組織改革に関する大きなプロジェクトを、実際に経営に携わることで実現していく制度である。

社長である齋藤先生は社員の側に立ち、社員の気持ちを汲んで会社を経営し、社員の価値を評価している。こうした経営手法は社員の心をつかみ、その後は順調に成長している。齋藤先生はバブル崩壊という危機にも、常に新しい考え方を取り入れていくことで、他社より何歩も速く会社を立て直すことを可能とした。こうして社内は若手とベテランが一緒になり、お互いの意見を取り入れることで会社を活性化させている。そして今日ではシフォン式ろ過洗浄機開発により日本の浄水所フィルターのシェア8割以上を占めるようになった。また、シフォンタンクは海外においても素晴らしい評価を得てきており、海外販売も伸びているという。

齋藤先生は社員に、卓越・先見性・革新を持つこと、常に新しいことに挑戦すること、失敗を恐れずにそれに向かって努力すること、を説いている。元気に活躍する齋藤先生の姿が焼きついていて離れない。さらなるご活躍を祈りたい。

第2部
金融・サービス業におけるリーダーシップ

第6章　必要とされる人、人生の三感王になろう

知念常光（株式会社ジャパンクレス会長）

１．ジャパンクレスを創業

　皆さんこんにちは。知念です。昭和39年東京オリンピックの年に、玉川大学文学部教育学科を卒業しました。その後、私は鹿児島県の薩摩郡の養護施設に2年ほど赴任しました。鹿児島の養護施設を2年で終え、その後家庭の事情がありまして、沖縄に帰り、企業を対象とした金融会社を作りました。24歳のときに、17歳の定時制高校に通っている女の子と2人でスタートいたしました。当時は、社長とは言っても名ばかりで何にもわからない状態の中からスタートし、今年で創立42年になります。6年前に社長を降りまして、今、取締役会長をやっています。
　私の会社は先ほど話したように金融会社ですから、手形割引をやるわけです。割引いた手形が不渡りにならないかどうか審査をするわけです。一体どんな企業が半年、1年、2年後に倒産せずに済むかという判断をするわけです。倒産するかしないかというのはその会社の数字を見ればわかるじゃないかと大体の方がおっしゃるのですけれども、決算書といっても粉飾決算というのもあります。だから、それだけでは企業の診断というのはできないのです。

第6章 必要とされる人、人生の三感王になろう

２．電話をすぐ取らない会社〜お客様を粗末にする会社

　長年やってきますとカンピューターが働きまして、勘が働くと言いますが、私に言わせれば勘ではない、やはり経験値でして、私たちは手形の割引依頼がきますと、その会社に電話をかけます。電話をかけて、いつまでもジリジリと電話を鳴らしている会社は倒産予備軍です。皆さんが社会人になって、あるいは自分で会社を経営するようになって、第1に気を付けていただきたいのは、電話がかかってきたらさっと取ることです。0.3秒ぐらいで、まぁどんなに遅くても1秒ぐらいでさっと取ること、そういう教育をすること、あるいは、自分自身がきっちり電話を取るということを心がけることが大切です。これから、なぜかというお話をします。
　まず、電話を取らないという会社はどんな会社かというと、お客様がもう受話器を耳に当てて待っているのです。それなのに、このお客様の立場に立って物を考えないから、電話をいつまでもジリジリ鳴らして取らないのです。たとえ社長であろうと部長であろうと平社員であろうと電話がかかってきたら何をおいてもまず真っ先に取ることです。お客様の立場に立って電話をきちんと取らない会社というのは、お客様を粗末にする会社なのです。商品も社風も三流です。一流か三流かは電話を取るか取らないかの一点でもって判断できるわけです。

３．明るく振る舞う

陽の気と陰の気
　さてある企業の手形が割引のため回ってきますと、現場調査をします。現場調査はどうするかというと、まずその会社に行き大きな声で「こんにちは」と言います。「こんにちは」と大きな声で言って、大きな声・元気な声が返ってこない会社は暗い会社です。元気な声を返すということが大事なのです。

気というのは、陽の気と陰の気に分かれます。この「気」の付く熟語をワープロで捜してみてください。たくさん出てきます。元気・陽気・陰気・病気。陽気、これはプラスです。プラスの気の代表的な言葉は元気です。陰気、つまりマイナスの気の代表的な言葉は病気です。「気」の付く言葉をワープロで捜してみると30個だとか40個だとか出てきます。気遣いとか、気働きとか、殺気とか、その言葉をプラスの気とマイナスの気に分けてみてください。その中間も出てきます。気というのはその人の心の状態を表す言葉です。暗い会社に行って「こんにちは」と大きな声で言っても返事がない。こんにちはと言ってもじっとこちらを見ているだけなのです。実に陰気です。これはその会社の陰の気が働いている。これを社風といいます。会社の中に陽あるいは陰の風が吹いているのです。雰囲気です。だから皆さんは社会人になったときに、おはようございます、行ってきます、という挨拶をきちんとすることが大事なのです。

挨拶はコミュニケーションの道具

挨拶というのはもともと語源としては仲裁をするという意味があるそうです。仲裁をして、人と人との仲直りをさせる。ですからコミュニケーションの最たるものなのです。コミュニケートするための道具として挨拶はとても大事です。たとえ前の日に大喧嘩をしたとしても「こんにちは」「おはよう」と言って相手の顔を見ると、お互いのしこりが解けていい関係ができあがるということです。

まず私たちは新入社員を採用するときは明るい人を採ります。ペーパーテストは常識程度でいい、明るい人を採ります。これは、正確に言いますと明るく振る舞える人なのです。ですから、根暗とか根明とかではないのです。本当は根暗だけど陰気で暗く振る舞っている自分が大嫌いという気遣いがある人です。私もそうでした。明るく振る舞おうとするけれど、照れくさくて明るくできなくて、そしていろんな研修を受けて、だんだん明るくなって、45歳過ぎたあたりから自分が少しずつ好きになりました。根暗でもいいから明るく振る舞える人になってください。おはようと言って、明るく振る舞

う人は、自分以外の相手の立場に立って気遣いをできる人です。小さな声でおはようございますと言っても、「あっす」って聞こえるのです。腹立ってね、「あっす」じゃなくてフマキラーだろって言うのですけど、「あっす」はだめです。そういうふうに陰気に振る舞ってしまう人は、学生時代までは許されるけど、社会人になっても陰気な振る舞いをする人は独りよがりで身勝手な人です。相手の立場を考えることが大事です。これから生きていく上で、人と人との関わり方で陽の気で明るく振る舞うことはとっても大事です。

　玉川大学というのは、だんだん受験で難しくなって、結構落ちたりして、えらい難しいと最近思っております。皆さんはちゃんと合格をしてこの場にいらっしゃるわけですが、難易度の高い大学を卒業しても、本当にいい仕事のできる人は、コミュニケートを上手にできる人、相手の立場に立って行動できる人です。これが私は世の中に出ていい仕事をする、あるいは必要とされる人になるということだと思うのです。

必要とされる人は相手の立場に立てる人
　人材として必要とされるということはとても大事です。約2万人の社員がいる会社で、あなたにとって一番大事なことは何ですかというアンケートを取ったことがあります。「必要とされる人になりたい」というのが第1位でした。たとえば結婚している人だったら、奥さんに必要とされる、子供たちに必要とされる。会社で必要とされる人になりたいということでした。人間が鬱になって死んでしまいたくなるときというのは必要とされないと感じているときです。そして必要とされるということは、自分のほうから相手に関心をもって接していくということなのです。ですから、まず、おはようということがきちんと言えることが大切です。ありがとうございます、おはようございますという挨拶をし、明るく振る舞える人になって下さい。明るく振る舞うと相手の立場に立てる人になっていきます。社会人として必要とされる人の第一条件は、相手の立場に立って気遣い、明るく行動できる人です。

4．きちんと聞くこと、気持ちを聴くこと

　私たちの会社で面接をするときに、最終面接は2時間から3時間とります。30分やそこらで、面接を終えません。ひどいときには3時間でも足りなくて、もう一度面接をすることもあります。そのときはその人の生い立ちからおじいさん、おばあさんの話、友達の話、失恋をした話からその人のヒストリーを話してもらいます。こちらもなぜこの会社を創業したのか、どんなことを思ってあなたを採用しようとしているのかなど、お話します。そうこうしているうちに、面接をしていて何がわかってくるかというと、この人は面接官である私の話をきちんと聞いているかどうかです。聞いているかどうかとは、今私はこういう話をしたけれども、何が言いたかったと思う、と聞くと、答えられない学生がいます。頓珍漢なことを答える。それは全然聞いてないのです。人の話を聞けるか聞けないかというのは、これもコミュニケーションの一番大事なことです。この聞くというのは、まず新聞の「聞」があります。お医者さんが持っている聴診器の「聴」、これも聴くことです。「聞」は門の所で耳を当ててお〜いと呼んでいる声を聞いている状態だそうです。

　「聴」は耳があって十四の心で聴くことです。聞き方の5段階というのがあります。眠たくてどうしようもない人は、音を聞いています。2番目が言葉です。3番目が内容です。どんなことを言っているのか。4番目は話していることについてどんな意味があるのか考えながら聞くことです。最後に大事なのが気持ちを聞くことです。人の気持ちを聞くということです。これが一番コミュニケーションで難しくて、とても大事です。

　こんなことがありました。うちの営業部で課長が大きな声で部下を叱りつけていました。入社して3年未満ぐらいの社員でしたけれど、「お前なんか辞めてしまえ」と課長が言いました。辞めてしまえと言われた社員は1時間くらいして退職届を課長のところに持ってきたのです。

　課長は「誰が辞めろと言った？」

　すると、「課長、1時間前に辞めろと言ったでしょう。あれ違いますか。」

第6章　必要とされる人、人生の三感王になろう

「お前なんか辞めてしまえ」というのは、もう少ししっかり仕事をせぇって意味なのです。辞めろと言うから辞める、その言葉そのままにとらえて、1時間後に退職届を書いて出すという行為は浅はかで人の気持ちを聞くということができない人です。

復唱確認が大切

次に大切なことは、復唱をするということです。「マイルドセブンライトを買って来て」と女子社員に言います。「はい、わかりました」と言ってマイルドセブンを買ってきます。マイルドセブンライトと言ったのに、その子が、「社長、マイルドセブンですね」と言ったとすると、「いや違うマイルドセブンライトだ」というふうに復唱し、確認をするということです。これを会社に入ったら習慣付けてください。復唱確認をすると、まず上司に大変好かれます。こいつは基本ができている。そして俺の言っていることを大事にしてきちんと聞いてくれている。ちゃんと確認までしてくれたということで、高く評価し上司はあなたに好意を持ってくれます。こいつはいい、いい新人が入ってきたということになります。

挨拶もちゃんとしている。挨拶ができて、復唱確認ができると、入社したてのフレッシュマンがとても頼もしく見えますし、こいつは将来の取締役だろうなんてワクワクします。面接でもそうですけれども、わからないところがあると「すみません、今おっしゃった◯◯がわからないのです」と質問をすると、みなさんの面接の点数は上がります。わかってないのにわかったふりをすると、後で質問をされて減点になります。何を知っているかじゃなくて、聞くことの姿勢を企業側は問うているのです。明るく振る舞える、相手の立場に立てる、そして人の話が聞ける人は、優秀な社員になります。それは身勝手な自己チューではなく、いつも相手の立場に立って仕事ができるということなのです。

5．コミュニケーションできる人

　コミュニケーションという言葉があります。コミュニケーションのコミューンというのは、共産という意味です。まず共産主義者をコミュニストといいます。この共産の産という意味は、無から有を産むということで共に何かを創り上げていくということです。クリエイティブしていこうということが共産なのです。そうすると、コミュニケーションというのは本当に気持ちを1つにして、たとえばプロジェクトチームの仲間の1人として、そのプロジェクトチームの目的や意義というものをきちんと理解して、先輩たちと一緒に成し遂げていこうということで、そういう心意気を持っていると、必ず先輩たちに質問もよくするし、それから熱心にそれに取り組んでいく。それが共産です。いわゆるコミュニケーションというのは、目指す方向が一緒でないと成り立たないのです。やる気もない、明日この会社を辞めようと思っている人と、この会社の悪いところを何とか直していい方向に作り上げていこうとする人とでは、ディスカッションをしても、絶対にいい意見は出ません。同じ目標、同じ方向に向かって、何かをやり遂げていこうというときに、私たちの関わりが成り立つわけです。それをコミュニケーションできる人というわけです。

会社に共感・共鳴できるか

　皆さんが会社を選ぶときに大切なことは、その会社の目指すことに共感できるか、共鳴できるか、共産できるか、ということです。この会社に共感・共鳴できるかというところを、特に入社を決めるときに考えながら探っていくのが大事です。ですから皆さんが会社を受けるときには、会社のほうから一方的に選ばれていると思っているでしょうけど、皆さんも会社を選ばなきゃだめです。入社する会社をしっかり選ばないと、会社に入って3ヶ月もすると、朝起きて顔を洗って朝ご飯食べてさぁ会社に行こうというときにため息が出てきます。電車に乗るときも元気がなく、会社の玄関に来るとま␣た

め息です。その元気のない陰気な顔を見て上司があいつはもたないなあと思うわけです。案の定その社員は退社してしまいます。

　私が最近読んでいる本で『若者はなぜ3年で辞めるのか？――年功序列が奪う日本の未来』という本があります。城繁幸さんという方が書いた光文社新書です。時代が変わって若者の言葉遣いが変わり服装が変わり、髪の色が変わり……、そういうことがあるかもしれませんけど、どんなに時代が変わっても、本当に会社で必要とされたい、会社で仕事がするのが楽しくて、やりがいがあって、「仕事の中に生きがいを求めていく」というようなことは、いくら時代が変わっても変わらないものだと、著者の城さんはおっしゃっています。私も同感です。

6．支えあい共存する心

　ですから共鳴・共感ができる会社に出会っていくというのがとても大事なのです。そこは、一つみなさんの感性を研ぎ澄まして見抜いていってください。もう1つ大事なことがあります。それは共存という言葉なのです。社員というのは社長が儲かるための道具ではない。社員も結婚をして、子供ができ、20年経つと皆さんと同じように大学生になりお金がかかります。小さなマンションでいいから1軒持ちたい。そして、定年を迎えるまで勤めあげたいという気持ちを持っているわけです。経営者が働く人に対するどれぐらいの思いやり、思い入れがあるかどうかということが、1つの共鳴共感に繋がっていきます。社員がその企業で粗末にされていると社員の皆さんはお客様を粗末にします。お客様を粗末にすると客離れが始まります。客離れが始まるとなかなか儲からない。ですから、社員と共存していくという理念のない会社が成り立つはずがない。一生懸命上司と社員が共に手を取り合って仕事をやりとげようとする姿勢があるか、そういう理念があるかどうかです。

与えて与えられる関係
　皆さんが新入社員として会社に入った日から、自分から与えること。上司

に何ができるか、周りに何ができるか、会社に何ができるかということを考え実行することです。会社に机があって通路があります。そこに消しゴムが落ちていたとします。消しゴム落ちているなと見ているけれども誰も拾わない。誰が拾うのかなぁって思っていると誰かが拾う瞬間があります。そのときに、「君消しゴム落ちているのをよく気が付いたね」と私はほめます。その1つをとっても、こいつはいいと思います。ティッシュペーパーが落ちていたらさっと拾って、ちり箱の中に入れるとか、それが愛社精神の発端だと私は判断します。

　さて、そういうことでまずあなたたちが、会社に入って、その会社で何ができるか、上司に何がしてあげられるかを考えて仕事をするといいと思います。それが良い人間関係を築くための基本なのです。関わる相手の気持ちを考えて行動すると、同時にあなたが大事にされるのです。皆、自分が大事です。自分が幸せになりたい、自分が人から愛されたいと思ったら親も兄弟もお友達も含めてどうぞ周りを大事にしてください。つまり、目の前の人間を粗末にした分だけ、あなたが粗末にされます。目の前の相手を大事にした分だけあなたが大事にされます。これがヒューマンリレーションの原理原則です。

7．リーダーシップとPM（Performance & Maintenance）理論

　リーダーシップのシップとは船です。まず横浜港から出た船が沖縄に向かっていくのか北海道に向かっていくのか。リーダーはまず方向を定めます。そして、どれぐらいの速さで走っていくか、それも全部リーダーが決めます。方向付けをしていくこと。そして、船を漕いで走らせる人たちのやる気を最大限に引き出していくのがリーダーシップです。

　リーダーシップには相手を思いやる情の部分と何が何でも結果を出していくという厳しい部分があります。厳しければ厳しいほど、この優しさという情の部分というのが強くなきゃだめなのです。厳しさをP（Performance 目標達成機能）といいます。九州大学で行動心理学を講義されている三隅先生

の学説で、厳しさをP、情けの部分の温かさをM（Maintenance 集団維持機能）といいます。ですからラージPはうんと厳しいということです。それからラージMは、うんと温かいという意味です。会社が猛烈に厳しいというのは悪いことじゃない。ただし、厳しい分だけ温かさがうんとあるということが必要条件となってきます。厳しさだけで温かさがないリーダーの許では「冷たさ」になってしまうのです。だから人がやる気を失ってしまいます。それから、目標を何がなんでも達成するという厳しさがなくて、温かさだけがあるのは「甘やかし」になってしまいます。それも、そういう上司の許では目標は達成しないし、生きがいを感じません。企業が発展する2本の柱はPとMです。この2つの大きな柱がないと企業が発展しない。同時にPとMはリーダーシップの一番大事な基本です。2つの大きな柱を持ってないと、一方で厳しいことを可哀想と思い優しくしてしまうと甘やかしに繋がってしまう。そうかといってうんと厳しいのを耐えているのによくやったと誉めない。温か味のない上司の許では辛いわけです。ですから、社会人になったらPMを身につけ部下に慕われる人間味のある上司になってください。

8．仕事の本質って何だろう

薬屋さんは効き目を売る

　薬屋さんは何を売っているかというと、効き目を売っているのです。ですから、皆さんがたとえば薬屋さんに行って、風邪薬のベンザを下さいと言うとします。そしたら、ベンザを持ってきてくれる。それだけじゃ、薬屋はだめです。どんな症状ですか、鼻水ですか何ですかって聞いて、こういう症状だったら、この薬がいいと思いますけど、それにプラス栄養剤を飲むと効きます。今日はお酒を飲まず、ちゃんとお家に帰ってお休みになったほうがいいですよというようなアドバイスをして、どうぞお大事にと言って帰っていただくわけです。
　ある薬屋さんの息子さんの話です。薬科大学の大学院で副作用の研究をしていたそうです。彼は大学の先生になろうと思って大学院でずっと勉強をし

ていたのですけれども、ある日お父さんが病気になって、お前実家に戻ってきて薬屋をやれと言われたそうです。「いやーお父さん僕が薬屋になるとおそらくお客さんが薬を買いにくるとこの薬は買わないほうがいい、これは副作用がありますと言ってしまいますよ、これではうちは潰れますよ」と言ったのです。それでも薬屋になれって言われて彼はしぶしぶ実家に帰って、薬屋の後を継いだのです。

そしてある日、小学校6年生の女の子が母親と朝早く薬屋に来たそうです。「どうしたのですか」と聞いたら、「わきの下に湿疹が出て、熱もあるし、なんとか応急処置をしたいのです。この子は小学校1年からずっと皆勤賞を取るために頑張っていて、学校休みたくないのです」ということでした。彼は、「お母さんウチの薬じゃ治りません、近くの皮膚科を紹介します。そこに行ってください」と「でもこんな朝早い時間じゃ皮膚科は開いていません」とお母さんが言ったので、彼は「私が開けさせます」と。お医者さんに電話を入れて医者にバトンタッチして、その子は治療を受けたわけです。そして2〜3日経ってお母さんがお礼に来られたので、「わきの下の湿疹はどうなりましたか」って聞いたら、「おかげさまでだいぶ良くなりました、学校にも遅刻をしないで行けました」と言ったそうです。

この薬屋さんはそうやってお客さんに効き目を売っているものですから、お店は繁盛して、今6店舗持っているそうです。私たちが商売するときに、いわゆるお客様のお役に立つということを考えないと、商売は繁盛しません。皆さんが会社で働くということは、お客様のお役に立つということなのです。

お役立ちが仕事の原点・本質

働くということは、お客様のお役に立つ、仕事を通してお客様のお役に立つことなのです。そこをしっかり踏まえてないとおそらくみなさんは、学生時代は楽しかったけれど社会人になったらつまんないなぁと思うようになってしまいます。

商売の「商」という字を「あきない」と言いますね。それを引っ掛けて、「飽きない」っていうのは、たとえばみなさんが中堅社員になって30万、40

万円、月に給料をもらうとします。ところが脱サラをして自分で商売を始めたら、月に300万、400万も稼いで好きな車に乗れる、大きなお家に住める、経済的に豊かになるとやっぱり商売はすごい、だから商いは「飽きない」、と言った人がいます。これは大間違いです。「商い」とは「経営者が儲かるから飽きない」ではないのです。「お客様が飽きない」なのです。だからお客様がリピートする、リピートして何回も同じお客様が商品やサービスを求めてきます。そうなるとお客様が蓄積されていきますから、小さな会社が中になり、中が大になって繁盛していくわけです。ですから、商いというのは「お客様が飽きない」ですよということをまずしっかり覚えておいて下さい。商いの原点はお役立ちです。お役立ちが仕事の本質です。

9．ディズニーは感動を売る

　東京ディズニーランドのリピート率が97％だそうです。つまり一度行ったお客さんが感動してまたもう1回ディズニーランドに行くのだそうです。この97％は何なのかってことです。ディズニーは感動を売っているから何回もお客様が飽きないでいらっしゃるのです。
　たとえばこんなエピソードがあります。結婚をしてなかなか子供ができない夫婦がいて、10年間ずっと子供ができなくて不妊治療をしてやっと女の子の赤ちゃんができたそうです。ところが残念ながらこの子が満1歳のときに死んでしまったそうです。そしてそれから夫婦はお互いに口も利かなくなり、いつも赤ん坊のことばかり考えてお母さんは毎日泣いていたそうです。そしてこの子が生きていれば3歳になるという誕生日に、旦那さんが気持ちを切り替えるためにも、この子のためにももっと前向きに生きようじゃないかと考え、この子はいないけどディズニーランドに行くことにしました。
　亡くなった娘さんと3人のつもりで、あるレストランに行ったそうです。大人のランチ2つとお子様ランチ1つをくださいと言ったそうです。お子様はどこにいらっしゃるのですかと聞かれて、たった1年間だけども自分たちに夢を与え、希望を与えてくれたあの子のためにもここで3歳の誕生会をや

るために来ましたと説明しました。店長とスタッフは、小さなケーキを用意して3本ローソクを立てて、お店のスタッフみんなでハッピーバースデイを歌いました。娘さんの3歳の誕生日のお祝いに、ケーキはこちらからのプレゼントでございますと言ったそうです。

その後、そのご夫婦からディズニーランドの社長宛に、本当にありがとうございますとのお礼状が届いたそうです。ディズニーは感動エピソードを本部でまとめ、それをスタッフのみんなに配るのだそうです。これはその中の1つのエピソードなのです。ですからディズニーは単に面白い、楽しいだけじゃなくて、感動という商品を売っているのです。

スタッフはキャスト

そして彼らはスタッフをキャストと呼んでいるそうです。従業員はキャストです。ディズニーの社員たちは感動を売る役者たちなのです。仕事を通しての人間力の深さ、高まりを大切にするというポリシーを持っていないとそういう感性は出てこないと思います。ですから私たちは仕事を通して人間的に変化成長するというのが大事なのです。仕事を通し成長するということは、私たちの心の報酬なのです、ご褒美なのです。そして人間的に成長していくと、周りのいい人たちがみんな頑張っているあなたのサポーターになってくれます。そしてあなたはサポートしてくれる人たちに感謝をし、お返しをする。その繰り返しであなたは人間的に深まり、高まって、人としての感性が豊かになります。ですから、仕事は大変だけれども楽しいのです。

10. 人生の三感王になろう

感謝と感動と感性の3つ

さて最後に、大切なことは、人生の三感王になることです。私、プロ野球はよくわからないのですが、野球の三冠王は打点、ホームラン、打率の3つがNo.1になった人がなるそうです。人生の三感王になるには、感謝ができること、自分をサポートしてくれる人たちに感謝ができ、それを言葉であり

第6章　必要とされる人、人生の三感王になろう

がとうと表現できる人です。もう1つは、ものごとに真剣に取り組んで、大きな感動、小さな感動をゲットできる人です。感動の体験を多く積み上げることのできる人であること。そしてその感謝と感動の2つを意識してやっていくと人間としての感性がどんどん深まり高まっていきます。

　ですから感謝と感動と感性。この3つが身について、私たちは人として成長して高まっていく。それは人間力が高まるということなのです。それが同時に、私たちはこの世の中に産まれて良かったと思えるような幸せに近づいていき、大きな幸せをこの手にしっかり握り締めることができます。皆さんも私も、いつか天国に行くことが決まっていますから、その与えられた大事な時間を、今感謝ができて感動ができて、人間的に変化成長する感性を磨いていくということを大事にしていただきたいと思います。そして人生の三感王になって下さい。今日は私の話を真剣に聴いてくれてありがとうございました。これで終わります。

（2007年10月5日講話）

****
解説
　知念常光先生は、昭和39年に玉川大学文学部教育学科を卒業した。いったん鹿児島県の養護施設に2年弱赴任し教育の仕事に携わったが、実家の事情により、出身地の沖縄県に戻り女性社員1人と昭和40年9月にジャパンクレスを創業した。当時、父親は建設関係の仕事をしていたが、先日付小切手の割引の依頼が多く、事業として成り立つことを思い、6人の弟たちを大学に行かせるためもあって、会社をスタートさせたという。その際、いかにして不渡りを出さないようにするかを考え、独自の調査をし、信用調査手法を確立した。
　信用調査の一環として先生は電話をかけ、いつまでもジリジリ電話を鳴らしている会社は倒産予備軍だという。これは実は我が国のM&Aを多く手がけてきた日本電産株式会社の永守重信社長も同意見であり、永守社長が再建する会社の工場に電話をかけても全く出ないという話があるのだが、

それと共通する大事なことである。また人間には気が重要で、元気、陽気、気遣い、気働き等が大事であることを諄々と説いていく。病気、陰気などを嫌い、陽気な社風を育成してきている。元気・陽気で気配り十分な新人教育を徹底してきたという。社内のコミュニケーションも大事で、共感、共鳴、共創、共存などを説き、21世紀は共の時代としている。こうして先生は会社を長期間経営する中で、様々な社員としての在り方を確立、実践してきた。

リーダーシップについてもP（Performance）M（Maintenance）理論に基づき、目標達成機能である厳しさ（P）と集団維持機能である温かさ（M）を説いている。常に厳しさ、温かさの両方を備えたリーダーこそ必要だという。どこか小原國芳先生の教え、玉川教育に通じるものがあると思う。

それもそのはず、知念先生の学生時代、おやじ当番というものがあり、小原先生の庭掃除や電話番等をしていて、そこから小原先生が大好きになったという。その際、先生の家で食事をさせてもらったのだが、先生は「君はこのおかずが好きだね」とおっしゃって、先生のおかずをぽんぽんと下さったという。また学生運動をしたときにあくまでも授業料値上げに反対して小原國芳先生の家の前で座り込みをしていたが、同僚全員が帰り最後に残った学生の知念さんに「遅いし寒いので泊まっていけ」と小原先生に言われ布団に入ったらそこに湯たんぽがあり、その暖かさに感激し、これはおれの負けだと思ったという話を何回もうかがったことがある。

知念先生は、今では沖縄県だけでなく全国から講演依頼がきて社員としての生き方、人間としての生き方、リーダーの在り方、等の講演を行っている。米国の行動工学ではストロークという心の栄養を与えることを重視しているという。薬屋さんは薬を売るのではなく「効き目」を売るのだ、スナックは酒を売るのではなく「楽しさ」を売るのだ、ディズニーランドはレジャー施設を売るのではなく「感動」を売るのだ、といった話が次から次に出てくる。その声量は大きく、そのエネルギッシュでタフな姿は教員顔負けである。また親父ギャグも得意で、挨拶の励行の話の中での「アッス」と聞こえる挨拶に対して「アース」でなく「フマキラー」だというギャグで笑わせる。商いとはお客様が飽きないようにすることだ、など知念節はいつまでも終わらない。講演の際は、いつも最後に「皆さん、人生の三感王とは何ですか」と問い、「感謝と感動と感性の3つが人生の三感王です、この3つが仕事をとおしてどんどん変化し成長することが、人間力を高めることになるのです」と述べて、学生の拍手で終わるのであった。

第7章 みずほフィナンシャルグループの現状と今後の展望

前田晃伸
（株式会社みずほフィナンシャルグループ社長）

1．はじめに

　みずほフィナンシャルグループの前田です。このビジネスリーダーシップの講義を始めて約5年経ちました。毎年、金融のわかりにくい分野のことを学生さんにどうやってわかってもらおうかと考えながら説明していますが、金融はいろいろなところに影響を及ぼしあうため、簡潔に説明し難いところがあるので、ポイントを絞って説明したいと思います。

　まずはじめに、みずほフィナンシャルグループというグループ全体について簡単に説明します。昔はなんとか銀行ということだけでわかりやすかったのですが、今、金融持株会社が認められたので、みずほフィナンシャルグループ持株会社の下にみずほ銀行、みずほコーポレート銀行、みずほ信託銀行、それ以外のたくさんの会社があります。これをまとめて経営しているのがみずほフィナンシャルグループという持株会社です。

　今日話すテーマは大きく5つに分かれています。最初に日本のマクロ経済と金融環境、2番目に個別のみずほの戦略ということで、みずほグループは何をやってきたのか。3番目はCSR活動ということで、企業の社会的責任の一環として金融機関がやってきたことを社会に還元する上で、私たちが何をやっているのか。これは主として金融教育の分野で、もう1つは環境問題

に取り組むということで社会に還元したいと考えています。4番目は経営体制、ガバナンスの部分です。会社の組織はどうなっているのか、意思決定はどうなされているのか。最後に、学生の皆さんに、私が学生の頃、何がわからなかったのか、それからこういうことを知っていたらもうちょっとためになったな、ということをまとめてキーポイントだけお話します。

2. 日本のマクロ経済と金融環境

失われた10年

　最初のテーマの、日本全体のマクロ経済金融環境についてお話をします。日本経済が今どうなっているのかということを、少し長いレンジで10年ちょっと見ながら説明をします。

　バブルが崩壊した後、日本経済は長く低迷していました。1991年から2002年まで10年ちょっとありますが、よく新聞等で「失われた10年」といわれているのは、ここの10年くらいを指します。この期間は数字的にも経済的にもいろんな変化が起こりまして、戦後の古い体制をつくり変える時期になったということだと思います。高度成長モデルから低成長、安定成長モデルへの組み換えと、成長の著しい時代ですべてが拡大する経済から少し安定した経済へと変化していった時代です。国民生活的にはお金がない時代からストックがたまった時代、大きな構造変化があった時代なので、名目成長率がプラスだったりマイナスだったり、アップダウンが非常に激しい10年間です。この間に日本の中堅中小企業の企業倒産は、戦後最大の倒産件数を2年連続して記録するという時代を経て、現在に至っています。成長率が1％前後でほとんど横ばいという状態なので、中国やインドが10％成長というのを見ると、はるかに成長のスピードがゆっくりしています。それだけ成熟したということでもありますが、逆に言うと元気がないということです。「需給のギャップ」という言葉があります。どれだけ生産過剰なのかを見る指標ですが、「失われた10年」はギャップがありましたが調整されて、最近ではやっとプラスになってきており、やっと普通の状態になったのです。

第7章 みずほフィナンシャルグループの現状と今後の展望

　以上のように日本経済が復活をしてきましたが、この10年間くらいが大変きつい時代で、3つの過剰というのが言われてきました。1つは、設備投資が過剰であるということ。2つ目は企業の借金、借入が過大であるということ。最後に労働力が過大であるということ。この三重苦の時代が長らく続きましたが、ここ2〜3年でやっと過剰の調整が終わって通常の姿に戻ってきたという状況です。

　需要の伸びというのを2002年から見ると、日本経済の成長の原動力の1つは輸出であり、これは従来から非常に大きな原動力となっています。その次に設備投資・消費であり、これは国内の内需でして内需を中心にリカバーしていた。つまり前述のような過剰設備、過大借入、過剰労働力がやっとバランスしてよくなったのです。その一方で、住宅と公共投資というところは需要の伸びがマイナスになっていますが、これは人口増加のスピードダウン・減少により、これまで牽引してきた需要の伸びが止まっているということです。公共投資についても国が借金をかかえているので、これ以上公共投資をどんどんやるわけにはいかないということで、ブレーキがかかっていて、これらの要因が需要の伸びを止めています。

金融の再生

　次に金融の再生についてです。バブルが崩壊した後、金融機関が貸出をしたお金が返ってこない状態が長く続いて、これが不良債権になったわけですが、2007年3月では非常に少なくなってきています。現在、サブプライム問題が騒がれていますが、これは日本版のバブルの崩壊がアメリカで起きているということです。日本のバブル崩壊よりはるかに規模が大きいので、世界経済を直撃するような形で影響が出ています。日本でこれまでやってきたことを考えながらアメリカはどういう処理をするのかな、というのが大変参考になるところです。また、銀行の格付の推移を見ると、アメリカの金融機関も同じ格付を使っていて、我々の金融機関は1996年のときはダブルAであり、一番いい格付に次ぐ水準で、レベルが高い格付でしたが、アメリカのITバブルが崩壊した後下がり、2002〜2004年でトリプルBまで落ちたのが、

そのあと5～6年で回復しています。

　ここで「なぜ格付をつけるか」について説明します。金融商品を買う投資家の方から見ると価値があるのかないのかわからない状況で「紙切れ」を買うわけにはいかないので、格付機関が「この紙切れはAという価値です、この紙切れはBという価値です」というわけです。格付が良いということは会社の信用力が高いということなのです。お金を借りるときに調達する日本のレートで説明すると、格付Aの会社が長期の借入をするときに1.8%で借りられるのが、格付がBになると相対的に信用力・返済能力が劣るということなので、1.9%の金利を払わなければならなくなります。つまり格付が高いと安く借りられ、悪くなると金利をたくさん払わないと貸してくれない。ですから借入をする企業経営者からすると格付機関の格付は重要であるのです。直接、私が個人的にお金を貸す場合、相手の人が信用できれば貸せばいいのですけど、第三者からお金を集めて投資する場合は間接的になるので客観的に信用力があるかどうかを証明しないと第三者の方がお金を出しません。

　現在、サブプライム問題で格付機関の格付についてもめていますけど、立派な会社で収益が出ているので格付機関がA格ですよと「お墨付き」を出した後に、会社が大赤字になり、買った人は「Aと言ったじゃないか、なんで業績が下がり、債券価格も下がるのか」と言っているのです。実際にはその債券を売るときに売れるかどうかはわからないわけですが、格付だけに頼っていろんな商売をやるとひどいことになるということです。

金融市場の変化

　金融市場の変化について説明します。これも今サブプライムローン問題等に関係があるのでコメントすると、日本の場合は直接金融と間接金融の割合を見ると、間接金融の割合はずっと戦後7割から9割で、徐々に直接金融が増えてきましたが、まだまだ間接金融が圧倒的優位です。直接金融というのは企業が直接、投資家の方から市場で資金を集めてそれを会社の活動に使う方法、間接金融は銀行から借金をしてそれで経営を行うということで、圧倒

的に間接金融が日本では大きいのですが、これはアメリカと比較するとちょうど逆になっています。これはその国の金融構造なので一概に良いとか悪いとか言えません。企業経営の側から見るとどちらもうまく使いこなすことが一番重要で、片方だけでやるというのは大変難しいのです。直接金融、間接金融も皆さんが会社に就職したときにかなり重要なキーワードになるので、記憶してほしいと思います。

個人金融資産

次に、個人金融資産について説明すると、日本全体で個人資産が1500兆円程度との報道がありますが、個人が持っている預貯金、株券、保険等全部足すと、そのくらいになります。その構成比率を見ると、半分が銀行預金で構成されていて、残りの部分が株式投資、それから保険、年金等です。これも日本が非常に特殊な構造になっていて、アメリカではこの現預金というのが2割程度しかないので、ほとんどの部分が有価証券になっています。日本の場合は預貯金が非常に大きいということでこれを元手にして銀行がお金を貸すのです。そういう意味では日本の銀行とアメリカの銀行の構造が違うというのがわかると思います。

また、この中で株式、出資、投資信託、債券等については、2002年から2006年にかけてかなりの額が増えています。この部分は何かというと、いわゆる貯蓄から投資へということで、個人の方々の預金、預貯金がほとんどゼロ金利の時代がずっと続いていましたが、少しリスクのあるところにお金を移し変え始めたというのが全体の流れです。個人の資産がたまったときにどうやって運用するか安全性のあるものでどれくらい、少しリスクのあるものでどれくらい、そういう自分の生活設計に合わせて資産形成をするということが大変重要です。銀行で株式投信等が販売できるようになってかなりの年数が経ちますが、現在、公募投信の販売の約5割が銀行の窓口を通じて販売をしています。これも日本全体で見れば個人の方が、少し投資のほうに中身をシフトするのに役立っていると思います。

3．みずほグループの戦略

どのように成長モデルにするか

みずほの戦略についてお話します。私が社長になってから今に至るまで何をやってきたかを言いますと、2002年4月に3つの銀行の再編統合をして今の銀行のスタイルができましたが、システムの障害があったり赤字決算したりと最初は非常に厳しい出だしでした。みずほの株価も2002年4月1日が29万2000円でしたが、1年経った後、8万9000円という、10万円を切るところまで行きました。さっき言った格付は、S&Pの格付がA格からトリプルBに落ちて、もうちょっとで投資不適格級というところまでいきました。その後いろいろな施策により、みずほを立て直してきまして、格付は徐々に上がっています。

私たちは銀行を経営していますが、全体をどうやって成長モデルにもっていくかどうかが重要な経営課題で、ただただ株価を上げればいいという経営ではありません。何か1つだけをターゲットにして経営を行うと、大体失敗をします。たとえば「何がなんでも儲けよう」という経営方針をトップが掲げますと、社員は達成のためには手段を選ばなくなります。昨年から今年にかけて偽装問題が数多く出てきましたが、経営者が「そういうことをやるな」と言わない限りはそうなってしまうということが怖いところです。また間違ったことを経営者が見て見ぬふりをしますと組織全体が「まあいいんじゃない」という雰囲気になってしまうので、経営というのは正直が重視されるべきだと思います。

金融機関は信用第一でやっているので、間違ったときは間違ったとはっきり言わなければなりません。間違いをお詫びする勇気のほうがはるかに重要です。この部分は皆さんが社会に出てからも「おかしい」と思ったときにはっきりとそう言う、という感覚がなくならないようにするのが重要だと思います。逆に、皆さんが「こんなものだ」と思っちゃうと、皆さんの勤める会社がおかしくなる可能性があるとも言えます。

第7章　みずほフィナンシャルグループの現状と今後の展望

金融機関経営の変化の方向

　次に今日本の金融機関がどういう具合に変わろうとしているかをお話します。今日本は低金利で資金需要が弱い中で金融機関がビジネスで収益を上げていくためには、新しいサービスを開発してそこで収益を上げることしかありません。貸出収入が減った分を新しい仕事を開発して結果的に埋めているのです。これはすべてのビジネスでいえることで、たとえばメーカーさんでもそうですが、1つの商品ができ上がってその商品が大変好評で売れたとしても、その商品が30年間ずっと売れ続けることはありません。最近は競争が激しいですから10年もてばいいほうです。そういう意味で何かが1回うまくいったから、そのままずっとやればいいとなると大体会社はおかしくなります。

　商品にライフサイクルは必ずあるので、そういう意味で我々のサービスも同じですが、昔と同じものを同じように貸出をしていて儲かるという時代は昔の話です。メーカーであれ、サービス産業であれ、最終的にエンドユーザーにどういうニーズがあるかというのを自分で調べて、それにあった商品を開発するというのが究極の発展のもとです。外から見ると、金融機関はお金を集めて貸すだけじゃないのと言われますが、中身はものすごく変わってきているのです。どんな会社も時間が経って新しい商品、サービスを開発しない限りは世の中からは必要とされないということですから、そういう意味で固定観念を持たないほうがいいのではないかと私はそう思っています。皆さんも卒業された後、新しくお仕事されるときに、今この会社が大変素晴らしいと言われていてもその事業が10年20年持つという保障は全くないので、その会社は次から次に新しいことができる会社なのかというところを見ないと間違えることがあります。

みずほ銀行の個人部門

　ここでみずほ銀行の個人部門について説明します。みずほ銀行には今、支店が国内に490店舗くらいありますが、なぜみずほ銀行は個人マーケットに一生懸命なのかということについてお話をします。銀行のお客様は個人の方

と企業の方と大きく分かれますが、1500兆円という大変大きな個人金融資産があり、その中で現預金それから有価証券を入れると、900兆円というものすごく巨額な資産があります。この資産が徐々に貯蓄から投資に変わる状況にあるので、お客様の運用ニーズにお答えするための体制を作りたいというのが私たちの究極の狙いです。

　「MMC会員の500万人突破」ということについてですが、MMCとは何のことかというと、「みずほマイレージカード」という私たちだけが発売しているキャッシュカードとクレジットカードが一体となったカードです。皆さんは今、学生ですけど、クレジットカードを持っている人もいると思います。メガバンクでは一体型カードを出すことは長らくできなかったのですが、私たちはこの一体型のカードを作って売り出しました。まだ売り出してほんの数年ですが、すでに500万枚までいきました。この数は大変大きい数で、今、みずほグループの中にある個人のお客様の口座数が2500万ですから、2割の方にMMCの会員になってもらったということであり、非常に大きな戦略商品に育ってきたということです。このカードにはマイレージ機能がついていて、飛行機に乗ったりすると飛行機のマイルがたまりますが、これと同じような形で私たちは他社と相互乗り入れし、銀行でいろんなサービスを利用すればマイルがたまってそれを現金に変えることができるとか、いろんな恩典を受けられるという、そういうツールに使っています。たくさん使っていただける方にはちゃんとお返しをする一方で、口座だけの方、口座だけでそれ以上のお取引にならない方にはそんなサービスは申し訳ないけどできないと、そういうふうにお客様の取引具合に応じてお返しをする体制がやっとできあがったということです。

　1日に我々の窓口にいらっしゃるお客様は100万人なので、その方々に均等で同じ何の付加価値もないサービスを続けていると、おそらく我々のところを継続して使ってもらうということはないと思います。また、個人のお客様をどのようにセグメントするかというのが一番大事です。たとえば住宅ローンを借りてもらうために、折込広告1万枚を無差別にばら撒くのがいいのか、ニーズのある方10人だけに個別にDMを出すのがいいかというのは、

おのずから効果がわかると思います。10人だけに絞り込んだDMが出せない場合に1万枚出すしかないのですが、確率からいうと非常に無駄が多くて生産性の悪いマーケティングの仕方です。銀行の仕事というのはそのデータを蓄積して有効にお客様に公開するというのが非常に重要な仕事ですので、我々はかなりの部分で進化したと思っています。

多様な証券業務の展開

みずほインベスターズ証券という証券会社があります。これはリテールの証券で、業務は個人のお客様をメインに狙った証券会社にしていますが、ここではプラネットブースというものを、みずほ銀行と一緒にたくさん作っています。これは銀行の支店の中にブースを設けて、銀行に来たお客様で証券のニーズのある方にご利用いただいています。このインベスターズ証券は2002年の時点では大変に業績が悪い会社でした。小体ながらすべての業務をやる証券会社として頑張ってきたのですが、2003年以降みずほ銀行と組んでやろうということで徹底的にいろんな合理化・効率化を行い、自前の店舗を出すより共同店舗の形でやって、主としてみずほのお客様にアプローチしていこうということに切り替えました。それ以来ずっと黒字基調で安定しています。どのお客様にアプローチするかを絞らずに戦線を拡大すると、ただただ赤字になるのです。

また、みずほ証券というのもあります。みずほインベスターズ証券はリテールに特化しているのですが、これはホールセールの証券で、今回サブプライムローンで赤字を出した証券会社そのものです。ここでサブプラムローン問題の何が一番問題だったかというのをわかりやすく言うと、1つはアメリカでは証券化商品が主流だということです。日本では銀行が直接お金を貸してそのまま貸したままで、ずっと借りてもらうというのが主流ですが、アメリカの場合には銀行が住宅ローンのお金を貸してずっとそのままではなくて、銀行が貸付債権を売却し、投資家に債権が移ってしまうという「証券化」というものを多くやっています。証券化をして何も問題が起こらなければそのままで済むのですが、借りた住宅ローンを返さない人が出たときに困ってき

ます。住宅の価格が上がっている状態で返さない状態が起これば、売って返せば赤字とはならないのですが、資産価値が下がりだして返さない状態が起こるとお金は返って来ないし、貸した人から見ると貸したお金の半分しか返らない。そういう状態が世界レベルで起こっているのが今の状態です。これは特に収入が非常に少ない方向けの住宅ローンになっていることも問題となっています。

　仮に100で買う住宅に対して最初の3年間は元利金の返済を非常に少なくしましょうということで、たとえば2％という金利を設定します。3年経つと金利は上がりますよということで、たとえば8％にしたとしても、購入の際は収入は少なくてもいいですよという商品設計になっています。この100で買った品物がインフレで資産価値がどんどん上がって、ここでたとえば150になると、その借りた人はその住宅を売って買い換えて何処かに移り住めばいいやとなりますが、これは何の問題もありません。しかし、仮に100で買ったのが値段が50に下がった場合、何が起こるかというと、100貸した人には50しか戻ってこないということが現実に起こっていまして、これが今のサブプライムローンの原点みたいなことです。ですから値段が必ず上がるのを前提とした商品なのに下がりだすとひどいことになる。こういうのを組み込んだ金融商品を作ってそれをいろんな人が買ってしまって、借りた人がお金を返せない状態が起こってきますと、この仕組みそのものが壊れるということになります。我々もかなり損をしましたけどトータルで見るとアメリカは非常に大きな損害が出ていまして、解決にはもうちょっと時間がかかると思います。

4．CSR活動

　CSR（Corporate Social Responsibility 企業の社会的責任）活動ということに触れます。冒頭でお話しましたが、私たちがみずほグループとして社会の皆様に何をお返ししようかということを考え、2つに絞りました。1つは金融教育の支援、もう1つは環境への取り組みです。個別の大学と共同研究を

したり、大学に寄付を出したり、私みたいにこういう形で個人的に大学に行って個別の講座を持つという、そういうことを含めて金融教育の部分で皆さんに金融の現場の実態をお知らせするのが1つです。もう1つは環境への取り組みで、地球環境は重要なテーマですが、その環境に対してプラスになるようなことをなんとか支援できないかということで、環境に優しい企業については貸出金利を安くするということをやろうということです。

　それから金融教育の支援について、もう少し詳しく言うと、私たちは小中学校のところから始めていて、現在、東京学芸大学と共同研究により初等中等学校用のテキストを作っています。子供たちに金融の原点はこういうことですよ、というのを今のうちからしっかり理解してほしいというのが理由です。

　私は日本経済団体連合会（経団連）など、いろんなところで活動をしていますけれど、今の教育問題は非常に騒がしく言われます。私は教育問題の最大の問題点は、親がいつまで経っても子どもの教育に干渉するということだと考えています。勉強したい人が大学に行くというのが基本なので、勉強をしたくない人を無理矢理行かせるのはよくないと思っています。私の出身母校で、昨年進学相談会でそういう話をしたら、校長先生に「今年は進学率が悪くなるかな」と言われたので、「大学を出なくても立派な人は立派。そういう偏向教育はやめたほうがいいよ」と言いました。日本での教育で一番の問題は画一教育です。なんでも横に並べて比較するのは日本だけです。皆さんぜひ社会人になって振り回されないようにしてほしいと思います。偏差値で何か食べているわけではありませんから、そういう抽象的なわけのわからないものに価値を求めないというのが大変重要なので、皆さんは自分のやることに自信を持ってほしいとそう思います。

5．ガバナンス

　ガバナンスについてお話しますが、よくアメリカと日本を比較した話がたくさん新聞に出ていると思います。大体の新聞の論旨は、アメリカが良くて

日本が駄目ということになっていますが、みなさんぜひ自分の判断軸を持ってほしいと思います。ガバナンスの部分については、日本はアメリカとヨーロッパとのやや折衷型のガバナンスになっていますが、何が良くて何が悪いという法則はありません。こういう方法でやれば絶対に偽装事件は起こらないという決まりはなく、人間がやることですからその経営陣が本当にちゃんと見ているかどうかにかかっています。社外取締役を入れたら立派な会社になるとかそういうことはないので、ここはよく冷静に見てほしいと思います。

　また、アメリカが良くて日本は駄目だとかいう論調が非常に強いので、日本国内では、アメリカ国内以上にそのことが頭の中にたたきこまれてしまう。実はアメリカのほうは日本の良さをものすごくよくわかっている。日本の人は自分の良さをわかっていないという非常に悪い状況にあり、日本というのは実は大変にいろんな意味で進んだ国なので、その部分はぜひ自信を持ってほしいと思います。たとえば私が乗っている車は13年経ってもまだ故障もしない国産車ですが、アメリカの車でそれだけ乗ると多分タイヤが外れるでしょう。部品がなくて修理不能とそういうことになりますが、日本の車は大変性能がいい、本当にどこも故障しないのです。皆さんこれから海外に行かれる機会が多いと思いますけど、日本はそう捨てたものじゃないということをぜひ自信を持って実感してほしいと思います。

　日本のマスコミの良くないのは、世界的に見ても非常に数が少なく、その少ないマスコミの媒体がほぼ同じ記事をのせているので、判断を間違えやすいということです。アメリカは多民族でマスコミの媒体が日本の50倍くらいあるので、いろんな意見がいっぱいあります。世の中こんなものだということで右も左も真ん中もいるということなのですが、日本はどうしても数が少ない上に記事が似ているので、これがすべてみたいになって、右だったら右、左といったら左というような非常に危険をはらんだ国です。皆さんが判断するときに、「これが本当なのだ」という自分の判断軸を持ってほしい。そうしないと非常に変な国になってしまうと思います。

6．最後に

比率と量の問題

　ここでは社会に出た後に皆さんの頭の片隅にちょっと残してほしい部分を説明します。

　はじめに比率と量の問題です。世の中に出ると、いろんな比率、古紙の配合比率じゃないですけど、比率が出ます。10％とか何％とか、この比率は比率だけ見ているとよく判断ミスをするので、ぜひ比率のもとになる分子と分母に戻してこの比率の意味を見てほしいと思います。そこをはずすと、比率だけ見て非常に高収益企業だという具合に誤解する場合があります。小さい企業が高収益になる可能性がありますけれども、そのまま大企業になって高収益ということはありえません。分子と分母に戻して売上高と利益を分解してみると、売り上げが100万円のときに10万円儲かるとしても、1兆円のときにその同じ比率で儲かるのだろうか、分子分母をよく見てからこれでいいのかと、そういう判断をしてほしいと思います。

企業が求める人

　どういう人を企業が求めるかですが、我々は毎年2000人以上の方に新しく入ってもらっていますが、私は常々入ってきていただく方には、1つは個性のある方にぜひ来てほしいと、それからできる限り上司の言うことを聞かない人に入ってきてほしいと、自分で自分の確信ができる方に入ってほしいということをお願いしています。言うことを聞いてくれるだけの方は上司から見ると非常に不安になります。常にずっと何か言っておかないとこの人はやってくれないのではないかと、これはおかしいと言ってもらったほうがはるかにいいのですが、最近の若い方はお家でも丁寧に育てられていますのであんまり反抗もしません。言われたことをやったほうが無難であると思われるかもしれませんが、私たちはそうは思っていません。また問題提起をするにも、実際にこうやったほうが良くなるのではないかと、自分の意見で言っ

てもらうほうが、企業にとっても大変ありがたいことで、そういう方にぜひ入ってほしいと思います。

　それから「独立自尊」というのは福沢諭吉が言った言葉で、私も田舎が大分県中津ですのでいつも書いているのですが、自分がいつ自立するのかと、これをぜひ自分の頭の中に入れていただきたい。皆さんすでに自立していると思いますけど、いつかお子さんが生まれた場合にいかに早く自立してもらうかというのが最大の課題でして、自立をさせないと、この人類の繁栄はありません。親のほうが先に死ぬので、一刻も早く子供を自立させるというのが、私は社会的にも重要だと思います。過保護にすればするほど社会が駄目になるということです。この部分に関しては少子高齢化になっているので、日本全体でも環境としては必ずしもよくないということです。皆さんはちょっといい環境に育ちすぎており、本当はもうちょっと逆境のほうが早く自立ができるということです。

新聞の読み方

　最後に新聞の読み方です。皆さんも新聞を読む、もしくは全く読まないかもしれませんが、新聞を読まないで過ごすわけにはいかないと思います。日本経済新聞社の社長と話しますと最近新聞を読まない人が多くなってきたそうですが、それはさすがに止めたほうがいいと思います。大きい新聞のどの面のどこに書いてあるかというのが大変重要な情報です。その部分を切断して情報だけコピーしてちょん切って全体の位置関係がわからない形の情報というのは、判断ミスをものすごく起こしやすい情報です。全体を見てその中で判断するという癖をつけて下さい。情報が氾濫している時代に生きるときは判断軸が大変重要ですので、ぜひ忘れないでほしいと思います。

　もちろん活字を含めて無批判に受け入れてはいけません。ここで日本とアメリカの最大の違いは、実はアメリカの新聞記事はさっきいろんなことをいっぱい書いてあると言いましたが、さらにはほとんどが署名記事で、誰が何を言ったというのが全部書いてあります。日本は非常に大きい問題なのですが、誰が何を言ったというのがほとんどない、誰が書いたかわからないとい

第7章 みずほフィナンシャルグループの現状と今後の展望

う新聞が山ほどあります。皆さん、読むときに間違えないようにしてほしいのですが、客観的な記事なのか、それとも新聞記者が書いた自分の意見なのかというのがわからないという大変なリスクがあります。そこはもう1回冷静に誰が書いたのだろうと、ニュースソースはどこなのだろうと、考えてみる必要があります。

　これはテレビも同じで、テレビはもっと激しいです。私も時々テレビで取材を受けたりするのですが、たとえば1時間取材を受けて流すのは3分くらいです。どことどこをひっつけて編集するか自由自在です。悪意をもってやれば逆にひっつけることもできます。そういうものがテレビという媒体だと思って冷静に距離を置いて見て下さい。情報が非常にたくさんある時代に生きていくのは大変難しいのですが冷静に自分の判断の軸を持てばそう大きな間違いはない。そんなはずはないだろうという人間の動物的な感覚のほうが多分正しいです。でもたとえば振り込め詐欺とか、ものすごくたくさんの人が被害にあっています。「なんか変だ」とみんなわかってはいるけど引っかかるという、これは人間の弱さを利用するものですから、ぜひ皆さんも大学を卒業されるのですから、その「なんか変だな」というのに引っかからないようにして下さい。

　これで講義を終わらせていただきます。

（2008年1月18日講話）

****

解説

　前田晃伸先生は現在みずほフィナンシャルグループの社長であり、2004年から毎年玉川大学で講義をいただいている。みずほフィナンシャルグループはみずほ銀行、みずほコーポレート銀行、みずほ信託銀行、みずほ証券、みずほインベスターズ証券をはじめ多くのみずほグループ金融機関を束ねる我が国屈指の金融持株会社であり、そのトップとしての責任は非常に重い。スタート当初は決済システムのトラブルという苦い経験をされた

と聞く。IR 活動・拠点めぐりなど海外出張も多い。そうした忙しい中、講義していただいたことにまず深く感謝申し上げたい。

講義内容は、日本のマクロ金融環境、みずほの戦略、CSR（企業の社会的責任）活動、経営体制・ガバナンス、学生へのアドバイス等広範なものとなっている。

日本のマクロ金融環境の中では、いわゆる失われた 10 年とその後の回復について触れている。我が国企業の 3 つの過剰（設備投資、借入、労働力）が整理され、内需・外需とも回復して需給ギャップが解消し、特に好調な輸出から我が国経済が立ち直り、株価も上昇して昨今の時期に至った経緯について述べている。金融の再生については、バブルが崩壊したあと金融機関にすべてのしわ寄せがきて、金融機関が貸したお金が返ってこない状態が長く続き、これが不良債権になったが、2007 年 3 月では非常に少なくなっている、これは不良債権問題が日本では解消したということだと述べている。みずほグループの株価も急速に回復し、格付についても 1996 年のときは S&P によるダブル A という高い格付だったが、アメリカの IT バブルが崩壊した後ずっと下がり、2002 年～2004 年でトリプル B まで落ちたがそのあと 2005 年～2007 年でシングル A まで回復していると述べている。

金融機関の経営については、経営が安定し、金融市場の変化が着実に進み、間接金融、直接金融のいずれも伸びている、企業側は間接金融、直接金融のいずれも利用できるようになっているという。また 1500 兆円に達した個人金融資産は貯蓄から投資へ、少しリスクのあるところにお金を移し変え始めている、個人の資産はバランスよく持つのが一番いいと言われており、安全性のあるものとリスクのあるものの割合を生活設計にあわせて資産形成をすることが重要である、国全体で見ると徐々に株式投資等が増えてきて、リスク許容度が上がってきているという。現在、公募投信販売の約 5 割が銀行の窓口を通じて販売しているという。

みずほの戦略については、2002 年 4 月に 3 つの銀行が再編統合して、今の銀行のスタイルができた、日本の金融機関は低金利で資金需要が弱い中、金融機関がビジネスで収益をあげていくためには新しいサービスを開発してそこで収益をあげることしかない、中身は非常に変わってきたという。みずほ銀行が個人を一生懸命狙い、貯蓄から投資に変わる状況の中で運用ニーズに応えられるような態勢を作りたいという。みずほマイレージカードは大きな戦略製品になり、みずほインベスターズ証券は個人のお客様をメインに狙ったリテール証券会社である、みずほ証券はホールセール

第7章　みずほフィナンシャルグループの現状と今後の展望

の証券会社と位置付けているという。グループとしての総合収益力を強化し、規律ある資本政策を実践していくとの経営方針をわかりやすく述べている。

CSR活動については、金融教育の支援と環境への取り組みの2つに絞って強力に進めているという。特に金融教育については大学だけではなく、小・中学生にも実施し、金融教育の支援を行っているという。

経営体制・ガバナンスの話では、グループ社長としてグループ全体を引っ張るリーダー役を務められている仕組みがよくわかった。

学生へのアドバイスでは、質と量の問題で比率だけを見て判断しないことが大事だと述べていた。そのほか、どういう人を企業は求めるか、独立自尊、新聞の読み方など貴重なアドバイスが次々にあった。

前田先生は大分県のご出身で東京大学を卒業され、富士銀行に就職された。日本興業銀行、日本勧業銀行との合併で誕生したみずほフィナンシャルグループでリーダーを務め、不良債権問題の克服、業績の回復を成し遂げ、公的資金の返済、株価・格付の向上を図り、今日の巨大グループを築いてきた間のご苦労、ご努力は大変なものと思うのであるが、いつも飄々とされているお姿が特に印象的である。前田先生の益々のご活躍を祈りたい。

第8章　Ｍ＆Ａと投資ファンド

深沢英昭（東京海上キャピタル株式会社社長）

1．はじめに

　最初に私の自己紹介からいたします。生まれは静岡県熱海市です。高校まで静岡にいて、大学生になって初めて東京に出てきました。1978年ですから30年ぐらい前ですね。日本長期信用銀行、現新生銀行に入行しました。最初の配属のお店が横浜支店でした。
　ありがたいことに、会社派遣で米国のビジネススクールに留学しました。日本の大学ではあまり勉強しませんでしたが、留学して勉強の面白さがやっとわかった、そんな経験をしました。銀行時代はＭ＆Ａ（Mergers and Acquisitions）という企業の買収とか合弁に関するアドバイス業務を東京、ロンドンで行いました。ロンドンから帰国後、日本長期信用銀行が破綻してしまうのですが、破綻の要因になった不良債権の処理・回収についての業務をしていました。会社が国有化してしまったので、転職を考えましたが、折角Ｍ＆Ａの業務をやっているので、この業務に関係する仕事を続けたいと思っていたところ、日本興業銀行（現みずほコーポレート銀行）が人を集めているという話で日本興業銀行に転職をしました。転職したらすぐ3行合併ということでみずほグループになり、2004年3月末、4年前までみずほ証券という会社にいました。4年前から今の会社に来ています。

2．東京海上キャピタル

　東京海上キャピタルという会社は、損害保険会社の東京海上日動火災保険の100％子会社ですが、保険業務とは全く異なる仕事をしています。当社の仕事は、会社を買収して一定期間保有し、付加価値を付けて売却する。安く買って高く、もしくは高く買ったらもっと高く売って、買値と売値の差で儲ける。その売買の対象とするのが商品ではなくて事業会社であるというのが仕事の内容です。

　我々のような投資ファンドが成り立つ前提としては、3つの要素が必要だと考えています。1つ目が会社を売ったり買ったりということ自体がM＆A、企業買収に繋がるわけですから、そういうM＆Aの案件数が多くないと仕事はなくなってしまうので、このM＆Aが活発であること、M＆Aを活用しようと考える経営者の方が多いということが一番目の前提になります。2つ目は我々の場合は事業会社ではないので、トヨタ自動車とかパナソニックとか多様な事業、物を作って物を売ってお金を貯めて事業投資をしている会社ではありません。機関投資家からお金を預かって、そのお金を元手にして会社を買収しているわけです。ですからある意味ではリスクの高い事業にお金を出す投資家の方がいるかどうかが2つ目の前提になります。3つ目はいくらM＆Aが活発でいくらお金が集まっても、我々の仕事に関して賛同を表明してくれる経営者もしくは従業員、さらに広く一般に社会が仕事を認めてくれないと意味がない。やはり社会的な認知を受けるということ。この3つが我々のような投資ファンドが成り立つ前提だと考えています。

3．M＆Aビジネス

日本で昔から行われているM＆A

　M＆Aとは何か。M＆A（Mergers and Acquisitions）と書きますけども、こういう英語の言い方だと欧米から来た概念だと思われがちですが、M＆A

というのは実は昔から日本で普通に行われていた企業間の取引だと理解してもらってよいと思います。

SMAPの木村拓哉が主人公になった『華麗なる一族』というテレビドラマがありました。もともとは、特殊鋼メーカーとその事業会社に融資する銀行、その銀行のオーナー家をめぐっての小説です。実はこの特殊鋼メーカーとは、現存する、山陽特殊製鋼という姫路に本社がある東京証券取引所一部上場企業です。またモデルになった銀行は神戸銀行という銀行です。名前から推測できるように神戸を基盤、地盤とする銀行だったわけです。銀行自体もご存知の通り合併、合併で、名前1つ取っても、ずいぶん変えてきています。この神戸銀行もその後、太陽銀行という首都圏を基盤とする中堅・中小企業取引に強い銀行と合併して太陽神戸銀行という名前になりました。1973年にできた銀行ですから、まだ皆さんの生まれる前ですね。

この太陽神戸銀行、今は何ていう名前になっているかわかる方いらっしゃいますか？ 太陽神戸銀行はその後、まず三井銀行と一緒になり、三井太陽神戸銀行になり、その後名前をさくら銀行に変えました。そのさくら銀行が住友銀行と一緒になって、また三井の名前が復活して三井住友銀行という名前になったわけです。銀行も私が日本長期信用銀行にいた頃は大手銀行と言われた銀行が23行もありました。今、大手銀行と言うと、多分メガバンク3行。後はりそな銀行、信託が中央三井信託銀行、三菱UFJ信託銀行、住友信託銀行、それに新生信託銀行とあおぞら信託銀行、全部で8つとか9つぐらいになりました。これは、M＆Aの"Mergers"のほうの結果となるわけです。それからM＆Aの"Acquisitions"買収ですね。これはAという会社がBという会社の支配権を取得するという意味で、これも日本では第二次大戦前から結構活発に行われていました。

鉄道業のM＆Aの歴史

皆さんが毎日通っている、この小田急電鉄、小田急も実は大きな買収の渦に巻き込まれた歴史があります。戦前、小田急は東急（東京急行電鉄）と一緒だったのです。東急電鉄の歴史を見ると、もともと今の目黒線、目黒と鎌

第8章　M&Aと投資ファンド

田を走っている東急電鉄があると思いますが、これが荏原電気鉄道という東急の発祥でして、当時五島慶太さんという、非常にアグレッシブな経営者がいまして、彼がどんどん近くの電鉄会社を買収していき、結局東急を買収して横浜まで沿線の足を伸ばし、さらに池上電気鉄道（現在の池上線に相当する路線を運営）、玉川電気鉄道（かつての新玉川線、今の田園都市線の一部）を買収。戦前には小田急も含めて東急、京浜急行電鉄、京王電鉄を併合。京浜地区、西南地区の私鉄を大合併して大東急という連合を築いていて、こういった買収による事業拡大が結構普通に第二次大戦前から行われていたということです。

　皆さんに理解してもらいたいのはM&Aとは欧米の考え方を日本が輸入して、ごく最近21世紀になって急に活発になったという経済活動ではなく、実は戦前から日本でも活発に行われていた普通の経済活動であるということです。

最近のM&Aブーム

　とはいえ、このM&Aにもブームというのがありまして、日本の場合1999年ぐらいからM&Aの数が急激に増えてきています。最近M&Aが急に増えた背景として4つほど考えられます。今、日本企業を対象に行われているM&A件数は、1999年には1200件くらいだったものが、2006年には2600件ぐらい。今年はまだ10月までの統計しかありませんけど2000件を超えているというので、ぐっと増えていることがわかると思います。実は1999年はすでに結構増えていた年で、98年以前は多分1000件あるかないかという状況でした。

　こういうM&Aが増加している背景について見ていきます。やはり一番大きいのは事業会社の目覚めですけれども、バブルが崩壊して、日本企業は大変痛手を被ったわけです。そういった過程で、株主からの圧力やコンプライアンス遵守の観点から、株主に対する説明責任というのが大きくなったという中で、事業会社としても、株主に納得してもらえる経営戦略を打ち出す必要が出てきた。そういった中でこのM&Aというのは、会社の事業戦略

を経営者の意向、方向性を出すのには非常にわかりやすく、時間的にも、1つの事業をゼロから立ち上げるのに比べると、はるかに手っ取り早くでき非常に意味のある、もしくはインパクトのある経営形態ということで、ここに来てＭ＆Ａが増えてきています。

　事例を言えば、百貨店、流通業界、これは今年は多少は戻していますけれども、2000年、2001年、2002年ぐらいまで何十ヶ月連続で対前年売上を下回っていたという北極のような時代が続いたわけです。消費が冷え込む中で大手百貨店といえども自社だけで生き残るのは難しいと判断し、そごうと西武百貨店の合併、それから今年の9月に実現した大丸と松坂屋の合併。さらによく皆さんお買い物に行くと思いますけども、伊勢丹と三越が統合を決めたというようなことで、マーケットが必ずしも大きくなっていない中で生き残るために同業他社との合従連衡を必死になって進めている企業戦略がよくわかりますね。

　異業種からのＭ＆Ａを活用した参入もあります。楽天がTBSに買収を仕掛けて20％の株を買う、買わないということで止まっていますが、楽天といったようなIT企業もしくはB to Cの会社が最終消費者に良いものを届けるためには、やはり中身が大切だと認識し、そのコンテンツビジネスの宝庫である、放送事業に手を伸ばすということで異業種に参入を図ろうとした戦略の現れです。

事業の多角化、多様化のためのＭ＆Ａ

　日本の企業に限らず複合経営が高く評価された時代もありました。会社というのは1つの事業だけではなくて多角化、多様化することによって景気の波とか経済の変動に対して持久力、耐久力をつける、つけられると評価された時期がありました。たとえば製鉄会社、新日本製鉄もそうですし、神戸製鋼所も、今から10年ぐらい前は各社とも半導体、ICチップを作っていました。これについて鉄は産業の米だ、ICチップは情報産業の米だと当時よく言われました。しかもそういう高炉の会社は優秀なエンジニアの方々を抱えている。

鉄も今は好調ですけども10年くらい前は非常に冴えなかったわけですね。鉄鋼製品価格相場も悪くて、せっかく優秀なエンジニアをたくさん採用しても高炉の現場では働かせようがないということで、そういった人たちの雇用対策も含めて、エンジニアの働き場所としては半導体もよかろうと、製鉄会社各社が半導体に手を出したわけです。しかし、結局上手くいきませんでした。

事業の補完強化のためのM&A

それから事業の補完強化ということで、最近キリンホールディングスという、キリンビールの持ち株会社が、協和発酵工業という医薬品のメーカーを統合しています。ご存知の方も多いと思いますが、キリンホールディングスというのは、なぜホールディングスにしたかと言うと、まさにホールディングス、持ち株会社でして、そのホールディングスの下に、ビール会社があります。それからキリンビバレッジという、ソフトドリンクのメーカー。それからキリンファーマという医薬品事業があります。私も春になると毎年お世話になっている花粉症防止用の乳酸菌なんかもキリンファーマという会社で作っています。医薬品事業はキリンビールの中でも重要な位置を占めています。ただ医薬品というとやはり優秀な研究者が必要だということで、この医薬の世界では歴史と伝統のある協和発酵を買収することによって、キリンとしては医薬品事業をさらに時間をかけずに一気に大きくできるという意味があるのと、これは協和発酵自身非常によい会社ではあるものの、やはり医薬品というのは研究開発に毎年売上の10%〜15%の多額の資金を投入する必要があるし、優秀なエンジニア、科学者を採用するには高給で迎える必要があり、人件費もかかるし、協和発酵の規模からするときつくなってきたということがあると思います。そのタイミングで相手がキリンホールディングスであれば名門企業でもあるし資金力も潤沢だということで協和発酵のほうも、そういったことを期待して一緒になったのではないかなと思います。

こういう事業会社の目覚めというものがあり、前向きもしくは止むに止まれず自分たちの事業の見直しを適宜、随時求められているというのがM＆

Aが盛り上がってきた大きな要因の1つだと思います。

オーナー経営者の世代交代によるM＆A

2つ目の要因はオーナー経営者の世代交代です。第二次世界大戦が1945年に終わって、日本ではその頃生まれた人が事業を起こす、いわゆる起業しています。たとえば1945年に生まれた方ですと今年62歳になるわけですね。そういった方は自分一代で何もない状況から事業を築き上げてきたのはよいが、ふと立ち止まると息子がいる、息子は親父と同じ苦労はしたくないということで、その会社にはいないか、同じ会社にいても親から見ると「あんな息子に事業を継がせられるか」と心配する、ということがあります。事業承継というのは、ファミリービジネスと言われているオーナー企業、オーナー系企業において非常に大きな問題、論点になっています。いくら元気なオーナー経営者であっても、100歳まで現役を続けることはできないわけですから、いつかは後継に道を譲らなければならない。後継者が自分の息子とか娘とか義理の家族だとかいうことであればいいのですけども、必ずしもそれがいいのかどうか迷っている中で他に選択肢が見つからないまま自分の持ち株を売却するということが、また1つM＆Aが盛り上がっている背景になります。

それからこういった事業会社、経営者の売りたい、買いたいというニーズを後押しするような関係法体系の整備というのも、1999年くらいから進んできました。先ほど日本ではM＆Aというのは戦前からあってごく普通に行われてきたというふうに言いましたが、はっきり言って、イメージとしては企業を買収するとか企業を売却することにネガティブなイメージが付きまとっていたのは事実です。買収＝乗っ取りと決め付けるような世論の見方もありました。

法律もM＆Aに関しては結構厳しい。たとえば税制についても会社をそのまま持っていれば税金がかからないですが、売り方を間違えると思いがけない税金がかかるので、M＆Aに慎重になる。このあたりはだいぶ、関連税制も含めて整備されM＆A取引拡大の推進策になっています。

最後に先ほどちょっとお話した、我々のような投資ファンドにお金を出してくれる投資家の登場もＭ＆Ａ取引拡大に資しています。やはり買収には買収資金が必要となりますので、銀行としても新しい貸出の機会になります。それから証券会社は株式市場からの資金調達ということで商売に発展するということで、銀行とか証券会社は盛んにこういったＭ＆Ａ関連取引の後ろ盾になってくれている。この４つがＭ＆Ａが非常に活発になっている背景だと思います。

4．投資ファンド

投資ファンドの仕組み

次に我々のような投資の組織立てを説明します。これは我々の会社がお金をどうやって、どこから預かって、それをどういうふうに運用しているかということです。一番にファンド出資者があります。ここにお金を出してくれるのが世の中で機関投資家と言われている存在でして、損害保険会社、生命保険会社、銀行、事業法人、それから年金基金です。日本ではまだ少ないが、米国ですと大学の基金なども機関投資家として大きな存在になっています。我々はそういう機関投資家から、お金を預かります。我々の場合ですと326億円預かっています。

預かったお金をどうするかというと事業会社を買収していきます。1つの会社だけに投資するだけですと、その投資先の企業業績だけにファンドの業績も左右されるので、いくつかの会社に小分けして投資をします。我々の場合、だいたい326億円のお金を使って6社か7社ぐらいの会社を買収するつもりでいます。会社を買収して期間としては3年から5年ぐらい投資を抱え、頃合を見計らって投資金額以上で売却して、その売却代金を資金提供機関、投資家にお返しする。我々のやっているような投資ファンドのごく簡単な仕組みです。

投資ファンドと世の中で言われますが、投資ファンドという定義が、使う人によって非常に広い意味で使われていたりします。今年、ブルドックソー

スに敵対的な買収を仕掛けて話題になりましたスティール・パートナーズも一種の投資ファンドです。一昔前逮捕されてしまいましたけれども、村上世彰さんがやっていた村上ファンドとか何とかファンドというのは非常にたくさんあります。そういうような投資ファンドも、我々のような東京海上キャピタルも広い意味では投資ファンドです。その違いはどこにあるのかと言うと、これは東京海上キャピタルから見た見方なので、スティール・パートナーズのリヒテンシュタインさんは違うよと言うかもしれませんが、私はこういうふうに見ています。

アプローチ方法や投資期間の違い

まずは投資対象事業会社へのアプローチ方法ですけれども、我々はちゃんと表玄関からドアフォンを鳴らして訪問の理由、用件を説明してから家に入れてもらいます。もしくは当然その前にどなたかに紹介状を書いてもらって、我々はこういう者でございまして、こういうことをうかがいたく、こういうことを提案申し上げたく、お時間をいただければ幸甚に感じます。こういうふうな前置きを置いて入っていくわけです。

ところがスティール・パートナーズも然り、それから村上ファンドも然りなのですが、裏口からそっと入って、ある日突然大声でというか、上場企業の株を取得するわけです。上場企業の場合は、大口取得ルールみたいのがありまして、そこの会社の持ち株の5％を超えるまでは、その会社の株を持っているということを開示する必要はないわけです。こうした人たちが新聞とか世の中に出てくるのは、ある日突然お宅の会社の株の6％株主になりましたという形で浮上してきます。ですから経営者とか従業員にしてみると、今まで面識もないファンドが突然大株主で出てきたということで幽霊がぽっと出てきた感じになるわけです。その間これからお宅の会社によろしくというようなことはないわけです。その辺りが入り方として非常に大きな違いがあると思います。

それから投資期間ですが、これはファンドによっても違いますが、やはりスティール・パートナーズ、村上ファンド辺りの投資期間は短めです。その

第8章　M&Aと投資ファンド

ほうが利回りという点からするとよくなるということになるので、ある意味では会社経営陣と一緒にじっくりと付加価値をつけてから会社を売るというよりも、パッと入って周りが提灯付けて買ってくれて株価が上がって、しめたと思ってパッと売り抜けるというようなことをしていないとは言い切れません。それに対して我々の投資期間は3年から5年。これだけ時間をかけて会社の事業価値を上げて売却します。この辺りに大きな違いがあると見ています。

投資ファンドの件数・金額は拡大

　次に我々のような投資ファンドというのは今どのくらいいるのか、どれくらいお金が入っているかについてです。たとえば2006年ですと、約5000億円のお金が我々のような投資ファンドに流れてきています。5000億円あると結構な買い物ができます。会社っていうのは資本金と借入金と両方で成り立っています。たとえば5000億円で借入金の2倍ぐらい使っていきますと1兆5000億円ぐらいの買い物ができるわけです。実はこの他に日本ではお金を調達していないが、世界的に非常に有名なグローバルファンドと言われているファンドがあります。そういった日本の国外で集めたお金についてはカウントされていないので多分今日本で活動している、もしくは日本で買収に向かうことが可能な投資ファンドの金額というのは、1兆5000億円ぐらいで、それくらいの規模のお金が投資機会を探していると思います。

　また、我々のようなファンドを活用したバイアウト（非公開化を目的にした買収）の件数と金額ですが、これも先ほどのM&Aが1999年以来、急に増えたと言いましたけど、実はバイアウトの投資ファンドの歴史というのはまだまだ10年ぐらいで、1997年は1件もなかった。それが1998年に1件38億円の取引があったわけです。それから2006年には件数で69件。毎月5、6件投資ファンドが関与した買収というのが行われています。取引の金額も1兆円に近いような9000億円というような大口の取引ができるようになっています。

　いくつかの事例を見てみますと、我々が住友商事と共同で伊勢丹からバー

ニーズを買収した例があります。バーニーズは今、新宿、銀座、横浜は元町からちょっと港のほうに行ったところにあるお店ですけれども、3店舗抱えています。3店舗だけで売上が160億円から170億円ぐらいの会社なので坪当たりの売上高というと非常に高いものがあります。そして「ひょっとしてバーニーズってファーストリテイリングが買収しようとしていなかったっけ」とそんな記事をご覧になった方はいらっしゃいますか。ファーストリテイリングはバーニーズを買収しようとしました。彼らが買収しようとしたのは、ニューヨークのバーニーズであるバーニーズ・ニューヨークです。バーニーズの本家のほうです。それを900億円という多額のお金で買収しようとしたわけですけれども、このバーニーズ・ニューヨークと我々の持っているバーニーズ・ジャパンの関係ですが、バーニーズブランドというブランドをバーニーズ・ジャパンはバーニーズ・ニューヨークからライセンスを受けています。ですからライセンス元とライセンスを受ける側というような関係にあります。バーニーズ・ニューヨークのほうは、ドバイという中東の産油国のお金をバックにしたイスティスマールというファンドに買収されて、残念ながらユニクロの柳井正社長はバーニーズ・ニューヨークを買えなかったので、ユニクロはまた次の高級ブランドを必死になって探しているという状況です。

スティール・パートナーズによるブルドックソースの敵対的買収

次にスティール・パートナーズというアメリカの投資ファンドが、ブルドックソースに敵対的なTOB（Take Over Bid 株式の公開買付け）をかけて会社を乗っ取ろうとしたということについてです。その際に来日したのが、リヒテンシュタインという多分まだ40歳そこそこの方だと思います。彼は経営者を助けに来た、教育しに来た、とかいろいろの解釈があると思うのですが。まあ、こんなこと言ってしまったら、日本の多くの経営者は「自分より一回り二回り若いよくわからない人」に対してはどちらかというと感情的になってしまいますよね。この辺りはイメージの作り方もあると思います。もっと謙虚な感じで、「私のファンドは日本の株主の皆様と一緒にブルドック

ソースという名門企業の付加価値を高めるために参りました」と。ブルドックの池田社長というのは女性の社長なのですけれども、「池田社長のご意見をうかがいながら一緒に何ができるか考えたいと思います」なんてことを言えば受け止められ方も随分変わったと思います。これはある意味ではイメージコントロールの失敗事例でもあると思います。

　ほとんどのブルドックソースの株主はスティール・パートナーズに株を売らなかった。そればかりか、スティール・パートナーズがやろうとしていることはブルドックの会社の事業価値を下げることになる、株主になるなどけしからん、ということで、ブルドックソースが新しくたくさん株を発行して、スティール・パートナーズの持分の比率を下げる、業界用語で希薄化と言う行動に出ました。株式の比率を薄めて、なおかつスティール・パートナーズに関しては、あなたの持っている株をいくらいくらで買い取ります、という会社からの提案をしたわけです。それに対してスティール・パートナーズは、株主平等の原則があるにもかかわらず、何でスティール・パートナーズだけ毛嫌いするのだ、それはけしからんじゃないかということで、裁判所にブルドックソースが株を発行することをやめさせるよう提訴しました。結論は、すでに東京地裁、東京高裁、それから最後最高裁までいきましたけれども、すべての裁判でブルドック側の主張が認められて、スティールが持っているブルドックの株式は非常に少ない比率になっています。

　すごく専門的になってしまうのですけれども、このスティール・パートナーズとブルドックの裁判をめぐっては学者、先生、業界関係者が非常に面白い事例として挙げていまして、本だけでも7〜8冊は出ていると思います。裁判所の中では東京高等裁判所で二審のときにはスティール・パートナーズは「乱用的買収者」、すなわち社会の秩序を乱すようなことを目的とした投資者だから、そういう人を早く排除するブルドックソースの決定というのは支持されて当然であるというような、かなり踏み込んだ判決までしています。踏み込んだという意味は経済に関する裁判で刑事裁判ではありませんから、あなたが悪いとか、心情的にどうのこうのということはあまり問われずに、冷徹に判断をされるのですが、そういう裁判の中で乱用的な買収者という情

緒的な言葉を使ってスティール・パートナーズを定義づけました。これについては賛否両論あって、日本の裁判所もしくは日本はやっぱり遅れている、外国人が株を買おうとすると「乱用的買収者」だと言って、まるで黒船が来たときの日本と同じじゃないかというようなことを言う方もいれば、そもそもこんなやつに株を買われること自体がおかしいのだから、もっと厳しくてもいいのではないか、というような議論まで、本当に百家争鳴、いろいろな議論が出ています。多分皆さんがこれから社会人になるにあたって入る会社も、こんなこと言うのは何ですが、入った会社がいつまであると思うなというふうに覚悟していたほうがいいということです。やはり1つひとつの会社が、当たり前ですが、厳しい外部からの目に晒されながら日々の営業、日々の成長をしているということを認識する意味では面白いケースではないかなというふうに考えています。

5．株式の非公開化

　去年すかいらーくが、東証一部上場から非公開化をしました。株式を上場することは、経営者にとっての大きな目的の1つです。皆さんも就職ということを考えるときに、その会社が上場しているかどうかということを信用力の目安として考えると思います。また皆さんの親御さんは、「私はこういう会社に行きたい」と言ったときに、その会社が上場していれば安心するでしょうし、上場していないと大丈夫かというようなことを言うかもしれません。
　数年前までは会社の上場というのはスゴロクでいうあがりのようなイメージがあったのですが、今は変わりました。上場していることが必ずしも会社のゴールではなくなってきました。上場しておきながら、あえて上場を止めてしまう非公開化に進む会社が多くなってきています。すかいらーくもそうですし、皆さんがご存知のアパレル企業のワールド、歯磨きのサンスター、牛角を運営するレックス・ホールディングという会社。このあたりはわざわざ上場しておきながら、ここ1、2年で上場を止めて非公開化しています。なぜ、こんなことをわざわざするのでしょうか。

非公開化の2つの理由

　これには2つ理由があります。上場している会社というのは株主もいろいろいます。スティール・パートナーズのような株主もいるわけで、やはり上場しているということは基本的に誰でも株が買えるわけですから、どんな株主が入ってくるかわからない。わけのわからない株主に買われてしまうというリスクを抱えているわけです。上場していれば信用力もあるし、株式市場から調達するという意味で、銀行借入に頼らない財務力をつけるという意味ではメリットも当然ある。ですから上場のメリットはものすごくあるが、一方である日突然裏庭に入ってくるような投資家が出てくるのです。

　それから2つ目は法律的な面です。J-SOXという言葉を聞いたことがあると思います。サーベンス・オクスリー法という、アメリカのサーベンス氏とオクスリー氏という2人の議員が上程して可決された、会社の倫理規定があります。会社の経営者・経営幹部が数字に嘘を言っていないかどうか、社会的な規範にもとるようなことをしていないかということを体系だってチェックして、私はそういうことをしていませんと宣誓することを求めている法律です。そのサーベンス・オクスリー法を略してSOX、SOX法と読んでいます。これの日本版J-SOXが2009年ぐらいから日本の上場企業中心に適用されます。これは結構大変です。もちろん会社が不正をしない、不正を防止するという意味では非常に大事な法律ですが、経営者の多くは、趣旨はわかるけれど、そこまでやられてしまったら物を売ったり、作ったりすることに傾注できなくなる、と感じ、やっぱり上場していることのメリットもあるけれどもデメリットも大きいんじゃないかと思う経営者も出てきました。

　それから外食産業全般がなかなか業務環境が厳しい中で、思い切った施策、たとえば閉店してドラッグストアを始めると、株主が何を言うかわからない。それから株式アナリストという人たちがいるのですが、彼らからも批判の声が上がるかもしれない。株価も急落するかもしれない。ということで経営者にしてみれば結局上場しながらなかなか思いきったことができないとの思いが醸成されます。ということで思い切ったことをするには、ある程度物がわかっている少数の株主とだけやりたいと、わざわざ上場している会社が非公

開の道を歩むという事例が増えてきています。これはこれからも増えると思いますし、実は我々のような投資ファンドも、現に上場している会社に「上場していてどうなさるのですか？　何の意味があるのですか？」、と上場企業から非上場企業にするような提案もしています。我々のような提案をしているところは、世の中にごまんといるわけでしょうから非公開化というのも増えると思います。逆に言うと皆さんこれから就職するにあたって、もちろん上場企業ということは1つの社会的ステータスですし、信用力を保持する重要なファクターですけれども、その会社が非公開化したからといって、落胆したりしないで本質的なところがどうなのかをしっかり見るようにしてほしいと思います。

6．最後に

経済感覚をみがくために

　これでだいたいM＆Aと投資ファンドという観点ではお話をしました。最後に、少し実践的なお話をしたいと思います。これは多分皆さん大学で勉強されて本も読んで、友達といろいろ喋って知らず知らずのうちに経済感覚というのが磨かれているとは思うのですが、それに加えて少し次のことを意識してもらったらさらに磨きがかかるのじゃないかなと思います。

　1つ目がまず新聞です。就活間際になって急に日本経済新聞を取り出して、面接のときに「日経読んでいます」と言う人がいるらしいのですが、日経は経済に関しては細かいです。細か過ぎて場合によってはちょっと視野が特化しすぎてしまうリスクもあるのかなと思います。ということで、私は学生の方には全国紙である朝日新聞、読売新聞、毎日新聞、あとは東京新聞で十分だと思います。逆にこういった新聞の経済欄は、細かくない分まとまった記事を書いてくれます。

　たとえば今、サブプライム、サブプライム・モーゲージっていうのが経済の足を引っ張っていますが、日経ではもうサブプライムについてはある程度わかっているという前提で書いていますので、結構続けて読まないとついて

第8章　M&Aと投資ファンド

いけない記事もあります。しかし読売新聞ですと、週末になると「主婦にもわかる大手町博士の登場」や「サブプライム・モーゲージとは」とか「投資ファンドとは」といったような記事も記載されています。今の流れを大摑みするにはよいかと思います。ただし、毎日読んで下さい。たまにしか読まないと記事が重く感じられて、長続きしません。少しずつでもいいから毎日目を通して下さい。目のフィルターに徐々に溜まる言葉がキーワードですが、毎日少しずつでも読んでいくと、なんとなくこの記事・言葉が最近多いなというようなことで友達と話していても先生と話していても、臨場感があるような、そういった新聞の読み方ができるんじゃないかなと思います。

　2つ目は読書です。本は皆さん教科書を含めて、たくさん読まれているでしょうが、経済に関しての本で私のお勧めは経済人が自ら書いた本です。これは大学の先生が書いた本が面白くないと言うつもりじゃないのですが、稲盛和夫さんですとか、ユニクロの柳井正さん、和民の渡辺美樹さんが書いた本などは自分の皮膚感覚みたいなものが等身大で書かれていて、私は非常に参考にしています。

　3つ目は現地・現場というのはトヨタ自動車が言うような言葉ですが、これはとにかく良い意味で流行に敏感と言いますか、話題になるようなお店とか、場所とかがあれば行ってみる。行ってみるとどんな人が来ているか、どんな顔して皆買い物しているかわかると思います。それを見ながらときどき新聞とか他の人の話を聞くということになると、やっぱりいろいろと多面的な見方ができると思います。よい意味での好奇心を持って、フットワーク軽く動いて下さい。もちろん学生の皆さんですから、すぐに出かけることができると思います。こんなことが積み重なっていくことによって経済感覚というのはおのずと磨かれていくのではないかなと考えております。

最後に心構えを

　最後に心構えです。これはこんなことを言っていたやつもいたなというぐらいに思っていただければ結構です。これから就職すると、会社は楽しいときばかりではなくて、上司に怒られ、同僚と喧嘩し、当然厳しいことも多い

と思います。でも結局これからの人生ほとんど職場で時間を過ごすわけですから、とにかく楽しむという、そういった心構えが大事じゃないかと思います。辛いときに辛い顔をしていると、周りも気を使って誰も声をかけなくなるということになります。ぶりっ子でもいいから、とにかく辛くても、辛いときこそ楽しそうにしていると、なんだ、あいつ物が売れないくせに、あんなにニコニコしやがって、意外とタフなやつじゃないかとなります。このあたりは人それぞれの考え方がありますが、ニコニコしていれば良いことも来ます。ぜひ実践をしてもらえればと思います。

　それから得意淡然・失意泰然という言葉を紹介したいのですが、これもある意味人生ですから、山あり谷あり仕事でもそうですし、プライベートでもそうだと思います。失恋もあるでしょうし、ひょっとしたら会社の業績が悪化してしまうとか、上司に怒られて左遷されるとかいろいろあると思います。とにかく波があるのは当たり前なので、良いときは淡々とし、逆に悪いときは普通にしている。よく "Business as usual" と言いますが、すぐに舞い上がる、すぐに落ち込むのではなく、本当はすごく嬉しいが普通にしているとか、すごく苦しいが普通にしているとかを意識して下さい。芸術家はそれではいけないが、これから皆さん芸能界や芸術の道を目指すのであれば、淡々としていても困ると思いますが、ビジネスの世界に足を踏み込もうとされるのであれば、こういった一種の平常心を意図的に保とうとする心構えが大切かと思います。以上で講義を終わらせていただきます。どうもありがとうございます。

（2007年11月30日講話）

****
解説
　深沢英昭先生は現在東京海上キャピタル株式会社社長を務めている。銀行・事業法人・年金・生命保険会社・損害保険会社等から資金を拠出してもらい、投資ファンドを組成し、将来新規上場可能な未公開企業に投資す

ること、マネジメントバイアウト（MBO）企業に投資すること、を本業とするプロ集団の社長をしている。先生は日本長期信用銀行の出身であり、銀行では融資業務、M＆A業務、不良債権処理業務などを経験した。若い頃シカゴ大学に留学してMBAの資格を取り、同行ロンドン支店でもM＆A業務を経験した。長銀から転職後、日本興業銀行、みずほ証券などを経て2004年から東京海上キャピタルという投資ファンド運営会社を経営している。投資ファンドの運営、M＆A業務の専門家である。

　本文にはないが、以下のことを紹介したい。投資ファンド運営会社のトップとしてまず人材マネジメントに力を注いでいるという。社員数は20人くらいで、一騎当千のプロフェッショナルの集団であり、当然社員の働きがいには経済的な処遇があるが、それぞれの人生設計で人間力が高まること、入社したときと出るときは何か違うなという会社にしたいという。社員は基本的には東京海上の人間ではなく、社員が一生その会社にいることを前提にしている会社ではない。だから、自分の人生設計の中で東京海上キャピタルという会社に入った入社日と、何かの事情があって辞める退社日との、入口より出口の人間力が高まる、人間的に大きくなる、そんな会社にしたいというのが先生の考えである。役職員にはプレッシャーのある仕事でもある。会社は投資先の大株主であり、役職員が投資先の社外役員になるケースが多い。社外役員の発言は重いようである。自分は社外役員として取締役会で良かれと思っていろいろ発言する場合でも、気をつけないと、会社のほうが思いがけない反応をするケースもあるという。そういう意味でも的確な対応ができる人間力の向上を人材マネジメントに挙げている。

　東京海上キャピタルの現在の投資規模は500億円程度であり、もうすでに利益が出ている。将来のファンドについては、2008年中くらいに立ち上げる予定で規模的には500億円くらいで今後は案件を単独で投資できる規模になるという。それに出資してくれる投資家というのは、いわゆる機関投資家で、金融機関、銀行、地銀、生損保を出資候補先とみている。社員数は大きく増加するのでなく、数人程度の専門家を増やすことを考えている。

　投資先を判断するポイントはやはり経営者だという。今いる経営者に残ってもらうことを前提に投資をする。規模的には中規模会社なので経営者の存在がものすごく大きい。その経営者が、1つは信頼に足る人かどうか、肌合いが合うかどうか、ネガティブリストに入らないか。基本的に株主と経営者の関係で、「ある意味では相反するというか、敵対という立場では

あると思うが、そうは言っても信頼しながら尊敬できるような人かどうかということがポイントである」と述べている。投資案件候補は多く大体年間100件くらい見るが、毎週1回新しい案件についてのミーティングを行い、実際投資するのは年間数件と少ない。投資採算の目処については、デット（銀行借入）の部分は、基本的に金利を加えた元本を返せばいいが、エクイティー（投資家からの拠出）の部分はゼロになる可能性もあるので、基本的に案件全体の投資利回りはIRR（内部収益率）で20％くらい要求される。ファンド残高は3年で2倍、5年で3倍と大きく、これは業界の水準だそうで、この数字を上げれば、次のファンド・レイジングもスムーズにいくという。

　社長のリーダーシップについては、いろいろの本を読んだが、本当を言うとリーダーというのは結局自分がやろうと思っていること、自分が信じてこれがいいなと思っていることをたった1つでいいから、その方向に1歩でも半歩でも踏み出すことだと思うので、それを心掛けているという。そのために、試行錯誤をし、その中で失敗もあると。けれども「その茨の道か、見えない先か、歩き出す、まさにそれはリーダーシップですけど、歩みだすことによってふと、こんなことやっていいのかなと思いながら歩み続けていき、後ろを見ると何人かの人がついてくる。それがリーダーシップなのではないか。そういうのをリーダーシップといってくれるのなら僕にもできるかな、という感じがします。俺はこれやりたい、ついてこい、というのではなくて、静かなリーダーシップというのでしょうか。自分の生きがい、生き様をさらけ出すことによってフォロワーがついてくる、それがリーダーシップではないでしょうか。そのときにリーダーであることとリーダーでないことの差があるとすれば、それは1歩でも半歩でも踏み出すかどうか。我々サラリーマンの中で言うと、後ろのドアを閉めたかどうか、退路を絶つということ。よくあるのは執行できて、またいつでも戻れるというようではいくら上でも下はついてこないということだと思うのです」と述べている。編者は深沢先生が若かりし頃長銀横浜支店の融資業務で一緒に仕事をしたことがあるが、リーダーとしての成長振り、プロとしての飛躍振りに大いに感激した次第である。

第9章　国際金融市場におけるリーダーシップ

玉木　勝（玉川大学教授）

1．はじめに

　私は、玉川大学経営学部設立と同時に教授になりましたが、その前は、金融の仕事をしていました。本日はできるだけ私の体験を交えてお話します。学生諸君がこれからビジネス社会に出ていく中で、国内金融市場、あるいは国際金融市場で活躍される諸君もいると思います。そのへんで何か参考になればと思っています。

　私は日本長期信用銀行に昭和41年に入り、その長銀に33年いました。後でもその中のいくつかの経験が出てきますけれども、貸付関係、預金関係、証券関係といろいろ勉強させてもらいました。日本リース、長銀証券部、第一投信、長銀資金営業部、ニューヨーク支店、長銀投資顧問等を経験し、比較的国際金融と言いますか、証券ビジネスが多かったというのがあります。ニューヨーク市場の経験もしました。最後の10年間は年金の運用をいろいろやりまして、長銀投資顧問というところで年金の運用あるいは営業開拓という仕事をしました。その間非常に激しく動く為替市場、株式市場、債券市場、デリバティブ市場といったものを経験しながら、証券アナリスト検定会員の資格も取り、今日に至っています。

第 2 部　金融・サービス業におけるリーダーシップ

2．国際金融市場の特色

為替市場の特色〜変動相場制下で毎日為替相場が動き企業収益への影響が大きい

　現在グローバル化が進んでいて、飛行機だと数時間でアジア各国に行けてしまう。アメリカ、ヨーロッパは十数時間かかりますけども、交通機関も発達して、それらの国との間の貿易関連の取引だけでなく、お金が直接絡む直接投資とか証券投資といった資本取引、こういったものが非常に盛んになってきました。ところが、使っている通貨が日本は円、アメリカはドル、ヨーロッパは7、8年前まではそれぞれフラン（フランス）とかマルク（ドイツ）とかギルド（オランダ）、リラ（イタリア）といったものがあって、現在はユーロといった形で統一通貨になっています。各国が使っている通貨が違うので、当然そこに異通貨間の決済、各国間の為替取引といったものが行われるわけです。しかも、三十数年前、1971年のニクソンショックまでは固定相場制で、1ドルであれば360円という固定相場制だったわけです。ドルが徐々に弱くなることで、ドル高のレートが維持できなくなって1972年から変動為替相場制に移行し、為替レートが変わってきています。まだ実質固定相場制を敷いているのはお隣の中国人民元ぐらいです。変動相場制に移行して毎日為替レートが動いているわけです。

　私がニューヨークに赴任した1985年は1ドル250円の時代だったのですが、現在は110円前後ということで半分以上にドルが安くなり、円が強くなりました。その間も、超円高時代で95年には1ドル80円割れがあり、そういった時代の中で為替相場の動きというのは非常に大きい。なぜ為替が動くのか。基本的には国の貿易収支の状況、あるいは経常収支の状況、さらに資本収支の状況、金利水準、経済力というのが反映されて決まってくるのですが、短期的には、通貨の需要と供給の関係において為替が動いている。為替取引を多くする石油会社であるとか、輸出の多い電機、自動車、機械等の我が国の代表的な産業の会社は為替相場に振り回され、業績に大きな影響を受けるといった状況です。

第9章　国際金融市場におけるリーダーシップ

株式市場の特色〜最大のマーケットでありハイリスク・ハイリターンの世界

　株式市場は今グローバル化し、大きな市場であり、ハイリスク・ハイリターンの世界です。もともと人間社会というのは個人の取引が最初はベースだったのですが、それが集団になり、現在は株式会社という組織を通じて取引が行われ、グローバルな展開がなされている。株式会社の根幹をなしているのは株式、この株式が発行された後、流通しているのが世界の株式市場であるわけです。我が国では東京証券取引所が中心になって動いていますし、アメリカではニューヨーク証券取引所、アメリカン証券取引所、あるいは店頭市場のナスダック、そういったところで毎日取引が行われることによって相場が動いています。

　もちろんこの株式相場というのも企業の業績を反映して動いていくわけですけども、企業の業績といってもそれぞれの企業にいろんな違いがあるので、個別銘柄は必ずしも同一方向に動いているわけではありません。しかし、全体としては上昇した、下落したということで一喜一憂せざるをえないところもありますけども、非常にグローバルに動いています。たとえばニューヨークで下がれば東京も下がる、ニューヨークが上がれば東京も上がるというように、いわゆるニューヨーク市場のスクリーン的な存在に東京市場がなっています。最近では上海を中心とする中国市場、これも時価総額では上海のいろんな市場を入れ、香港も入れると東京を上回る時価総額になっているということで、アジア、ヨーロッパ、アメリカの3大マーケットがあり、その中の日本を中心としたアジア市場も非常に大きなものになっています。やはり、潤沢な資金を投資していく場としては極めて大きな市場になっているわけです。アメリカではアメリカンドリームと言われて、学生時代から株式会社を起こして、みんなでストックオプションをもらって、苦労して5年、10年以内に株式を上場して公開益を得る、そこにドリームがあるわけです。そういうふうな形で特にアメリカでは株式市場が発達していて、またナスダックという店頭市場も発達しているわけです。

　そんな中で、動きは激しいが、市場を動かす要因というのを少しずつ勉強

していくと株式市場が見えてくるのではないか。日本の個人金融資産というのは今、約1500兆円あり、その内12％程度しか株式投資は行われていませんが、アメリカでは個人資産5000兆円の内、約3割程度1500兆円ぐらいが株式市場に回っている。株式の長期的なリターンというのが一番大きいというのが金融業界の常識で、長期的な投資をするのであれば、株式市場というのが世界の流れです。たとえばイギリスの年金であれば、半分以上を株式投資にするといった流れですし、我が国でもこういった株式投資というのは増えてくると思います。我が国の株式市場も今後さらに拡大していくのでないかと思います。この株式市場というのは大きさ、動きで見ると、国際金融市場の中で最大のものだと思います。

債券市場の特色〜国債を中心に発達したミドルリスク・ミドルリターンの市場

次の債券市場ですけども、債券というのはその発行体の借入金を証券化したものです。これは国債、事業債、地方公共団体が発行する地方債、金融債そういった広範囲に銘柄があって、さらにそれぞれ1年、3年、5年、10年、20年、30年、40年の期間の債券も発行され、非常に種類も多く発行機関も様々であり、いろんな債券が発行されます。株と違ってもともと払う利息が決まっていますから、事前に定められた時期にあらかじめ定められた一定額の利子を支払う形式になっている債券、つまり確定利付債ということで株式ほど動きは大きくないですけども、金利の変動によって債券相場が動いていくので、市場ではミドルリスク・ミドルリターンの投資対象と言われています。

株と債券というのは連動性があり、どうしても株式市場というのは動きが激しく、株式相場が大きく下がった場合には安定した債券市場にお金が回るといった関係にあります。どちらかというと株と債券というのは特に最近はサブプライムローン問題の影響もあり、相互に連動して動くような仕組みになっています。日本では国債だけでも約600兆円あり、その他の債券を含めると1000兆円ぐらい発行されている状況ですし、世界的にもこの債券の発行というのは多いわけです。これが3番目の債券市場で、債券市場というの

第 9 章　国際金融市場におけるリーダーシップ

も成長し、成熟していくというのが昨今の現状です。

デリバティブ市場の特色～先物・オプション・スワップ中心のハイリスクの世界
　国際金融市場には、先物とかオプションとかスワップ、そういった種類の取引であるデリバティブ市場があります。今お話しました為替とか株式とか債券といったものを原資産と言いますが、実際の資産をベースにしています。デリバティブというのは英語の derive の名詞形で、derive というのは起こる、起因するといった意味で、そういった為替とか株式とか債券の現物に起因した取引をデリバティブ取引と言います。
　現在オプションというのが盛んに売買されています。オプションというのは選択権でして、購入者がいつ選択権を行使するのか、これはオプションを持っている人の自由で、通常は株式のストックオプションというのが一般的です。株式会社を設立したときに、会社が取締役や従業員に対して、将来あなたが100株をたとえば1万円で買える権利をあげます、これは10年間権利行使できます、というストックオプションというのは今盛んになっていまして、そこにインセンティブが働いて、上場益を得るケースが多いわけです。これが先ほどのアメリカンドリームに結びつく形で非常に発達していて、我が国でもかなりの上場企業がこのストックオプションを役員や従業員に持たせて業績を良くして株価を上げ、それが最終的に個人の利益に跳ね返ってくるわけです。そういうインセンティブを与えて、このデリバティブ取引というのはオプションを中心にして発達しています。
　また、スワップというリスクヘッジのための通貨あるいは金利の交換というのもありますし、定型的な取引として金融先物というのもあります。資金が少なくても大きな取引ができるというレバレッジが効くことで、ハイリスク・ハイリターンの世界なのでかなりの失敗例も多く、たとえばベアリングズ銀行というイギリスのオールドカンパニーのトレーダーが1000億円近く損失してベアリングズ銀行が倒産してしまったとか、大和銀行ニューヨーク支店が非常に大きな損失を出したとか、住友商事ロンドン支店が銅の先物取引で大きな損失を出したとかいろいろあります。それだけハイリスク・ハイ

リターンの世界です。こうしたデリバティブも非常に発達し、現物市場と並んで、今国際金融市場の中では変動の激しい分野です。

3．国際金融市場における経験

日本リースでの航空機リース業務の経験

以上のような国際金融市場の中で、私自身どういう経験をしてきたかということで、若い時代からの経験にちょっと触れてみます。

まず、第1に日本リースという長銀系のリース会社がありまして、航空機リース業務というのを若いころに経験しました。航空機というのは世界に流通していって、古くなった飛行機というのは、おそらくJALやANAは使わないと思いますが、どちらかというと後進国のほうに流れて、修理して使われていくことがあります。こういうプロセスを絵に描いたような形でたどった例なのですが、全日空のリタイア機をインドネシアのセカンドエアラインであるメルパチヌサンタラエアラインというところにリースした仕事を経験しました。その際当時の通産省への申請の業務とか、リース料の回収業務などもやらされたわけです。同時に実際の機体を3日間かけてこれはターボプロップ機というプロペラ機なわけですが、羽田からジャカルタまで持っていったという経験があります。今でこそ全日空は立派な会社であるし、当時も立派な会社であったと思うのですけども、機体をオーバーホールニュー（機体を整備して新品に近いものにすること）にして持っていったわけです。全日空の教官がインドネシアの航空会社のパイロットを指導しながら、ターボプロップ機ですから羽田を飛び立って宮崎を経由して、台北に1泊し、次の日はマニラを経由して、コータキナバルというところにもう1泊し、ボルネオの南のクチンというところを経由、ジャカルタまで行きました。

そういった経験もありますけども、なかなかこのリース料の回収というのはうまくいかず、ジャカルタに3週間留まって、向こうの中央銀行とか、当時の東京銀行とか、いろいろなところにヒアリングしながら回収業務を進めた経験があります。

第9章　国際金融市場におけるリーダーシップ

第一投信での投資信託業務の経験

　それから2番目の経験としては、昭和50年代ですけども長銀と第一証券が合弁で第一投信という投資信託委託会社、運用会社を設立しました。当時としては銀行系では初めての投信会社で、設立時に業務部の次長兼業務課長として、当時の大蔵省への申請であるとか、証券会社との販売の相談だとか、あるいは新商品を作ったときの企画だとか、そういった経験をさせられました。今この投資信託というのは大きく増加していて、特に銀行の窓口で販売されるようになってから、非常に大きくなっています。そういう経験をしました。

　銀行本体では、証券部を経験したほか、資金営業部を経験しましたが、その中でバンクディーリングというのがスタートしたわけです。これはどういうことかというと、証券会社と同じように銀行も債券の売買ができるわけです。特に公共債の場合に売買できるというのがバンクディーリングの制度です。内外の機関投資家、特にシンガポールとかサウジアラビアだとか欧米の投資家と売買をする、そういう業務に携わった経験があります。また、アメリカのバンクディーリングというのは非常に進んでいたのでそれを若手クラスで調査してこいということになり、総勢5人のバンクディーリング調査団というのが作られて、その団長としてニューヨーク、シカゴ、ワシントンを2週間にわたって調査してきた経験があります。ソロモン・ブラザーズ、メリルリンチ、モルガン・スタンレー、あるいはFNBC（ファースト・ナショナル・バンク・オブ・シカゴ）、そういったところのディーリングルームを見て、非常に進んでいるなということを感じました。こういった経験もあったということで、ニューヨーク勤務に繋がっていったのです。

ニューヨーク支店でのディーリング業務の経験

　次の経験としては、それまでは国内の金融業務だけでしたが、ニューヨーク支店の副支店長として1985年に赴任しまして、約3年間ニューヨークに滞在しました。やはりニューヨークというのは世界の金融市場の中心となっ

ていて、為替、アメリカの国債の売買、資金取引、デリバティブ、そういったものをやり、ディーリングルームのヘッドである副支店長を経験しました。当時の収益としてはあまり大きくないのですが、半期500万ドルの収益目標がありまして、なかなか500万ドルの達成が難しかった。3年間いて最初の1年間だけは順調に達成したのですけれども、後の2年間はなかなか難しく、ブラックマンデーのような大事件があり、達成できなかったという経験をしました。東京から出張者が来るとシカゴの先物取引所に連れて行きました。取引所に頼みますとフロアに入れてくれるというので、取引所フロアで取引を見せてもらったこともありました。ニューヨークで一番苦労したのはアメリカ人のトレーダーをどのように人事管理するかということでした。

1987年10月19日のブラックマンデーにあたり、ソロモン・ブラザーズとゴールドマン・サックスというのはユダヤ系の証券会社ですが、ここでニューヨークのマーケットが破綻すれば、俺たちも破綻だということで、両社の首脳が売り物はすべて買えと指示し、会社の金がなくなったらおれのポケットマネーから出すと、こういった気概で対処していたのが非常に印象的でした。

4．長銀投資顧問における年金運用業務の経験

海外を経験して、日本に帰ってきて、3年ほど支店長とか本店の部長とかを経験した後、証券業務の経験があるからということで、長銀投資顧問会社の年金運用をやれということになりました。少し自慢めいた話になりますが、8年間そこにいまして、年金の受諾件数、金額を130社、1兆円にまで拡大しました。これは全社一丸となって働いた結果ですけれども、アメリカの投資会社ですとか英国の投資会社と提携しながら、いろんなグローバルな知識を得ながら役職員一丸となってやりました。8年間いたなかで私は部長から取締役、常務取締役、専務取締役に昇進いたしました。実質的には年金業務の責任者としてやった経験が非常に大きかったと思います。また、相場についてのコメントは日本経済新聞、日経金融新聞にかなり載り、顔も売れたと

いう経験があります。それからアメリカ、ヨーロッパに毎年年金ミッションを出すのですが、アメリカ1回、ヨーロッパ2回と3回ほど行かせてもらったのは貴重な経験でした。

5．国際金融市場におけるリーダーシップ

専門知識と業務経験が必須であり、マネジメント能力、情報収集力も必要
　以上のような経験に基づいて、国際金融市場におけるリーダーシップとはどういうものがあるかということについて述べたいと思います。先ほどからお話しているように、為替、株式、債券、デリバティブの4つの分野の市場が発達していますし、ここにおけるリーダーシップというのは非常に重要な、また国際金融市場を支えているリーダーシップです。
　金融業は他の業界に比べても、専門知識とか業務経験がこれほど必要な分野もないであろうというぐらい、マーケットにおける専門知識と業務経験が物を言う世界です。また、お金が絡みますので、どの範囲の金額まで任されるかという責任と権限というのが明確化する職業ではないかと思います。それから全員の能力を引き出すマネジメント能力、それから情報が物を言うので、対外的なリレーションシップといいますか、情報収集能力といったものが必要な世界ではないかと当時も思っていましたし、今も思っています。
　1987年のブラックマンデーのときの例をみると、ソロモン・ブラザーズのグッドフレンド会長ですとか、ゴールドマン・サックスのトップ経営陣は自分でディーリングルームに来て、全部指示を出して猛烈に売り物は買ってくるわけです。お客様あるいは機関投資家が売ってくるわけですが、全部買えということで自分が全部指示を出して、もし会社の金がなくなったらおれのポケットマネーから出すから全部買えと。こういうような強い指示でブラックマンデーを乗り切ったという場面を見ました。それからヘッジファンドで有名なジョージ・ソロス氏なんかは最近ではよいお爺さんになりましたけれども、ついこの間までは自分でやっていたわけです。一方、ベアリングズ銀行のように、リーソンというトレーダーに任せた結果大失敗して、

第 2 部　金融・サービス業におけるリーダーシップ

1000億円の損失を出して倒産してしまったという例もあります。そういうことでディーリングと言いますか、相場に関する判断・決断を部下に任せるのか、自分が細かいところまで気配りして意思決定してやっていくのか、という違いがありますが、かなりの程度この世界というのはトップが絡んでいくほうが成功の確率が高いのかなと考えます。

リーダーシップに必要な要素

さて、国際金融市場のリーダーシップに必要な要素は何でしょうか。

従来の経験から言えば、高い専門性、高待遇で重い責任、情報収集力・分析力ということが第1の要素であり、さらに部下の能力を最大限に引き出し、組織として一体的に高めていく指導力、牽引力が第2の要素であると考えます。

みなさんも年俸を聞くとびっくりするかもしれませんが、アメリカの証券会社などは少し上の地位になると100万ドルプレイヤーというのはザクザクいまして、社長はその10倍以上もらっています。非常に高待遇ですし、専門性も高い。しかしながら、儲からなければ結果責任を問われてしまうという世界です。

最近サブプライムローン問題というのが起き、一言で言うと信用力の低い人に対する住宅ローンが破綻し、それを証券化したものを大量に買ったメリルリンチだとかシティあたりが大損した。その結果メリルリンチはオニールというCEOが辞任しましたし、シティグループのプリンスというCEOも辞任しましたので、非常に結果責任が問われてしまう世界であることは間違いないと思います。

それから以前投資顧問時代に提携していた海外の2社、A社とB社の投資会社がありました。私も何回も出張したところですが、特にA社というのは3人の専門家が手作りの経営をして株式に投資し、非常に成績も良くて、その専門性が高く評価されていました。その後運用大手に売却されました。この会社に毎年長銀のエースが派遣されまして、そこで腕を磨き、帰ってくれば長銀投資顧問でファンドマネージャーとして活躍するという良い提携先ですけども、これも先ほどお話したようなリーダーシップを持った会社であ

ったと思います。それからB社のほうはCEOがものすごく金持ちの経営者で、もちろん運用をよく知っていますが、自らは資本家でマネジメントをして、運用は専門家を雇って任せる体制でした。専門家によって運用実績が非常にぶれるケースが多いということがあり、このA社B社は好対照を見せていたのではないかと思います。

金融市場を目指す皆さんへのアドバイス

以上のような体験を基にすると、特に国際金融市場においては専門的な知識、経験というのが必要となります。皆さんは外資系の世界あるいは海外での勤務ということも考えていると思うのですけども、まず、スタートは国内の銀行や証券でもいいので、実務知識を得ることが大事なのではないかと私は思います。それから若い時代から積極的に資格の取得を目指して、証券アナリストの資格とかアメリカの公認会計士であるCPAとかアメリカの証券アナリストであるCFAといった資格を取る努力をしたら評価が上がるのではないかと思います。当然のことながらいろいろなセクションを経験したほうがいいと思います。それから先ほどからお話しているように、権限はあるが責任が伴うということで、その辺は冷静なポジション管理が必要だと思います。結果については厳しく評価されますし、これは高待遇と対をなすということだと思います。異動、転職というのは非常に多い世界なので、よい回転をすればいいんですけども、悪い回転をすればどんどん給料が下がってくると考えられるので、その辺は注意したほうがいいのではないかと思います。

一口に国際金融市場あるいは金融市場と言っても、会社の数というのは非常に多いわけです。証券会社も小さいところを含めると200社ぐらいありますし、銀行も大手は4大グループに集約されたとはいえ、地銀、第二地銀も60〜70行あり計150行ほどあります。少し規模は小さくなりますけど信用金庫とか信用組合というものもあります。それから生保会社、損害保険会社、格付会社、投資運用会社など非常に幅広くあります。私はできたら最初は銀行か証券会社に就職したほうが国際金融市場で仕事をしていく上ではよいのではないかと思います。

6．プラス思考・ポジティブ思考を持つ

取り組み姿勢が大事である

　最後に取組姿勢について述べたいと思います。できれば週1回ぐらい自己分析をして、ノートにつけたらどうかという提案をしたいと思います。自分がどこまで成長してどこが成長していないのかわからなくなることがあるので、自己分析をして日記のようにつけたらどうかということです。また、自分のDNA、お父さん、お母さんあるいは先祖からもらったDNAというか遺伝子は、これはもう否定できないと思うのです。そのDNAは良い部分も悪い部分もあるわけですが、当然良い部分を伸ばしていく。もし、悪い部分があれば修正していくというスタンスがいいのではないかと思います。DNAを否定しようと思ってもできない。自己分析をすることによって自分はここが足りないなとか、あるいはここを伸ばしていけばいいというのを考えるか考えないかが大きな差になっていくのではないかと思います。そういう意味で自己分析をする時間を持ち、自分の今の状況を判断してどういったことをやったらいいのか工夫していくことが大切だと思います。

思いを強く持つ

　思いを強く持つというのが非常に重要なのだということが、実は最近読んだ西田文郎さんの『強運の法則』という本にも書いてあります。西田さんが書いたものを含めて披露しますと、成功する人間の脳はこの無意識領域の脳内に肯定的思考のネットワークが張り巡らされているため、目標達成のイメージを送り込むといわば条件反射でできる、うまくいくと肯定的思考をしてしまう。人間の脳というのは左脳で言語とか理屈を考え右脳で感情とかイメージ形成を図ると言われています。スポーツはイメージが大事だということでイメージトレーニングが重要となっているわけです。成功した人を分析していきますと、成功した経営者の脳というのは感性というのがほとんどの場合プラスに働き、「できるのだ」「やれるのだ」「うまくいくのだ」というイ

メージが植えつけられていて、難しい案件が出てきても、成功のイメージとなる。大成功する経営者の脳とは、思考、イメージ、感情がすべてプラスになった状態で、この状態をメンタルビゴラスと言います。メンタルに非常に強い状況になっている。そういった脳を持つ人間はツキと運を運んできて、またそのツキや運を運んできた人間を中心にグループができる。大事なのは成功するイメージをいかに持ち続けるかです。

7．最後に

　先ほどお話した、プラス思考とかポジティブ思考というのを多くの先生も言っていたと思います。つまり前向きなイメージを持った人というのは常にプラス思考する、ポジティブ思考するということで非常に難しい案件が出てきてもプラスに考えて成功させてしまう。そういう良い循環で物事が運んでいくのです。要は自己分析しながら自分の考え方や思考をできるだけプラス思考、ポジティブ思考にいかに持っていくかというのが非常に大事なわけです。DNAを踏まえながらプラス思考、ポジティブ思考に持っていく努力を日頃からやっていく。こういうことが必要だと思うのです。よく我々もストレスと言いますが、物事がマイナスに働く状態こそがストレスと言えるのではないでしょうか。やはり物事をプラスに考える、ポジティブに考える思考習慣がこれからは大事じゃないかなと思っています。

　そんなことで、私は国際金融市場というのを考える場合、今までの経験あるいはいろんなビジネスリーダーを見てきた中で、右脳のイメージトレーニングの重要性も含めて、人間として前向きにいかに生きていくかということがベースになってビジネス社会で成功し、その上で専門性を身につければ国際的な金融の世界では仕事ができる、またビジネスリーダーシップがより発揮できるのではないか、こういうふうに考えています。以上で私の国際金融市場におけるビジネスリーダーシップの話を終わらせていただきます。どうもありがとうございました。

（2007年12月7日講話）

第3部
ベンチャータイプ経営者におけるリーダーシップ

第10章　私の経営哲学

牟田　學（日本経営合理化協会理事長）

1．はじめに

　こんにちは。皆さんが就職活動をするときは、まず、企業に内申書、履歴書をチェックされます。あまり厳しく評価された経験がない人が多いですが、評価は冷酷に行われます。会社の経営にとって人材は大切だからです。このとき、履歴書は20～30枚、清書すべきです。写真は、3箇所から5箇所でプロのカメラマンに撮ってもらい、一番ハンサムに写っているものを履歴書に貼ります。志望動機は、「自分の性格が貴社に合うから」などと、抽象的なことは書かないで、具体的に書きます。具体的に書くというのは、「貴社の事業分野や商品、サービスが将来有望であるから、是非、就職したい」というようなことです。

　今の時代、企業に入社するということは非常に厳しいです。10年ちょっと前の人は、バブルのときに簡単に入社することができましたが、その反面、まったく勉強してこなかったため、今になって出世することができない状態です。

　資本主義は競争が原理であり、これは貧富の差ができることを意味します。国と国、会社と会社、家庭と家庭の間で貧富の差ができます。個人でも同じであって、競争に勝ち残る優秀な人と、やる気のないオチコボレが出てきます。「俺は出世しなくても構わない」という人がいるかもしれませんが、この世の中、大体、5割程度は金で解決できます。それが資本主義です。資本主義というのは、幸福と健康を金で買えるということです。だから、競争に

勝って出世し、多く稼ぐということが大切なのです。そのことを、自覚してほしいと思います。

2．学生時代に起業

　私は、大学時代に会社を起こしました。それは、父親が早くに戦争で死んでしまったからです。私の父は武器・弾薬の商売をしていました。当時、親戚でインパール作戦の司令官をしていた人からの依頼で、武器・弾薬を運んでいて、そのうちに行方不明になってしまいました。私の家族は、男は私1人で、姉2人、妹1人、母親があとに残されました。母親に生活力がなかったため、非常に苦労しました。このときの貧乏な生活が、私にとって起爆剤となりました。父親が生きていて裕福に暮らしていたら、今の私はなかったでしょう。
　世の中に出るということは、家族に頼らず、自分で自分を律し、人生を計画していかなければならないということです。人生の第1ステージは、生まれてから20歳前後までで、修業の時期です。その間、正しかったらマル、間違っていたらバツと評価されます。この修業は、次のステージのためにします。しかし、社会人になったら、もう1つの評価が加わります。それは、「えこひいき」です。正しいのか正しくないのかで選ぶのではありません。好き嫌いで選ぶのです。あなた方も、会社に選ばれます。これはレースであり、好き嫌いで評価が決まります。

右脳を鍛える
　なぜ、漢字の書き方を勉強するのでしょうか。文章がうまくなるためです。漢字自体を書けるようになるためではありません。目的を誤ってはいけない。文章を書くことは、人生の第1ステージで修業しますが、そこから先は、皆さんの実力です。実力とは、話し方がうまい、ボキャブラリーに富んだ会話ができる等を指します。それらをできる人が、評価されます。今までは、記憶することのできる左脳を鍛えてきましたが、これからはクリエイティブな

創造力を持つ右脳を鍛えていかなければならない時代に突入しています。企業は、独自に商品を開発し、売り方を考えることのできる人を求めていて、そういった人たちが今後、社会で活躍していきます。

印刷会社の設立

人生は、20歳前後まで修業で、それから社会へ出て、平均60歳くらいまで働きます。その間に選択肢は山ほどあります。何をするか、まず、目標を立てることです。皆さん自身の人生だから、目標をしっかり定めてほしいと思います。

私は、父親が早く死んでしまったため、人生の組み立てが早かった。どうすればいいのか、誰も教えてくれなかったので、様々な人のところへ尋ね歩きました。政治家、事業家、哲学者の門を叩きました。私は、学生時代から事業をしていたため、いわゆる就職活動をしたことがありません。皆さんの歳のころはグラフィックデザインの事業所を構えていました。大学の4年生のときは、印刷会社に所属していました。そこは今、日本印刷株式会社という社名になって、従業員250名ほどの中堅に育っています。私は、そこの社長を15年、会長を15年、今はオーナーを10年やっています。それは、学生時代に始めた仕事です。その当時から、資本主義社会をどう生きていこうか考えました。私は、学生のとき、すでに屋敷を構えていました。金儲けという目標は、アッという間に実現できました。だから、どんどん遠くに目標＝旗を立て続けていくのです。

私は、社長を頼まれた際の面接で、「君の専攻は何か」と聞かれましたが、「社長業」と答えました。しかし、「そんな学問体系はない」と言われたから、「それを俺が作る」と突っぱねました。言葉通り、私は社長業の本をどんどん出していきました。それは、わりと遠いところにある旗です。金を儲けるのは簡単ですが、それを本にして、世に広めていくというのはなかなか大変なものです。しかし、非常に売れています。これも、学生時代に「人生、どう生きていくか」ということを、いろいろ教えてくれた人たちがいたからです。人生があって、その上に、ロマン、思想、ものの考え方、哲学、目的と

いうものがあります。それを確立して、どのように生きていくかということを、決めていかなければならないのです。

3．実存主義哲学の教え

　今、実存主義という哲学があります。難しそうに聞こえますが、この哲学は実践に満ちているため、本当は易しいのです。実存主義は、北欧のデンマークのキルケゴールが、一番初めに唱えました。「存在しているものは、すべて生きている」ということです。しかし、「ときに、存在できなくなることがある」ということも教えています。私は、紙のコップに入った水を、「おいしい」といって飲みます。紙のコップは、生きていません。しかし、私が水を飲むと、私によってコップは生かされていることになります。コップをクシャクシャと丸めてしまえば、使えないから、捨てなければなりません。そうすると、死んでしまいます。それが、実存主義哲学です。
　つまり、皆さんが会社に入って営業をやったときに、お客様に「お前、来なくていいよ」と言われたら、あなたの存在価値がなくなるわけです。逆に、「あなたがいれば、他の人はいりません」と言われれば、存在価値が上がり、イキイキと生きることができるわけです。これが実存主義哲学です。
　たくさんのライバルがいる中で、そのライバルより、できるだけいいものを作る。そして素晴らしい色や形、機能性の高いものを、お客さんに持っていく。そのとき、「この商品は素晴らしい。もう他の商品はいらない」と言われるくらいの仕事をしないと、あなたも、その商品も生きていけず、会社も繁盛しなくなります。素晴らしければ繁盛する。そういう世界に私たちはいるということを、知っておく必要があります。私たちの世の中は、競争が原理です。皆さん自ら、そういった世界に飛び込むということを、自覚していなければなりません。実存主義哲学が21世紀の哲学だと言われる所以は、強く必要とされることで価値が上がったり下がったり、金持ちになったりならなかったり、幸福であったりなかったりするという根本原理を説いているからです。つまり、21世紀の世の中は、実存主義が中心に流れていて、強

く必要とされているかどうかで、存在できるかできないかが決まってしまうということです。

4．企業の戦略・方向性とは何か

会社に入ったら、戦略というのがあります。これは、儲かる方向性を決定することです。会社に入る、あるいは事業を起こしたら、特に方向性が大切になってきます。この方向性というのは、大体、3つの要素に影響を受けます。

環境の変化にいかに対応するか

まず1つが環境で、環境が変化して方向性を変えなければならないということもあります。ダーウィンは、生物は強いから、大きいから、頭がいいからといって生き残るとは限らないと言っています。では、どういうものが生き残るかというと、激しい環境の変化に対応できるものだけが生き残ると言っています。これは、私は真実だと思います。

たとえば、戦争というものがあって、多くの人が死にました。環境の大変化です。不況もインフレもありました。逆にブームもあったし、ブームがなくなることもありました。戦後は、衣食住の「食」から始まり、次に「衣」が来ました。今はIT産業のブームですが、100社中5社ほどしか生き残りません。ブームの最中は、生きていけると思ってやっているのですが、やがてブームは去っていくから、ごくわずかしか生きていけません。しかし、ブームに乗らなくてはいけません。

だから、私は、大学に入ったときに、「何をやろうか」ということを模索しました。環境の変化を見ながら、方向性を考えました。2つ道があって、1つは大昔からある産業で身を立てようと思って、印刷業を選びました。「活字文化」と言われる独自のジャンルがあるように、印刷は立派な「文化の継承者」です。米や味噌と同じ業界のように食べていけると思い、グラフィックデザインの印刷会社に入りました。

第10章　私の経営哲学

方向性というのはとても大切です。環境に合わせて、自らの姿かたちを変化させながら、これからも繁栄していくに違いありません。

試行錯誤の連続

　もう1つ私が柱としているのは、日本経営合理化協会です。これは、ベンチャーとして私が作りました。成功させるために、いろいろな人に会いました。セミナーやコンサルティング部門など、どんどん事業の柱を作っていきました。

　しかし、しばらくの間は、試行錯誤の連続でした。たとえば、私が5時間の有料セミナーを開いたとします。役に立つ話をするということで、みんな来てくれるだろうと思っていました。私は、銀行や商工会議所でも講演していましたが、そういう会には無料だから、あるいは年会費を払っているからという理由で参加する人ばかりでした。5時間のセミナーだけを目的に、高いお金を払って聞きに来る人は、当時、ほとんどいませんでした。そこで、持っているお金をすべてはたいて、日本経済新聞に広告を出してみました。しかし、人が来ません。それで、実務雑誌にも広告を出したが、やはり来ません。

　最後の最後に、パンフレットを封書に入れてDMを出しました。そうしたら、ものすごい人が来ました。つまり、私は方向性を間違えていたのです。すぐに方向性を修正しました。それから、セミナーの案内はすべて、パンフレットにして封書に入れて送っています。今は、それにプラスして、インターネットなども活用しています。日本経営合理化協会は、日本では1番のセミナー会社だと自負しています。それくらいやってきました。皆さんは労力というものをあまり使ったことがないかもしれませんが、私は、封書にパンフレットと名刺を一緒に入れて、ぜひ来てほしいと書きました。それくらいしました。そうやって、身を起こしながら団体を作っていきました。

　創業時は、先輩たちが成長性のある事業をほとんどやってしまって、何にも残っていないと思う一方で、これからは人間の知性を売ることが流行るのではないかと直感し、セミナーやコンサルティング事業を、一から立ち上げ

ました。その次に、出版部門を立ち上げました。なぜかというと、印刷業と同じように、本というのは大昔からあって、人は必ず本に書かれた知性を求めるからです。さらに、コンサルティングというものは料金設定があいまいですが、本は定価がついているので、内容と価値がわかりやすい。だから、次の事業の柱として、本を選びました。

社長の考え方が大事

そして、方向性に影響する2つ目に、社長の考え方があります。社長の考え方とは、会社を大きくやっていきたいのか、小さくやっていきたいのかという方向性を決めることです。就職が決まった人がいたら、会社が大小どっちに向かっているかということを勉強しなければなりません。大きくする方向に、地域戦略というのがあります。私の知り合いの社長は、地域をどんどん拡大していきました。1店の成功を100店に及ぼすのか、1000店に及ぼすのか……これは、社長の考え方です。考え方を明確に持っていないと、経営はできないということです。これが戦略です。

事業の体質を決めることが重要

3つ目は、事業の体質です。体質には受注事業と、見込事業があります。たとえば、お父さんが家を建てたとします。そのとき、建売を買ったとします。建売というのは、見込事業です。自分が土地を持っていて、そこに家を建ててもらうということではありません。土地を造成するディベロッパーがいて、そこに建築会社が勝手に家を作ります。それを皆さん方のお父さんが買うのです。自分の設計ではなくて、建売業者の設計だから、30棟売ろうと思っていたけれども、20棟しか売れなかったということも起こります。そうすると、それが在庫になっていって、足を引っ張っていき、会社がアップアップします。こういう欠点が建売にはあります。

注文住宅というのは、これと全然違います。みんなのお父さんが最初から土地を持っていて、そこに注文住宅を、自分で一級建築士なんかに頼んで設計してもらいます。そういった建築会社は、最初に頭金などをもらいます。

そのため、資金繰りには困りません。これは家の話をしましたが、家の話に限ったことではありません。

洋服なども、私は注文して作りますが、君たちは見込みで作られたものを買っています。だから、私の洋服は値段がついていません。君たちの洋服は最初から値段が決まっています。この2つは全然違います。どこが違うかというと、君たちが買うお店で売れ残った洋服は、在庫として、バーゲンセールに持っていかれます。

私は出版会社と印刷会社を持っています。印刷会社は、すべて注文を受けてから作っています。そして、注文をとるには、どこの会社が安いかという比較になってきます。この値段の比較によって、発注する会社が決まっていきます。つまり、相手に値段の決定権を握られています。印刷と出版は似ているようで、非なるものです。印刷会社は見積書を出して、競走している会社です。出版会社は、値段を勝手に決めることができます。それは、見込みで決めることができるということです。

5．企業の戦術

次は戦術です。戦術というのは、戦い方、テクニック、手法のことです。戦術は、どちらかというと短期的で、局部的で、敵を意識しているものです。必ずライバルがいるから、そこへ対して、いろいろな戦い方があります。戦い方の違う人がいっぱいいます。戦術という戦い方と、戦略という儲かる方向性とは異なります。

もう1つは目標で、これは数値的な目標のことです。目標は、必ず数値で表します。店の数、社員の数、売上など、数値目標を掲げて会社を大きくしていきます。たとえば、公文は初め算数だけ教えていましたが、今は算数、国語、英語も教えています。成長拡大が1つのバランスで、これをやめてしまった会社は潰れてしまいます。

6. 最後に情の話を

　戦略的な話だけではなく、情の話もしておきたいと思います。私には、3人の子供がいます。3人とも結婚し、私の自宅から西に車で5分のところに息子が、東に5分走ったところに長女が、南に5分走ったところに次女が住んでいます。近くに子供たちを住まわせたにもかかわらず、妻は子離れできず、寂しがっていました。

　寂しそうな妻のために子犬を購入しました。ぬいぐるみのように可愛い犬を妻は大変喜び、元気を取り戻しました。名前は長女が考えたオードリーになりました。外犬にもかかわらず室内で飼うほど可愛がっていました。

　1年ほど経ったある日、妻に呼ばれ、テレビを見ました。そこには、ムツゴロウさんと一緒に、今にも死にそうな老犬が映し出されていました。獣医はもうあきらめていました。次第に呼吸が弱まっていく老犬を抱きかかえるムツゴロウさんは泣いており、それにつられて妻も泣いていました。

　しばらくすると、ムツゴロウさんは近くにいた生まれたばかりの子犬を連れてきました。その老犬の許に子犬がやってきて、老犬の母乳を吸おうとしました。当然、母乳は出ませんが、なんと弱っていた老犬は徐々に元気を取り戻し、2分に1回くらいしか呼吸できなかったにもかかわらず、普通に呼吸できるまで回復しました。その後、その老犬は1年半も生き延びたといいます。強く必要とされれば命さえも長らえることができる、ということを学びました。会社も人も同じです。妻にも、「あなたが働いてくれているから、私たちは生活できる。ありがとう」と言われました。

(2004年12月17日講話)

第 10 章　私の経営哲学

＊＊＊＊＊＊＊＊＊＊＊＊＊＊＊＊＊＊＊＊＊＊＊＊＊＊＊＊＊
解説

　牟田學先生は佐賀県出身で、明治大学に進学し、大学在学中から事業を起こした。明治大学卒業後もその経営手腕を見込まれ、雇われ社長として倒産寸前の会社を次々に再建した。また弱冠 25 歳で経営指導機関である日本経営合理化協会を設立し、当初は船田中元衆議院議長をはじめ大物政治家に理事長をお願いしてきたが、その後自ら理事長を長期間務めている。一方日本印刷を含め自ら 5 社を創業し現在もオーナー、会長、社長を務め、40 年以上の経営実体験に裏付けられた骨太の経営思想と実務手腕は多くの社長に強い共感を呼びおこし、自ら主宰するオーナー社長塾だけでも「無門塾」「花伝の会」「地球の会」など 15 を数えるという。まさに社長業「知行合一の人」である。

　玉川大学では国際関係特別講座やビジネスリーダーシップで数年間講話をいただくとともに最近では大学院マネジメント研究科の客員教授として中小企業研究を担当され、経営実学論、経営者論、経営戦略、経営戦術、販売戦略などを講義していただき学生からの高い評価を得ている。編者も先生から学生のインターンシップ先を数社ご紹介いただいたことがあり、それらは長期間継続しており、またゼミの学生が学部・大学院卒業後もお世話になっている。

　今回の講話はビジネスリーダーシップで牟田先生の経営哲学をお話いただいたものである。まず牟田先生は社員として就職した経験がないという。若い時代から雇われ社長として最初からリーダーとして活躍されたのである。そして現代の資本主義は競争が原理であり、これは貧富の差ができることを意味し、資本主義社会では稼ぐということが大切であることを自覚してほしいと述べている。

　先生の父親は戦争中に亡くなり、男は先生 1 人で、姉 2 人、妹 1 人、母親が残され、母親の生活力がなかったため非常に苦労した、このときの貧乏な生活が先生にとって起爆剤となったという。人生の第 1 ステージは 20 歳前後までで、修業の時期であり、それはその後のためでもある。これからはクリエイティブな創造力を持つ右脳を鍛えていかなければならない時代に突入している、企業は、独自に商品を開発し、売り方を考えることのできる人を求めていて、そういった人たちが今後社会で活躍していくと自らの体験に基づき述べている。

　先生ご自身の学生時代はグラフィックデザインの事業所を構えていたという。また 4 年生のときは印刷会社に所属していて、今は日本印刷といっ

て従業員250名ほどの中堅の印刷会社になり、そこの社長15年、会長15年、今はオーナーを10年やっているという。先生は、事業、金儲けという旗を立てそれらを成功させ、さらにどんどん遠くに旗を立て続けていくと述べている。前述のように25歳で日本経営合理化協会を設立され、その後理事長を務められているが、こうした先生の能力・活躍についてはまさに鬼才として評価されている。

先生は、社長業の本をどんどん出しており、先生の著作は大きなものが6冊あるが、それらの本は非常に売れているようだ。先生は人生の中でどう生きていくかということにあたり、人生があって、その上に、ロマン、思想、物の考え方、哲学、目的というものがあると述べている。先生は実存主義という哲学にも触れた。実存主義は先生の経営哲学に色濃く反映され、強く必要とされる存在になれ、強く必要とされる事業や製品・商品を創れ、という経営戦略・戦術に繋がっていると考えられる。

先生は事業の戦略についても講話された。事業を起こしたら、戦略、特に方向性が大切になってくると述べている。この方向性というのは、大体3つの影響を受ける。1つ目は環境である。2つ目は社長の考え方である。3つ目は事業の体質である。体質というのは受注とか、見込みとかいうのがあり、どういう体質を持つかで事業の方向性が決まるという。そして、戦術と目標にも触れ、戦術というのは戦い方、戦略というのは儲かる方向性を表し、目標は数値で表すと述べている。

以上のように実体験から生み出された経営哲学を今回は易しく講話されたのであるが、学生諸君の印象は鮮烈であったようだ。講話の最後に、牟田先生は強く必要とされれば命さえも長らえることができるということを述べた。それは会社も人も同じであるという。先生の魅力的な人柄は家族、経営者たちに広く知られており、ご自身はいつも強く優しくあれ、必要とされる存在になれ、と説いている。編者は先生の実存哲学、経営哲学を聞く機会がありその広さ・深さに感銘を受けている。我が国における社長業指導の教祖的存在でもある牟田學先生の益々のご活躍を祈りたい。

第11章　企業再生におけるリーダーシップ

久志本一郎
（株式会社ピーエージージャパン社長）

1．はじめに

どうもはじめまして、久志本です。私はこの玉川大学のビジネスリーダーシップでの講話は5、6年やっていますけれども、今回のテーマは、今、一番関心のあるテーマではないかと思っています。その中で一番基本的なこと、これから皆さんが新聞・マスコミ等で、いろんな案件を見るときに、より興味を持って見ることができるように、今日はその辺をなるべくわかりやすくお話しようと思っています。

2．株主とステークホルダー

初めに、株主とステークホルダー、通常、利害関係者というように理解してもらえればいいと思いますが、その点についての基本的なことをお話したいと思います。

上場会社と非上場会社

会社には上場会社と非上場会社があります。まず会社を上場している場合の利点をお話すると、当初の株主の投資が回収できること、上場によって第三者に株を売れるわけですね。また上場会社だということは信用力があります。あるいはそこに勤めている従業員が自分の会社は上場しているのだとい

うことでモラル、労働意欲というものが向上します。さらに上場の一番の目的は会社に必要な資金を調達するということです。そのためにも、会社が外部からお金を調達できるように情報をオープンにして公明正大な会社でなければならない。公明正大とは株主に対しては絶対に嘘をついちゃいけない、いいかげんな資料を出してはいけない。ましてや架空の取引をしたり、ないものをあるような如くに決算を発表したりということは一切やってはいけない。さらに会社関連の各種法令、法律をきちっと守って、外から誰が見ても、透明かつ公明正大な経営でなくてはならない。安定的、長期的に経営をしていくことが必要です。上場後にすぐ上場取り下げ、会社を閉じるということは絶対にあってはいけない。

　一方、非上場会社ですが、株主は社長とその一族、関係者が大半を占めていることが多く、社長の自由裁量にやれて、経営を誰にも邪魔されないことが多い。さらに会社の業績の利益から配当を出すわけですが、そういった配当を必ずしも非上場の場合には出さずに、会社に貯めておいて会社のための投資にそれを使うということができます。また、企業の機密が保持できる、つまりこれは通常上場会社の場合には会社情報を公開しなくてはいけませんから、当然競合相手にも公開するわけですが、非上場会社は、一切公開しなくてもよい、企業の秘密が守られるわけです。一方で非上場会社の責任としては、そのオーナー社長の一言で経営方針を変更したり、会社の事業を縮小してみたり、突然解雇したり、勝手なことをやられたら困りますから、従業員が信頼感をもてるような長期安定的な経営をする必要があります。さらにオーナー社長といえども、いずれは老後、病気で引退した後の後継者を、常に教育、育成して、そういった事態が起こってもスムーズに経営を移行しなくてはいけない。このようにいろいろな責任があります。

会社を取り囲む多くのステークホルダー

　次に、ステークホルダーとは、企業を取り囲むいろいろな利害関係者と理解して下さい。ですから会社は誰のものか、以前、村上ファンドの村上世彰氏やライブドアの堀江貴文氏とかが、彼らが絶頂期のころに、「会社は誰の

第11章　企業再生におけるリーダーシップ

ものだ、株主のものだ。株を持って何が悪い。株主が会社を支配するのだ」、こういう論調で、世間に得意満面の時代があったわけです。ついもう1年ちょっと前の話だったと思います。

　会社が誰のものかという問いには、次にいうこれだけの関係者がいるということをまず頭に入れていただきたい。まず株主、株主がステークホルダーの1人であることは間違いない。一方で株主は取締役を選任するわけです。取締役を誰にするかは株主総会で決めるわけですが、選ばれた取締役が会社を実質的に動かすわけです。株主が会社を動かすわけではありません。取締役は選ばれると、会社の経営を司るということで、非常に重要なステークホルダーになるわけです。もちろん株主であり取締役会の役員でもあるという両面を持っている人もいます。次に取引先、顧客があげられます。ステークホルダーとして、往々にして取引先、顧客を見逃してしまう場合があります。取締役会がすべての権限を得たために、会社が暴走して、会社があらぬ方向にいってしまうと、その結果、この会社の取引先、顧客は非常に困る、安定的な商品の納入をストップされたとか、あるいは倒産するとか、下請けの会社等々が突然の会社の方針転換で非常に困る。この取引先、顧客というのは会社にとって重要なステークホルダーです。

　さらに会社の従業員をきちっとステークホルダーとみなす場合もありますが、従業員はただの駒であると、給料さえ出せばいくらでも人はくるというような考え方でやっている会社もあります。これは大変な間違いです。やはり従業員というのは会社を動かしていく上での重要な構成員ですので、これもきちっとステークホルダーとみなさなければならない。他に国と地域社会があります。国は会社に対していろんな許認可を与えているわけです。事業の許認可の見返りに、国に対して会社は税金を納めなければならない。地域社会はいわゆるユーティリティー、電気、ガス、水道こういったものを会社に提供しているわけです。さらに地域の警察、消防などすべて会社の経営にとってなくてはならない。会社はこれらステークホルダーに囲まれたものであり、それぞれが単独で動いているものではなくて、みんなが有機的に関連し合って会社が運営されているということを理解してほしいと思います。

3．楽天対 TBS

TBS からの質問状

　ステークホルダーを考える上で、1つの参考になる実例が楽天対 TBS です。私もこの楽天対 TBS についてとりあげて2年くらいたちますけれども相変わらず硬直状態。ますます泥沼に入ってきたというのが実情です。会社は誰のものかというテーマの中で1つの例に挙げたいと思います。

　楽天は2年前に TBS に対して経営統合の提案をしました。具体的には楽天と TBS を両方持つ持株会社を設立し、その中に楽天と TBS が入るという提案をしたわけです。その提案後、楽天は TBS の株をすでに19％まで買い増ししました。この19％という数字が非常に意味のある数字です。あと1％持って20％になりますと、TBS の今後上げる利益の20％分を楽天は自分の利益としてカウントできるのです。20％以上を超えるとその株主は相手の利益を自分の利益としてカウントできる法律があるのです。19％持っている場合にはそういうことができない。だからあと1％持てばよい、そういう状態まで入ってきたぞということを TBS に対してプレッシャー、一種のブロウをかけているのが現在の状態です。

　楽天に対し TBS は何も手をこまねいているわけではなくて、約22項目の質問状を出しています。この質問状に対して楽天はまだ完全な答えを出していません。TBS の株をどういう経緯で取得したのか、TBS の企業の価値を向上するには楽天としてはどういう施策を持っているのか。TBS は公共の電波の利用を許可されておりマスコミという世界では偏った特定の会社の意向に左右されてはいけないわけです。そういう意味では TBS は特定の取引先と特定の関係に入ることを避けてきたわけで、全方位外交のスタンスであったことに対して、楽天だけが大株主になった場合のマイナスの影響を楽天はどう考えているのか、あるいはガバナンス体制の疑問というか、ルールをきちっと守り、誰が経営をコントロールするのか、そういったことに対して、楽天が大株主になった場合どう考えるか等々いろいろな質問が TBS から出

ています。

野球協約に違反するか
　さらには野球協約問題というものがあります。プロ野球協約の中に1つの企業が2つの球団を持ってはいけない、という条項があります。楽天はすでに仙台を本拠地とする球団を持っています。TBSは横浜ベイスターズの親会社です。この2つが一緒になってしまうと、2つの球団を持つことになり協約違反になってしまいますが、それに対し楽天はどう思っているのか。結局、楽天にも株主がいる、TBSにも株主がいる、それぞれにもまた、お客、取引先がいる、さっきのステークホルダーとして、楽天、TBS、それぞれにいろんな関係者がからまっているわけで、そういった人たちにとって統合することはどんな意味があるのか、これらの問題に対して2年前より楽天から全く答えが出てこない状態です。金額にして約2200億円の投資を楽天がTBSにしています。かなりの額がTBSのために固定化されてしまっている。楽天の株主にしてみると、そんな無駄なことやっていいのかとそのうち文句を言ってくる可能性も十分にあります。

楽天とTBSとの企業カルチャーには違いがある
　この伝統的なメディアと新興ネット企業が良縁か、いい組み合わせかという問題があります。TBSというのは非常にエスタブリッシュな会社で毎年きちっと大学を卒業した新卒者を100名とか200名きちんと採用し、採用される新卒者の出身大学も大方決まっていて、毎朝ネクタイを締めてきちっと背広姿で会社に出社し、統率がとれている会社です。一方楽天という会社は非常に若い人の集団です。いろいろ転職を重ねてきた人が非常に多い。年齢、職歴は様々です。非常に若くて1000万円稼ぐ人もいるし、年をとっていても200万〜300万円しかもらえない人もいる。こういった集団の給与体系とTBSの給与体系をどうマッチするのかといった問題も出てきます。ただくっついただけで別の会社だというのでは、なんら意味がないわけで、人事の待遇1つとっても大きい難作業が予想されるわけです。

それから上流と下流という、コンテンツを作る側、それからそれを消費者に流す側、これを一貫してやろうというのが楽天の提案なわけです。TBSの番組をいつでも見たいときにパソコン画面で見られるようにすると楽天は提案しています。果たしてそれはどうなのだろうか、果たしてお客さんがそれを望んでいるのか、あるいは楽天はテレビは将来インターネットにとって替わられると言っているのですが、本当にそうだろうかと。

TBSが検討している提携先の具体例ですが、非常に全方位的な提携戦略というか、ここでもTBSの付き合い方というのは特定のものと付き合わない方針だということがわかります。こういうことを見てくると実は最初に楽天が提案した本音は結局TBSが従来行ってきた各種提携業務を独占したかったということになると思います。TBSの持つ今後の可能性に基づき提携先を楽天に集中させたかったのが楽天の本音であって、そのために、テレビはインターネットにとって替わられるとか、TBSに楽天並みの効率経営を求めるなどと言っているのだと思います。

4．会社は誰のものか

アメリカでの実例～エンロン・ワールドコム事件の教訓

アメリカの1990年以降2005年までの、会社は誰のものかという調査結果があるのですが、これを見るとくるくる変わっているのです。アメリカでも一時は株主のものであると言われた時期もありました。そうかと思うと決して株主の主権は全面的ではないと、もっと従業員や取引先の利益を保護していくべきであるという考え方が出てきた時期もあります。それからまた株主重視に転換しました。で、大きく動いたのが今からちょうど6年前の2001年、エネルギー大手のエンロン、あるいは通信大手のワールドコムが連邦破産法、アメリカでいう倒産法を申請したわけですが、実はそこには重大な粉飾決算がありました。ここでエネルギー大手のエンロンがどのくらい大きい会社かと言いますと、東京電力と関西電力を足してその2倍くらいあります。莫大なエネルギーの供給会社です。そんな大手の会社が、企業会計の粉飾を

第11章 企業再生におけるリーダーシップ

やっていたわけですね。ワールドコムがどれくらい大きい会社かと言いますとちょうどソフトバンクの今の携帯電話の通信事業の2倍あります。大きな通信事業会社ですが、これも粉飾決算をやっていたと、アメリカの近年の最大の経済犯罪だと言われています。

この粉飾決算以来、会社の会計の決算書に不信感が広まりました。それではということで今のブッシュ大統領はアメリカの企業改革法を設立しまして、企業の不祥事に対する摘発を強化しています。たとえば、エンロンの当時社長だった人の罰則がとてつもない金額、たしか日本円で5000億円くらいの金額の罰金で、こんな金が個人にあるのかというと実はこの人は粉飾決算による配当で膨大な金を懐にしていたわけです。したがって5000億円くらいの額を懐にしたと言われていて、それに相当する額を今度罰金で取り戻すという判決が下っています。

それを契機に、会社は株主だけのものじゃない、株主以外のステークホルダーの利益も考えなくてはいけない、それが今の主流になってきています。一番最近では、株主とステークホルダーの相互利益の両立を目指す企業経営をすべきであるというのが、アメリカにおける最も主流な考え方です。日本も同じような考え方が現在の主流になってきていると理解してもらえればと思います。

5．投資ファンドの概要

ファンドマネージャーの役割

それでは次に投資ファンドに移りたいと思います。投資ファンドのことを聞いたことは、もちろんあると思います。ただし、なんとなく聞いたことがあるけれども、漠然としていてよくわからないという方が多いと思います。個人の富裕層、生命保険会社とか銀行の機関投資家、これらが、投資のスペシャリスト、アナリスト、通称これをファンドマネージャーと言いますが、彼らを雇って自分の投資資金の運用を委託しているわけです。

ファンドマネージャーは、委託されたお金をどのように最適に投資をする

かを考え、安全性、収益性、期間を組み合わせてベストな投資ミックスを実行します。この投資ミックスとは何かというと、高い収益、利回りを追求するためにはハイリスク・ハイリターンが必要ですが、ハイリスク・ハイリターンですべての投資をすることは危険なので、ある程度ローリスク・ローリターンもミックスする。どういうミックスにするか、6対4にするか5対5にするか7対3にするかは、投資をする期間あるいは対象によって微妙に変わってくる。非常に複雑な計算モデルをもとに、これが現時点におけるベストな投資ミックスだということをファンドマネージャーが計算して、委託した投資家に提案し投資するというのがファンドマネージャーの役割です。

ここで特徴的なのが、ファンドマネージャーが自分で提案実行した結果、万が一裏目に出て、損失してしまった場合でも、ファンドマネージャーに責任の追及はされないということです。ファンドマネージャー個人にそれを補塡する責任はない。一方投資のアドバイスどおり大儲けした場合、これには高額の報酬が払われます。これが基本的なファンドマネージャーの役割と報酬です。

バブル崩壊の過程で投資ファンドが設立

日本では1990年にバブルが崩壊し、特に不動産の市場、ビル、土地、住宅等々がまさに底なし沼になった。どんどん下がって下がり止まらない状態になったわけです。誰も不動産を買う人が現れない時代が1990年以降、約5～6年続いた。その結果、不動産を担保に銀行がお金を貸していたわけですが、それが焦げ付く。お金が返ってこない。あるいは不動産を買ってホテル、マンション、リゾート、ゴルフ場そういったところに投資をした会社がすべて失敗し、100億円で買ったゴルフ場が二束三文、1億円で売りに出しても買い手がいない。こういう事態に陥った日本で過去に例を見ない不況期に入ったのが、1990年以降のことでした。よく「失われた10年」と日本のことを言いますけれども、まさに1990年から2000年まで、「失われた10年」という状態が続いたわけです。実はここに、欧米を中心とする投資ファンドが注目した。2000年以降ですね。不動産のリスクを承知の上で、日本

にはなじみのない収益還元法による購入価格で買いに入ってくる。持っていた人たちは膨大な損を出してでも売らざるを得ない、という状態が続いていました。

具体的に言いますと、ざっと当初の平均取得価額の80分の1といわれている値段で買収されてしまった。不動産担保で貸付していた金融機関、たとえば100億円を貸した銀行が1～2億円しか回収できないわけです。これによって金融不安が懸念されたため、日本銀行はゼロ金利政策をとりました。この不動産の投資ファンドの投資開始が2000年、このときを機に、今日に至るついこの間まで、ゼロ金利、日銀が銀行にお金を貸す金利がゼロ％だということです。これによって、日本の銀行は金利ただで金を日銀から借りてきて、企業等にお金を貸した。ですから確実に銀行が儲かる仕組みを政府は作ったわけです。一方、銀行は安い金を貸せるわけですから、今度は投資ファンドが日本の銀行の貸付に目をつけまして、件数にして100件以上、金額にして総額2兆円くらいの投資ファンドが設立されました。ほとんど不動産関連の投資に流れ込んだといわれています。

投資ファンドの特徴

投資ファンドの特徴は3つ。匿名性、節税対策、専門性に分かれます。

投資ファンドの一番大事なことの1つに匿名性があります。投資家が誰であるか、ファンドマネージャーしか知らない。本当のお金を出している人は、ファンドマネージャー以外には一切明らかにされません。これが故に、いわゆる世界中のお金持ちは、自分の名前が出ないことに魅力を感じ、ファンドマネージャーにお金を委託することで、自分の儲けを極大化してもらおうとします。

2番目は節税対策。タックスヘブン、日本以外の海外の税金のかからない国、たとえばオランダ・キュラソー、そこに作った会社が投資母体になるというやり方です。その国は利益に課税しない仕組みができ上がっています。日本の投資家は通常日本で儲ければ税金を払わなければなりません。海外の投資ファンドが日本においていかに納税を節税するかが1つの鍵です。

3番目に専門性があります。不動産を専門に投資するもの、企業の再生をするもの、上場株式、優先株、あるいは原油だとか小麦だとか、そういった商品を専門に投資する商品ファンド等々があり、それぞれの業界に詳しい人がファンドマネージャーになっています。この専門性がファンド間での競争でもありますし、ファンド間の優劣を決めるポイントでもあるわけです。

投資利回りを上げる〜レバレッジ投資法
1つ具体的な例として、いかに投資のリターンを高くするか、ファンドがどう考えるのかを挙げたいと思います。

年間6億円の賃料収入があるオフィスビル1棟を、100億円で買うとします。単純に100億円投下して年間6億円の賃料が入ります。これは投資利回りが6%ということです。6%の利回りの投資をファンドが行った、ところがファンドは6%くらいの利回りというのは他にいくらでもある。そんなことに満足しないというのがファンドの特徴です。どうすれば6%をもっと高くできるか。そこで、100億円のお金を全額ファンドが出すのではなくて、ファンドでは100億円のうち30億円しか出さない。残りの70億円は全部銀行からファンドが借りてくる。ここで、これはさっき言ったゼロ金利政策が日本で長く続けられてきたために可能になっているわけです。ざっと今だとだいたい年3%くらいで銀行は70億円を貸してくれるわけです。この30億円と70億円を一緒にして100億円で買うわけですが、年間の賃料は6億円で変わりません。そうすると、ファンドは30億円だけ出して、そして銀行に70億円の金利（3%）の2億1000万円を支払い、残ったお金がファンドの取り分ということになります。6億円から2億1000万円を払った残りの3億9000万円がファンドの取り分となります。ファンドは投資を30億円しているわけですから、30分の3.9となると、ファンドの利回りは年13%となります。これが、ファンドの投資利回りを上げる手法で、通常「レバレッジを利かせる」といいます。レバレッジというのは、テコの原理、要するにわずかな30億円のお金で100億円を買うわけですから、30億円で100億円を持ち上げるといった意味でレバレッジ投資法と呼んでいます。これがファン

ドの一般的な投資の手法です。

6．投資ファンドによる企業買収

企業買収投資ファンドが拡大

　不動産を専門に買うファンドもありますが、企業買収においての投資ファンドの活躍というものも見逃せません。投資ファンドが企業買収に入ってきて以来、非常に様変わりしています。

　企業買収ファンドにも、ファンドマネージャーがいて、このファンドマネージャーが選定する企業に投資をしていくわけです。投資をどこにするのかはすべて投資家がファンドマネージャーに一任しています。ですから、どういう企業にいくら、どういうタイミングで投資すべきか、すべてファンドマネージャーの判断によるわけです。しかし、ただ買うだけでは意味がありません。買った後に、企業を合理化したり、新しい商品を開発したり、経営陣を入れ替えたり、いろんな改革を投資ファンドが行い、業績が目論見どおり好転するとそれを投資ファンドは新しい会社に転売をするわけです。その結果最初の投資家は転売利益を得るというのが企業買収ファンドです。通常、これを潜在的企業価値、いわゆる埋もれている企業価値を顕在的企業価値に表面化させることが可能とみてファンドマネージャーは投資をします。やはりこの企業買収ファンドも日本で約2兆円残高がありまして、今後さらに大きくなっていくという見通しです。

　すでにファンドが買収した先としては、三菱自動車、ダイエー、国際興業、ファーストクレジット、カネボウ、フジタといろんな業種があります。一時は隆々たる会社でしたが、たとえば、車が非常に売れなくなった、あるいは大きな欠陥車を出して、それを長年隠蔽してきて企業の価値や信用を失くした三菱自動車だとか、こういったおかしくなった会社に対して企業買収ファンドが投資をします。借金を返済する原資を企業買収ファンドが会社に投資するわけです。その結果、借金が身軽になり同時に資本金が増えて、自己資本が高い会社に生まれ変わる。

財務の改革と同時にたとえば、新規の事業を育成するとか、今まで調達していたコストを削減するとか、人員の再配置、適材適所を行う。あるいは本業と関係のない事業や不動産を売って身軽にする等々あらゆる改革を実行します。これも、ファンドマネージャーの仕事です。たとえば今までは、やや形骸的な取締役会で、実際には1人の社長がみんな決めていたようなケースは、それを自主的に合議制でより活発な取締役会に変えていく、そこでは、コンプライアンス、企業が守らなくてはいけない法律をしっかり守っているかどうか、粉飾決算をしていないか、あるいは談合などがないか、欠陥車が見つかった対策をどうしているか、非常にいろんな問題を同時進行していくのが企業買収ファンドです。

まだまだ伸びるファンドビジネス

これら改革の結果、再建が図られると同業者にとっても魅力的な会社になるわけです。同業者に転売されることで、ファンドの資金が何倍にもなって回収される。たとえば、三菱自動車は投資ファンドにいったん買われて、現在は、また三菱重工、三菱商事等三菱グループによって買い戻されています。ダイエーはご存知のとおり大手のスーパーでしたが、アドバンテージキャピタルというファンドと丸紅グループに買われました。国際興業は、有名な小佐野さんが社長だったわけですが、ホテル、バス、タクシー、ゴルフ場等々の会社ですが、サーベラスというファンドに買収されて現在はかなりバラバラにされました。帝国ホテルもそのうちの1つで、三井不動産に転売されました。ファーストクレジットは、いわゆる金融会社、不動産専門の金融会社ですがローンスターというファンドに買収されまして、その後住友信託銀行に転売されました。カネボウ、これもアドバンテージキャピタルが買収した後、現在は花王に転売されています。フジタというゼネコンは全く解体されまして、ほとんど会社の有力な資産をいろいろな不動産会社が買い取って終わっています。

ファンドが、会社の価値を高めて、そして同業者などに転売することがファンドのビジネスモデルです。この基本モデルはこの約5年で急速に日本に

入ってきて、現在も活発ですけれども、ファンドビジネスはまだまだ伸びていく、日本の企業には潜在的企業価値のある、すなわち外部から経営の合理化を進めれば生き返るケースがたくさんありますのでファンドの進出余地はまだまだ大きいかと思います。

7．MBO（マネジメントバイアウト）

ワールドの事例

　MBO、マネジメントバイアウトにもやはり買収ファンドが使われています。
　MBO の一番の例は、ワールドという婦人服、あるいは紳士服、いわゆるアパレルのトップメーカーです。ワールドが約 4000 億円近いお金をファンドと一緒に調達して、MBO を行ったケースです。スカイラーク、これは、例のレストランチェーンです。郊外型レストランですけれども、これも MBO によって上場を廃止して、現在改革中です。ポッカコーポレーション、これは食品、ポッカレモンとか飲料を作っている優良メーカーですけれども、これもやはり MBO によって改革中です。
　MBO はなぜ行われるのか。上場会社は株主からの要求がいろいろとあるわけです。株主の要求が必ずしも会社の方向と合致しない場合があります。ワールドの例では、ご存知の通り、日本では唯一といってもいいくらい非常にデザインの優れたアパレルメーカーです。素晴らしいデザイン、世界にも誇れる素晴らしさを追求する、それに伴う費用、長期間お金が寝るということで融通性が利かない、それよりも優秀なデザイナーたちが思い切って仕事ができる環境を作って、世界に誇れる日本のファッションリーダーになるという会社の方針があり、上場を廃止して、そのかわり、従業員、経営者ともども買収ファンドのお金と一緒になって会社を買ってしまおうというわけです。ですから、会社は従業員と経営者と買収ファンドの所有会社に変わるわけです。

第3部　ベンチャータイプ経営者におけるリーダーシップ

MBO で会社の団結が強まる

　もちろん大きなお金が必要なわけで、投資ファンドだけでなく、銀行からの借入も行われて、銀行、買収ファンド、従業員、経営陣での新しい会社が作られて、そこで、長期戦略を練りながら会社の将来をデザインしていく。いずれは再上場することも将来的には充分あるわけです。ただ、MBO をしたことによって、まず経営陣は自分の会社だという認識が強まる。従業員も俺の会社だという認識が強まる。非常に会社の団結が強まり、意思、モラルというものが上がるといわれています。ただ、一気に大きな借金を背負っていくという重圧は大変なことで、業績を上げていかないことには借金の金利も払えない、あえてこういう辛いかたちも覚悟して、従業員たちが賛同してMBO に参加する。MBO による経営改革はこれからもまだまだ出てくるケースではないかと思います。ただし会社の業績が現在良く、将来ともこの会社ならば充分やっていけるということが大前提です。破綻企業で企業買収したケースとは全く違う、優良会社だけがやれるというのが MBO の特徴です。

(2007 年 10 月 12 日講話)

****
解説

　久志本一郎先生は本講座の講師陣の中では一番長く講演を続けている。現在のビジネスリーダーシップ講座の前身である文学部英米文学科国際経営コースの国際関係特別講座の立ち上げや講師も務められていたからである。ビジネスリーダーシップ講座では企業再建問題、不良債権問題、金融機関再編、投資ファンド、米国企業と日本企業の企業統治、M&A、株主とステークホルダーなどのテーマについて幅広く実務と経験に基づきながら講義を担当してきた。資本市場の理論、考え方を説明しながら、企業再生事例、村上ファンド、ライブドア事件、エンロン・ワールドコム事件、楽天の TBS 買収などの具体的事例を併せて話題にし、常に難しい問題を学生にわかりやすく講義してきたのが印象的である。

　今回は株主とステークホルダーおよび投資ファンドについて講義をして

第11章　企業再生におけるリーダーシップ

いただいた。先生は、毎回テーマをいろいろ考えるが、現在のこの株主とステークホルダー、投資ファンドのテーマが次から次へと新しい事態が起こることもあって、一番今の学生に関心のあるテーマではないかという。これから学生が新聞・マスコミ等でいろんな案件を見るときに、基本的なことを理解するとより興味を持って事件を見ることができると思うと述べている。

今回株主とステークホルダーについて述べたなかで、会社は誰のものかということについて、村上ファンドの村上氏やライブドアの堀江氏らが絶頂期のころ会社は株主のものだという論調で世間に相当得意満面の時代があったが、彼らは日本の資本市場で敗退したとし、真のステークホルダーとしては、株主以外に顧客、従業員、取引先、国、地域社会があり、会社とはいわば6つのステークホルダーの要素に囲まれたものとして把握すべきであり、それぞれが単独で自分のものだというわけではなくて、みんなが有機的に関連し合って会社が保たれているということを理解してほしいと述べている。

また今回は具体的事例として楽天とTBSとの敵対的買収に触れ、楽天は大株主としてコンテンツ制作（ネット再放送）などインターネットとテレビを連携させたい考えを持っているが、その背景にはTBSの提携先企業と独占的関与を持ちたいという本音もうかがえ、株主とステークホルダーの相互利益両立をめざす企業経営の観点から疑問点があるとし、これからもそうした観点から見ていくべきとの説明であった。

投資ファンドについてはその内容、特徴、仕組みを説明し、日本では企業買収を目的とする投資ファンドが多く、また破綻企業再生には企業買収ファンドが欠かせない状況を説明した。資金と経営ノウハウを同時に注入し、企業再生を目指す上で、健全企業の長期的改革に活用される買収ファンドの話は相当学生にもインパクトがあったようだ。MBOによるワールド、スカイラーク等のファンド活用等具体的事例を織り交ぜた話が印象的だったと思われる。

久志本先生の講話は、わが国資本市場における理論と実例をわかりやすく結びつけたもので、学生からも理解と人気が高い。先生は日本長期信用銀行の出身であり、同行ニューヨーク支店での国際業務、池袋支店長、マーチャントバンキンググループ部長、営業第七部長等を歴任され、10年前に起業した株式会社ピーエージージャパンの日本代表であり、自ら企業再生ビジネス、M&A業務等に取り組んでいる。特に不動産案件のアドバイザリー業務が得意である。これについて先生は、自分自身が自信の持て

る事業、すなわち不動産事業は、投資家にも自信を持って薦められる、案件を持っていく人間がよく理解しているかどうかで契約も違ってくるため、しっかり理解しなければならない、そういった意味で、不動産は自分自身、理解しやすく、自信も持てたため、不動産事業に特化してきた、と述べている。また経営者の心構えとして、いかに事業を継続していけるかということが重要である、そのためには、一点集中で対象分野のエキスパートのトップを追求する、収益性、効率性はこれらの結果としておのずと生まれてくるものだと述べており、現在の金融経済情勢を省みると非常に示唆に富んだ発言であると考える。今後の展開について、現在はインベストメントアドバイザリー業務として完成物件を扱ってきたが、今後は未完成の開発案件を扱うプロジェクトマネジメント業務も柱の1つとして力を入れていきたいとしている。

　一方、小原家とは深い縁がある先生であるが、國芳先生について、「私学と官学というものが在るが、官学では私の理想の教育はできない。国から援助を受け、教育に文部省、つまり役人が口出しするようでは理想の教育の実現は難しい」と熱を持って語っておられたと回顧する。また今後の玉川大学学生に期待する方向として、今の学生は将来の就職のために進学していて一般サラリーマン化している、ここで玉川大学は、事業を継承しなければならない二代目三代目が好んで入学する大学、加えてユニークで斬新なアイデアを生み出す学生がさらに開花していく大学、という道を選ぶのも1つの考えだと思うと述べていたのに編者も啓発された感があった。

第12章　私の起業論
～何故医師紹介会社を立ち上げたか

小谷洋三
（株式会社エム・ディー・マネジメント社長）

1．はじめに

　エム・ディー・マネジメントの小谷です。今ご紹介にありました通り、私は64歳になりました。63歳になって、後は悠々自適で年金生活に入ろうかと考えたのですが、皆さん新聞等でまたニュース等でお気づきの通り、今社会保険はかなり揺れています。定年後会社を辞めて、社会保険いわゆる年金をもらって悠々自適の生活をするというのがなかなか許されない時代になりました。そこで一念発起して63歳で会社を新たに立ち上げたというのが実は本音の部分です。しかしただ生活のためではロマンがない。ビジネスマンとして最後の挑戦を、63歳で社会貢献をしようということで、医師専門の紹介会社を立ち上げるに至ったというところです。
　私は、大学卒業後、日本長期信用銀行に、通常「長銀」と言いましたが、入行しました。この名前をご存知の方は少ないと思うのですが、1998年に消滅し、今は新生銀行という名前に変わりました。
　その後、私は長銀の中でいろいろな経験を積んで、またその後メーカー2社の勤務の経験を経て今日に至っているのですが、今までの私のビジネスマン生活の中で大きくは3つの節目があったというふうに自分では感じています。

第 3 部　ベンチャータイプ経営者におけるリーダーシップ

2．大きな3つの節目

　そのうちの1つの節目は長銀に入って銀行員生活のスタートを切ったことですが、銀行員の生活を32年ほどやりました。銀行員生活の大きな節目は1980年から6年間ロサンゼルス支店の経験をしたことです。アメリカのマーケットを中心に国際金融の経験をかなりつみました。私のビジネスマン人生の大きな節目であったと思います。ここで今までの日本中心のカルチャーがガラッと変わりました。
　それからその次の節目は株式会社ミクニに勤務したことです。株式会社ミクニというのは、オートバイに乗る方はご存知だと思いますが、オートバイのキャブレタの製造日本一の大きなシェアを持っています。カワサキ、スズキ、ヤマハを中心に販売しており、ホンダは別の系列会社があるのでほとんど納めません。ただオートバイも最近は非常にエンジンが大きくなってパワーが出てきて気化器からインジェクションに変わってきています。しかしミクニはキャブレタの分野では日本で一番大きな生産量を誇っているという会社で長銀からこのミクニに変わったことが私にとって大きなカルチャーショックでした。
　もう1つ大きな変化は株式会社モリテックスという会社に転職したことです。この会社は光ファイバーを製造する会社で、ハイテクの先端を行くような会社です。髪の毛くらいの太さのガラスの石英の光ファイバーの中で光の波長を100分割して、分割された波長の上に画像やいろいろな情報を載せて伝送するわけですから、インターネットの普及に大いに役に立ちました。私は光通信革命の中で3回目の大きな節目を迎えることになりました。

3．長銀時代の勤務経験

店舗建設・不動産業務という珍しい経験
　もう少し詳しく私の経歴を説明して、その中から私が先ほど説明した通り

第12章　私の起業論～何故医師紹介会社を立ち上げたか

63歳でなぜ新しい会社をリスクと苦労を承知の上で立ち上げたかということを汲み取っていただけたらと感じています。

1つはこの長銀の時代。通常銀行というと皆さん思い浮かばれるのが預金と貸付ということだと思いますが、私もご多分に漏れずそれぞれの分野を一応しっかりやりました。ただ、私の場合それ以外に長銀の一般銀行員がやらないような仕事をいくつか経験しました。土地の買収から店舗の建設というような分野での経験は、大変私にとって役に立った仕事でした。不動産の業務・取引に詳しくなるということは、金融機関はお金を貸すときに担保として不動産を取ることが多いですから、不動産の業務に精通していることは大変役に立ちました。不動産に関する法律の勉強もしっかりやりました。また同時にこれも銀行員があまり関係のない建設の仕事もやりました。

昨今、大変問題になった耐震強度の問題で、要するに手抜きで鉄筋等を抜いてしまうということで耐震強度がないような建物をコスト引き下げのために作ったということがあります。このへんについても私は銀行員時代に設計事務所の作った図面を見ながら実際現場に運びこまれる鉄筋の本数を全部勘定する、使われるコンクリートのトン数を全部勘定する、などの建設の担当を約4年近くやり、大きなビルをいくつも作りました。通常の銀行の金融業とは違う仕事をそこで学ばせてもらったということが後々のためのいい経験になりました。ここで得た知識というのが、いつでも私は不動産屋になれるという自信になりました。今でも少し不動産の仕事をすることがありますが非常にその経験が生きています。ビジネスの基本は変わりませんからいつまでも使えます。もちろん時代の流れで変わりもしますが、基本という部分はそう変わるものではないので基本をしっかり身につけることが大切です。具体的には不動産を扱う場合にその不動産の賃料でコストが賄えるのかどうか、売買のときにも不動産が売れるか売れないかの見極めに繋がってくるということになります。

広告業務の経験

次にやはり長銀で、通常銀行員が経験できない業務として広告の担当を2

回やりました。これは銀行の業務の内容を知らしめ、知名度を上げるということ、それから預金をできるだけ集めるため名前を売らなくちゃいけないというようなことです。皆さん広告というのは大変興味のある分野だろうと思うのですね。いろいろなメディアを使い目立たせる、目立たせるキャッチフレーズをどうするか、どういう映像を使うかといったことを広告代理店と相談する仕事で、当時は我々よく電通、マッキャンエリクソン博報堂、今マッキャンエリクソンになりましたけれど、そういうところを使ってきました。電通のデザイナーは誰にする、コピーライターは誰のコピーでないとだめだということを決めなくてはいけない。金融業とちょっと違う異色の分野を勉強させてもらった。私も何でも新しいものに首を突っ込むのが好きなほうですから面白かったですね。

　苦労して作った広告で読売広告大賞をもらったとういうようなこともありましたが、これも非常にいい勉強になりました。キャッチフレーズで「父の銀行」というのを作って、非常にいい顔をしたヒゲを生やした初老の人を大きく画面に、写真にバンと出して、新聞の広告で大きく出したのです。これはインパクトがあって消費者の方、預金者の方からの反響も非常によかった広告で読売広告大賞をもらったのです。コピーも良かったし写真も良かったのですが、世の中そう甘くないということもここで勉強しました。

　クレームが一般の消費者からきました。どういうクレームかというと「父のいない人はどうするのだ」というクレームです。確かに言われてみればその通りです。「父の銀行」、父の時代からお付き合いしている銀行がありますというサブタイトルで出したのですが、そこで「父のいない人はどうするのですか」と。その通りで我々は少しつめが甘かったと反省しました。すべての方々にちゃんと受け入れられるようなコピーでないといけないし、銀行というのは公共性を持った金融機関ですから、そういう意味でもやはりそれぞれの立場、それぞれの方の状況というのがあるので、そこで受け入れられるものでなくてはいけないということで、大変反省しました。これも私が広告をやったことで得た非常にいい経験であった思っていますし、将来にわたっても脇をしめるというようなことが身についたと感じています。

第12章　私の起業論〜何故医師紹介会社を立ち上げたか

ロサンゼルスでカルチャーショックを受ける

　その後、私の1番目の大きなカルチャーショックがあったのはロサンゼルスに勤務したときです。約6年ロサンゼルスでアメリカの金融をいろいろ勉強しました。最近の金融技術というのはどんどん進んでいます。日本の金融技術とアメリカの金融技術もそう時間的な差はなくなってきたというように思います。オプションにしてもヘッジにしてもそうなのですが、ほとんど日本の金融技術、欧米の金融技術との時間的な差はなくなっていると思います。ニューヨークのほうが金融マーケットとしてはロサンゼルスよりはるかに大きいし、世界の金融の中心ですが、ロサンゼルスで、私は私なりにアメリカのマーケットでの金融の勉強をしましたし、そこで得たのは金融の知識だけではなくていわゆるアメリカの文化も学びました。日本とはまだかなりカルチャーの大きな違いがあった時代で、一口で言うと世界観が広がったと言えます。

　皆さんのなかにも海外経験がある方もいると思いますし、子供の頃にご両親と一緒に海外で生活をした経験がある方もいるだろうと思うのですが、小さいときに海外にいたということは非常にいい経験だと思いますし、それを活かすことを十分に考えていただきたいと思います。やはり日本というのは島国で、今はインターネットがここまで発達し、垣根というのはなくなってきていると思いますが、やはり肌で海外を感じる経験をしてみると大きな違いに気付きます。アメリカがいいとかヨーロッパがいいとかという話ではなくて、経験をしてみてそういう社会を実感することは非常に重要なことだと思います。その意味では私のロサンゼルス時代の約6年の経験は非常にいい経験であったなというように思っています。

　その後の長銀の時代では日本に帰ってきて吉祥寺の支店長ですとか大阪の副支店長等をやりましたが、大阪の副支店長時代は日本の不動産バブルがはじけて、日本の銀行はそれまで潰れないと思っていたのですが、潰れるんだという体験をしました。長銀もなくなるという局面を経験したわけです。

4．ミクニでの経験～ローテクの技術

　その後先ほど触れましたが株式会社ミクニに勤めることになりました。このミクニの事業のドメインは自動車の部品です。事業内容は、自動車の気化器、インジェクション部品ですが、その他軽自動車のキャブレタ、オートバイのキャブレタ及び大型自動二輪のインジェクション、それとエンジン周りのダイキャスト製品です。それから車載用ヒーター製造をしています。乗り物のヒーターです。いろいろな自動車部品を作っている企業がこのミクニです。年間売上は500億円くらいの会社です。ただ持っている技術が非常に限られていますが、伝統的に良い技術を持っている会社です。要素技術はローテクといわれる範疇に入るもので、その技術の広がりはあまり大きくないといえます。

5．モリテックスでの経験～ハイテクの技術

　その後1997年に株式会社モリテックスに転職しました。先方から誘いもあり自分でもいろいろ考えた結果、このモリテックスという会社に入社しました。モリテックスは私が入社したときは売上100億円程度の会社でした。ちょうど12年前です。上場もしていない時代で利益がそんなに出る会社でもなかったのです。ただ私が着目したのは先ほどのミクニと比べてコア技術というものがあり、モリテックス製品にはコア技術を応用した広がりがあったことです。先ほどのミクニでいうと技術の範囲は4つです。大きく自動車のインジェクション関係、オートバイのインジェクション及びキャブレタ、ヒーターとアクセサリー関係になります。

光ファイバーの技術に優れたモリテックス

　モリテックスの要素技術は、ハイテクといわれる技術ですが、光通信に使われるしっかりした技術を保有している。元々はガラスの光ファイバーを一

生懸命やっていた会社です。その後、石英の光ファイバーが作れるようになった。石英の光ファイバーとガラスの光ファイバーというのは我々専門家で言うと多成分ガラスというのですが、普通のガラスの材料を使ってファイバーをひくのです。

　光ファイバーというのは皆さんの髪の毛くらいの太さしかありません。それを100本ほど束ねて1つの電線のような形にしてその中に光を通していくのです。1本の髪の毛くらいの太さの石英の光ファイバーの中でもガラスの光ファイバーの中でも100波長ほどの光が通ります。各波長の上にそれぞれの情報を乗せて何百キロメートルも送信します。画像も送れるのです。大容量の画像も光のスピードで瞬時に送れます。太平洋の海底にも光ファイバーケーブルが敷設されています。ただ1本の細いファイバーの中の波長を100に分割する技術はレンズの技術です。レンズを通して細いファイバーの中に光を入れるのですが、そのときにレンズで光の波長を分割、分波するわけです。

　レンズを使って光の波長を分波するまた増幅する部品をWDMデバイスと言います。これはWというのはwave lengthです、Dは分割するdivision、Mはmultiplexingという意味で、これは光の波長の多重分割伝送の技術でシスコにしてもインテック、ルーセント、アルカテルにしても皆この技術を使って大きく業績を伸ばしました。それからパソコンがこれだけ世の中に広がってきたというのは正にこういった技術が光通信に使われるようになったからです。

　モリテックスの場合は私の入社後このWDMの技術を使って光通信の分野に進出し、売上が大幅に伸び、株式を店頭公開できました。さらに店頭公開後、3年で東証一部に上場しました。東証一部上場時、光通信網の普及からモリテックスの株は買われて一時は1万5000円まで行きました。モリテックスの株を持っていた古い社員の中で億万長者が続出しました。やはり会社というのは保有技術を使い、社会の変化に対応した製品を作り、その製品が時代に合うと金鉱を掘り当てるような効果があり、それによって会社は伸びます。これからもハイテク技術というのは重要です。そして時代にマッチ

している技術が何なのかそれを見極めていくということが非常に重要なことです。これから益々伸びていくのはメディアの分野、やはり映像の分野というのはまだ伸びていくだろうと私は見ています。

コアになる技術・コアになるビジネスを持っているか

　ただそれはモリテックスの経営の問題であって事業そのものについて皆さんに是非知っておいていただきたいのは、これから皆さんが１人ひとり就職するにしても、ビジネスを自分で立ち上げていくにしても、コアになる技術、コアになるビジネスを持ち、これらが時代の流れの中でどういう位置にあるか、これを是非よく理解していただきたい。大中小と織り交ぜていろんな面白い会社があります。その中で自分が会社を選んでいくときにその会社の持っているものが何か、もちろん工業的な技術でなくても構わないです。コアになる技術、知的財産というのもあります。そして著作権みたいなのもあります。持っているもので何か先行きの時代の流れを読めるように勉強することが大事で、会社を選ぶときには非常に重要なことです。保守的な会社は長持ちしないと思います。

　私はミクニとモリテックスを経験しましたが、ミクニはミクニで今自動車産業という大きな市場の中で必要とされる部品を開発・製造して伸びると思いますが、さらに広がりを追求する視点で見ると、モリテックスの持っている微細なレンズと光ファイバーを核としたハイテク技術の広がりは大きなものがあります。皆さんは若くて、これから社会に巣立っていく人たちですから、ぜひシステムやソフト、デジタルの技術でもハードの技術でも構わないです、将来性があるかどうか、持っている技術が広がりを持つかどうかというのに着目していただきたいと思います。

バイオサイエンス、ライフサイエンスに進出

　私はモリテックスで10年やってきて、自分でよく考えたことは、次にモリテックスは何をすべきかということです。私はモリテックスの保有する固有の技術の光ファイバーやレーザーの技術、光学の技術、レンズの技術を使

第12章 私の起業論～何故医師紹介会社を立ち上げたか

い、バイオサイエンスに進出したのです。バイオサイエンス、ライフサイエンスという分野はこれからかなり成長します。皆さんこれからいろいろな勉強や企業の研究をし、またこれから将来自分が何をやりたいか考えるとき、この分野には是非着目していただきたい。

皆さんに少しわかりやすくお話すると、このバイオの、特にここでいうバイオサイエンス、ライフサイエンスの分野で皆さんに関係があるのは何かというとDNAです。これは人間の遺伝子で、DNAやRNAとかについて聞いたことがあると思いますが、いろんな種類の遺伝子があります。たとえばSiRNAという名前どこかで聞いたことある人がいるかと思いますが、これは人間の体質遺伝の遺伝子です。これら遺伝子が皆さんに将来どういった関係が出てくるかというと、将来これを使った薬がどんどん開発されます。

どういうことかというと、皆さん「タミフル」というインフルエンザの特効薬を聞いたことがありますね。Aさん、Bさん、Cさんがインフルエンザにかかったとき、医師が同じタミフルを3人に出したとします。そうするとAさんは2日で熱が下がり治った。Bさんは1週間かかった、Cさんはなかなか治らなくて2週間くらい治るのにかかった。これはどういうことかというと、Aさん、Bさん、Cさんの遺伝子が違うからです。ですから同じタミフルを出したとしても、人によって効き方が違う。これは遺伝子の違いにあります。

これからどうなっていくかというとAさんの遺伝子、Bさんの遺伝子、Cさんの遺伝子を解析するという技術がもうでき上がってきていて、各人の遺伝子にあったタミフルを出す。要するにタミフルそのものが同じでなくて、Aさんの遺伝子にあったタミフル、Bさんの遺伝子にあったタミフル、そしてCさんの遺伝子にあったタミフルを出すというように、薬そのものも遺伝子毎に創薬が行われるようになるということです。

それはどうやるかというと、これから皆さんの遺伝子毎に解析が行われ、この解析データをお医者さんが看るようになり、その解析されたデータをチップ化して、皆さんがチップを持つことになります。不幸にして病気になったときに遺伝子情報の入ったカードを持って医師に提示し、医師は遺伝子の

解析データをすぐ見てインフルエンザならそのインフルエンザに合うタミフルを処方するという形にこれから変わります。ただ今すぐはできません。そこまで進歩していませんから、これも誤解しないようにお願いしたいのですが、研究はかなり進んでいます。

バイオサイエンスに注力

予防医学、メタボリック症候群がどうのこうのと政府で盛んに言われていますのでちょっと話をしますと、政府は要するに健康保険がパンクしているものですから、予防医学も食生活、運動である程度は実現できますが、これだけでは問題が片づかないのです。これも遺伝子に関係してきます。遺伝子を解析して弱い遺伝子を持っている部分を入れ替えていく、将来そういう時代が来ます。遺伝子の組み換えをするようになってくる、そうすると弱い遺伝子を強い遺伝子に組み換えていくというような時代がやってきます。このことはちょっと頭の隅において下さい。20年後か30年後に実現されると思います。

実際にモリッテクスの時代、私はアメリカのサンディエゴまで行きました。アメリカのサンディエゴにイルミナという遺伝子の解析の技術を持ち、遺伝子の情報の入ったチップを作っている会社があります。そこではもうかなりアメリカ国民のデータが蓄積されています。遺伝子学的に見てどこの部分が弱いか、どこの部分が強いかその人の体質を分析し、弱い部分をどう補強していけばいいかということで本当の意味での予防医学が実現できることになります。それから薬を開発していく上でも通常ネズミで検査をし、次にサルでやってそして人間ということで実験をやりますが、実験についてもこれからは大分変わってきます。上流の遺伝子の解析をしてそれに合う薬、合わない薬というのを明確にして創薬を行います。このことは将来のいわゆる予防医学とリンクする話になってきます。モリテックスの最後の3年間は私非常にこのバイオサイエンスに注力をして仕事をしてきました。

6．エム・ディー・マネジメントの設立

現状の医師不足は大きな社会問題

　これから今日の本論になるのですけども、63歳でなぜお医者さんの紹介をする会社を立ち上げることになったかということでお話したいと思います。よく最近社会で問題になるわかりやすい例でいうと、この間も奈良県と大阪府のほうで赤ん坊が生まれそうになった妊婦がたらい回しにされたニュースを皆さんはご覧になったと思うのです。それから関東圏でもそういう話がいくつかありました。なぜああいうことが起こるかというと、医師が病院で不足していることに原因があります。それから病院の中で医師の労働が非常に過酷になっていることも原因です。

　医療の世界で先ほど健康保険がパンクしますといいましたが、現在全部で国民の医療費というのが32兆円規模です。日本の一般会計が80兆円といわれています。80兆円の中で32兆円が医療に使われるほどこの分野というのが大きな産業だということがいえます。医療サービス従事者のところで先生方、歯医者さん、それから薬剤師、看護師さん等で約48％使われています。この額がだいたい32兆円の中で15兆円が人件費になります。それから薬、医薬品、ここも大きい。22％くらい薬で使われている。大体6兆円を超える7兆円くらいがこの分野、それから医療機材これは手術の機械等をいうのですが6.5％、ここのところが大体2兆円くらいになっています。全体では薬、医療機械関係がすごく大きい。したがって今大手の商社も皆この医療の分野に進出してきている。一時は先ほど申し上げたハイテク関連の光通信関係の市場にも多くの企業が参入してきた時代が今から10年くらい前だったのです。これからの時代にこういう32兆円もお金が投入される市場は大変大きいと言えます。この業界に1つの非常に大きなビジネスのチャンスが出てくると考えました。

　それで今お話したように32兆円のこの医療費というのが、この2004年の話ですから、2025年には65兆円になるだろうといわれています。この65

兆円は32兆円と比較すると約2倍強、32兆円のうちの一般医療費が24兆円ということで、これを含めて65兆円まで広がるだろうと見られています。そこで医師の数を見ますと、2005年の診療する医師が25万7000人です。これが25年後、何人になるかというと31万1000人、医療費の伸びが約2倍です、32兆円の2倍。しかし医師の数はどうなるのかというとこの伸びが大体21％しか伸びませんから、医療費がこれだけ拡大していく中で医師の数はそんなに増えず、医師不足は益々大きな問題になります。

不足する日本の医師数

日本は医師が多いように見えて決して多くないのです。OECDの統計で、人口が1000人当たりの医師の数というのがありますが、日本の場合は平均3人くらいです。これはOECD加盟国31ヶ国の中で27番目、要するに1000人あたりの医師の数が非常に少ないということがいえます。加えて医師が非常に過酷な労働を強いられているというのが日本の実態です。過酷労働の実態は、大体病院は夜勤があります。24時間病院は常に開いていることになります。つまり夜中も救急が入ってくるから夜中も誰か先生が対応せざるを得ないというため当直医が必要です。当直した医師が翌日の朝帰宅できず、翌日の午前中の外来まで診る、午後は病棟回りがありますから30時間以上起きて病人を診ることになります。したがって病人を診るという行為そのものも、もう疲労困憊の中で行わざるを得ない、というようなのが今の病院の現状です。医師も自分の中学校、高校の同級生を見ていると、一般に大手の企業に勤めた人たちは週休2日だし、通常の平日が忙しい人でも遅くても夜には家に帰れる。また翌日朝は9時始まりですから、それと比較し何でこんなに働かなくちゃいけないのだろうと考えるのです。

医師の労働負担の拡大

では報酬がそれに伴っているかというと決してそうじゃなくて、先ほどから医療の数字がいろいろ出ていますけども、全体の中で医療報酬は抑え気味ですから、医師に対する給与というのは思ったよりそんなに高くないという

ことです。そういう中で医師の労働だけが今日の時短の風潮の中で非常に大変になっているというのが日本の現状です。そうすると医師は従来と違う行動に出るようになりました。

　まず、医局の構造をお話しましょう。皆さん医学部じゃないのでわからない部分があろうかと思いますが、お医者さんになるにはだいたい大学で医学を勉強しましてそれから研修医となり、研修を終えるとその後、たとえば内科を目指す人も小児科を目指す人も外科を目指す人もそれぞれの専門教授のいる医局に入ることになります。もちろん医局に入らない医師もいます。医局に入ってそこで助手、講師を経て助教授、教授になっていきます。この医局の中で一番大変なのは部分研修医、研究医といわれる方です。平均でいうと大体30歳くらいの医師を指します。もう立派な医師で、医局長の指示で僻地も含め各地の関連病院に派遣されます。戻るのに何年かかるかわからないのが実情です。

　たとえばこの近くでいうと相模原に北里大学病院がありますが、北里大学病院は北里大学を出た人で医局に入った人が北里大学系列のいろんな病院がありまして、そこに医師派遣という形で派遣されます。派遣先には、自分が行きたくないところはいっぱいあります。たとえば離島の診療所であったり、たとえば北海道の病院であったりですが、自分の意思とは関係なく医局、医局長及び教授の考えで派遣されるという形をとります。本当に僻地の医療をやってみたいという人はそんなにはいません。大体の人がやはり東京もしくは大阪圏、京都圏で生活をしたいと考える。また結婚して生活をしていくのにやっぱりそういった大都市圏がいいというふうに考えるのが普通です。ところがこういう組織の中で、医師といえども僻地への派遣ということになってくると、嫌気が差してきて医局に入らなくなる。医師は医局に入らなくても自分の腕で病院に就職することが十分可能です。医師免許を取ると、この免許は一生ものですから、内科医として、小児科医として、外科医として病院に空きがあれば就職するのは十分可能ですし、病院は今、人手不足ですからウェルカムということになります。医師によっては大学の組織からなかなか離れづらいと考えていた医師も最近は医局離れし始めたのです。

医師不足の悪循環

したがって、大学病院から若い先生方が極端に減少しているのが最近の傾向です。そうするとどういうことが起こるかというと、今まで大学が派遣してきた関連病院に派遣できなくなってしまう。直轄の大学病院を見なくちゃいけないから、今まで派遣していた病院から医師を引き上げてしまう、その関連病院に医師がいなくなるという現象が起こります。

これは医師が病院からいなくなる悪循環の1つで、研修医の先生が医局離れを加速して大学病院が人手不足になり、人手不足のため関連の病院から医師を引き上げてしまう。したがって関連の病院に医師が不足すると、不足するから余計そこに勤務する医師は過酷な労働を強いられることになりますから、賃金が上がらず、過重労働はひどくなります。そうすると先ほどのお産の例ですけど、もう生まれそうだというので妊婦を病院に入れようと思っても、救急車をみんな断ってしまうことになる。断らざるを得ないですね、病院に医師がいませんから。そうするとタライ回しの末救急車の中で出産することになる。不測の事態が生じることもある。それが奈良で起こったケースで、不幸にして母親が亡くなられた。このことは日本の医療が今崩壊しつつあるということです。

エム・ディー・マネジメントの立ち上げを決意

最近医療問題は特集記事になっていますし、NHKも特集を組んでこの問題をかなり取り上げています。そういう中で我々は、その崩壊していく医療を何とか支えるため、医師を不足している病院に紹介しようとの思いで、このエム・ディー・マネジメントという会社を立ち上げるに至りました。エム・ディー（MD）は、Medical Doctorのことです。そのきっかけになったのは、先ほどお話したモリテックスで、バイオサイエンス事業を立ち上げ、遺伝子の解析の仕事を勉強し、遺伝子の解析、予防医学と突き詰めていく中で、今の現在の医療制度の問題が見えてきました。

医師は東京中心にたくさんいます。東京の都内の23区内の病院で医師が本当に不足している病院の数はそうありません。ただ東京から同心円で広が

れば広がるほど医師がいなくなります。群馬県、福島県、茨城県、山梨県から長野県、この辺りになると医師不足は顕著になります。それから北海道これがまた大変厳しい場所で、どうして北海道の先生が不足するかというのは、先ほど医局に入らないケースなのですが、北海道に3つの医大があります。旭川医大と札幌医大と北海道大学の医学部と3つありますが、研修医で北海道を離れる先生が多いからです。それが北海道の病院の先生が不足するという形になります。我々エム・ディー・マネジメントを立ち上げて最初に経験したことなのですが、北海道の伊達市に日本赤十字病院があります。そこに麻酔科医の医師が十分いないため手術ができない、脳溢血が起きても、心臓のバイパス手術をするにも麻酔科医がいないといくら外科の優秀な医師がいても手術は絶対にできないわけです。麻酔科医がちゃんと麻酔をかけて手術を行わないと医療ミスが起こりやすいということで、今の医療の法律でも定められている問題なのですが、どうしても麻酔科医が必要になります。そのため我々に依頼があり、我々は麻酔科医に毎週3日間ずつ担当の曜日を決めて北海道の伊達日赤に行ってもらいました。このような形で地方の医師不足を賄っており、地域医療に貢献しています。北海道に限らず、今新潟でも同じようなことをやっていますし、新潟もやはり県下の病院を新潟大学医学部だけではカバーしきれない状態です。

社会貢献も意識した起業

　当社のような会社がないと地域医療が本当に守れない状況です。どういうことになるかというと、その地域、地域で重要な、たとえば大腸ガンの手術であるとか、緊急性の高い心臓のバイパス手術とかができないという問題が生じてきます。ドクターヘリコプターも必要ですが、台数を揃えるにはかなりお金がかかるのです。各患者さんがそれを負担できるかというと、できないケースが多いです。やはり地域医療を何とか維持しなくちゃいけないという考えから、私がこの会社を立ち上げた最大の理由がそこにあります。それが社会貢献にもなるというふうにも考えています。

　したがって、我々の企業理念は今言ったことなのですが、社名はメディカ

ルドクターをマネジメントし、医師が不足している各地域に紹介していこうというようなことからつけたものです。もちろん医師の意向を前提でやっていきます。したがって医師たちの空き時間を我々が上手く使わせていただいているということです。医師の空いている時間を活用させていただき、施術をしていただくことで、大きく医療制度が変わろうとしている中、我々が医師や医療機関の関係者の皆さんのアドバイザーとして専門性を発揮していき、我が国の最適医療を実現して社会貢献をしようというところに我々の企業理念があります。それからこれは今我々が医師を病院に紹介する1つのスキームなのですが、私たちの会社が医師の紹介業として病院に医師を紹介していく、医師と病院との間で雇用契約をベースに勤務していただくということになります。

麻酔科医を紹介

じゃあ何で麻酔だということですが、麻酔の先生がものすごく不足しているからです。全国で約26万人の医師がいる中で麻酔科の専門医は2004年に6000人、今年の統計で6600人です。26万人の中の6600人しか麻酔科医がいないということはやはり麻酔科医師がすごく少ないのです。全体の中でやはり多いのは内科医です。手術の関係から少ない麻酔科医のニーズがやっぱりすごく高いです。麻酔科医のニーズは以前麻酔をかけるだけでよかったというのがありますが、最近は新しくペインクリニックというのが出てきています。

このペインクリニックというのは何かというと、たとえば最近やはり日本の全体の年齢構成が上がり、大体高齢化してくるといろいろな痛みが出るようになる。特に膝痛や股関節痛が多くなる。その痛みをとるというのがペインクリニックという仕事で、新たに麻酔科医の仕事として出てきましたが、麻酔科医がこの分野へ動いているというのが1つあります。

それから麻酔科医が麻酔以外の科へ変わっているというところがあって、これも麻酔科医減少の原因です。麻酔科医の報酬が忙しい割には低いことも麻酔科医不足の原因です。最近は麻酔科医がきちっと麻酔をかけることが手

術の前提になります。そう考えると麻酔科医のニーズというのはいろんな分野で幅が広い。耳鼻咽喉科、眼科の手術も対象となります。また心臓のバイパス手術になると心臓麻酔のできる先生がいないといけないことになりますし、また脳腫瘍とかも必ず脳外科の麻酔をかけられる先生というのが要求されるのです。そういう意味で麻酔の先生のニーズは全体的に益々高まっています。

麻酔の先生以外で麻酔をかけている先生がいるという例では、歯医者の先生は麻酔をかけられるのです。ただそれは歯科の治療に限って認められています。ただ口の中でも大きな手術になると専門の麻酔科医がまた別にかけるということになります。私たちはそこに着目して麻酔科医の専門医局を立ち上げ、医師にご登録いただき、手術がきちっとできるように、特に不足している地域の方へ麻酔科医に行ってもらうことで、地域医療を支えていくということで麻酔科医の人材紹介に特化しました。

第二段階、そして第三段階へ

第二段階は、産婦人科医と小児科医で、今かなり足りません。小児科医がどんどん他の内科へと変わってしまっているというのが実態で、産婦人科医も産婦人科でいろいろ問題が生じて裁判沙汰になるケースも多いので、他の科目に変わる先生が多いのです。そのため、地域によってはお産ができないという問題が生じてきちゃっている。逆に地方でお産ができないから、じゃあ東京でできるかというと東京の病院は受け入れたくないというのが実態で、受け入れないのです。やはりそうすると、どこで産めばいいのかという話になります。一方で政府が少子化対策、少子化対策という割にはこの部分の対策が何も行われないのが実態で、社会問題です。これでは益々少子化に拍車がかかる、どんどん子供が減るという状態になるので私たちは産婦人科医の回転をもう少しよくできないだろうかと考え、第二段階で産婦人科医の専門部局を立ち上げようと考えています。

そして第三段階はやはりお子さんの病気に対する小児科医の専門部局を立ち上げたいと考えています。それから我々は、こういった医師との付き合い

で蓄積されるいろいろな知識をベースにして、病院のコンサルティングをやろうと考えています。要するに病院の臨床現場の改善、改革のお手伝いをしていこうと考えています。

　これはちょっと専門的な話になってしまうのですが、麻酔科医は手術をしている外科医の動きを実によく見ています。そういう点から病院の臨床現場の改善、改革をサポートしていこうと考えています。

7．最後に

常に日本と世界の変化を考える

　以上私の社会人生活を長銀の行員からスタートを切って、それから物作りのメーカー2つを経験してその中でローテクの技術を持った企業とハイテクの技術を持った企業の両極端をそれぞれ経験していろんな勉強をさせてもらいました。それをベースにして今度はその2番目のハイテクの会社の延長線でバイオサイエンスという分野を経験し、さらに医療と予防医学を経験し、そこから得た結論は63歳で日本の社会貢献になるようなビジネスマンとしての最終の挑戦をしようと思い立ったということです。まだ気分的には40代のつもりでいますし、体力的にもまだ50代の体力維持はできているだろうと自分では思っていて、まだまだ挑戦は続けたい。年金で暮らすにはなかなか大変な時代に入ってきてしまったから、その面でも収入を確保できればいいなということをもちろん含めてですね、人生を楽しめる形に持っていきたいなということで今やっています。

　最後に結論として、皆さんに私の経験の中でこれだけはお話しておきたいことは、常に社会の変化とそれから経済の変化と政治の変化、これは日本に限らず世界の動きになりますが、新聞を読みながら、それからニュースを聞きながら、よく考えてみていただきたいと思います。その中で自分が何をできるか、何をしたいのかというのを明確に持つことです。ただし一度決めたからといってそれを一生やる必要はないです。私は今お話した通り、いろんなことを経験して最後のビジネスマンとしての仕上げをどこに、何に求める

第 12 章　私の起業論〜何故医師紹介会社を立ち上げたか

か、というところにいます。皆さんもこれからの人生ですから是非、社会経済それから政治の大きな変化の中で自分のやりたいことは何か、それから組織の中で自分のポジション、ポジショニングというのをよく考えて下さい。会社に入っても、自分のポジショニングをどこに求めるかということは非常に重要なことです。それが自分の存在意義をはっきりさせることになります。是非それだけは、社会人の先輩として私が皆さんにお伝えしたいことです。ありがとうございました。

(2007 年 12 月 14 日講話)

＊＊＊＊＊＊＊＊＊＊＊＊＊＊＊＊＊＊＊＊＊＊＊＊＊＊＊＊＊＊
解説

　小谷洋三先生は現在、株式会社エム・ディー・マネジメント社長である。先生は元日本長期信用銀行出身であり、ロサンゼルス支店副支店長、吉祥寺支店長、本店個人業務部長、大阪支店副支店長など幅広く経験された。途中銀行の広告の仕事、店舗建設の仕事にも携わった。先生は、こうした長銀の経験の中で大きな節目はロサンゼルスに行ったこと、約 6 年ロサンゼルスでアメリカの金融技術をいろいろ勉強したこと、を挙げていた。

　その後株式会社ミクニに出向された。自動車のインジェクションとオートバイのキャブレタを作っている会社で、自動車部品製造でしっかり経営もされている東証二部の上場企業である。ただし持っている技術が限られていて、技術としてはいわゆる要素技術がローテクだという。その技術の広がりはあまり大きくないという部分があったという。

　次に転職したのが株式会社モリテックスである。先方から誘いもあり自分でもいろいろ研究した結果このモリッテクスという会社に入ったという。専務取締役で入社し、後に取締役副社長になり累計 10 年間勤めた。売上が当初 100 億円の会社であったが、着目したのは先ほどのミクニと比べて、コア技術というのがありその周辺にこのコア技術を応用した要素技術を使う、すなわちハイテクといわれる技術を使うことに非常に魅力を持ったという。ローテクの技術を持ったミクニという会社を経験したことと、その後ハイテク技術を持ったモリテックスという会社を経験したことが非常に重要だと説明した。特に WDM デバイスで、これは非常に重要な技術で

シスコにしてもインテックにしても皆この技術を使ってハイテクが伸びてきた、それからパソコンがこれだけ世の中に広がってきたというのは正にこの辺の技術が光通信に使われる技術として発達したからだった、モリテックスの場合はこの技術を使って広がりを持つ分野に進出した、とのことである。小谷先生は売上を伸ばし、店頭公開を実現した。

　こうしたモリテックスでのハイテク技術の経験から、その後のエム・ディー・マネジメント創業への繋がりが出てきたという。物作りのメーカー2社を経験してその中でローテクの技術を持った企業とハイテクの技術を持った企業の両極端をそれぞれ経験して、いろんな勉強をした、それをベースにして今度はその2番目のハイテクの会社の延長線でバイオという分野に首を突っ込み、さらに医療と予防医学という分野に首を突っ込み、そこから得た結論は63歳で日本の社会貢献になるようなことでもう1回ビジネスマンとしての最終の挑戦をしようと思い立った、ということでエム・ディー・マネジメントを創業したのである。

　そうした経緯で小谷先生は2年前に株式会社エム・ディー・マネジメントという麻酔科医師の人材紹介の会社を創業した。エム・ディーとはMedical Doctor からとっている。我が国では特に麻酔科医が不足していて、麻酔科医を確保し医療現場に紹介する必要性が高いという。そのあたりの創業の直接的契機については、ちょうど5年前に、エム・ディー・マネジメントの会長をしている東京警察病院前形成外科部長で、日本で形成外科の第一人者である大森喜太郎先生から、警察病院といえども麻酔の先生がいなくなってしまう、麻酔の先生がいないわけではないが、どんどん病院離れをしているので、今、麻酔の先生をもういっぺん戻し、回転させるような仕組みを、医者の側に立って作ってあげないと戻らないし、極端な話そういう仕組みができないと病院の手術が全くできなくなる、それを一緒にやってくれないかということで創業したという。小谷先生はモリテックス時代にバイオ系の仕事をやっていて大森先生との繋がりもあり、事業モデルに賛同し、最後は社会貢献に結びつく仕事がいいということが契機になったという。コンピューターネットワークを構築し、紹介する麻酔の登録医師が増加し、現在事業はほぼ順調に拡大しているが、今後さらに登録医師数を増やしていきたい考えである。

　経営上心がけていることは、医者の数を増やすこと、そのためには医者とのコネクションを大切にして、医者から医者への横のつながり、つまり医者は皆グループを作っているわけで、そのグループごと取り込んでいきたい、そのために医者1人ひとりに対するコンサルタントをしていくとい

第12章　私の起業論〜何故医師紹介会社を立ち上げたか

うのが一番だ、という。そして、お金をいただくのは、病院サイドで、医者からではないので、病院との接点をしっかり構築することである。当面はコンサルティング、病院のネットワーク構築等によって登録医師数1000人を確保していくのが目標であるという。人材の育成、資金調達などの仕事も精力的にこなし常にエネルギッシュである。

　玉川学園についての率直な印象として、大変素直な学生が多い、非常に素直で前向きに捉えている感じがするという。これから実社会に出る上で非常に重要なことは素直な人のほうに情報が入るし、相手は真摯に応えてくれると述べている。自分は森村学園の幼稚園、初等科を出てそのあと中学からは慶應で、私立の一貫教育を受けた、私は一貫教育が好きです、そういう点で玉川学園には親しみを感じる部分があります、と言っておられた。すがすがしく、エネルギッシュに活躍する小谷先生に拍手するとともに、新事業の成功を祈りたい。

第13章　キャリアマネジメント～起業する

玉木　剛
（株式会社コミュニケーションデザイン社長）

1．はじめに

　まずは簡単に自己紹介をさせていただきます。私は現在30歳です。同年代の有名な経営者を申し上げますとミクシーの笠原社長、サイバーエージェントの藤田社長、最近では若い社長も珍しくはなくなってきました。私は同志社大学出身で、学生のときからライター活動を行い出版社に出入りなどして、在学中に本を出版、会社の起業、ベンチャーキャピタルでの勤務、そして広報・宣伝活動などを手がけて、会社を自分で立てて独立して今に至るという過程になっています。

　本日は大きく分けて3点お話します。1点目は学生時代に起業して失敗したのですが一体何が足りなかったのか。それからフリーで働くという考えがどういうことなのかということ。そして現在私が行っている、会社を経営するということはどういうことなのかということ。私のキャリアはもともと従業員として働くということを経験し、そのあとフリーで働き、そのあと経営者になり、あとはほかの働き方としては投資家と、だいたいこれらの4つの働き方に分かれるのではないかと思います。

2．学生時代の起業

コミュニティサイトの立ち上げ

　学生時代にどんな起業を考えたのかを紹介したいと思います。もともと私自身、学生時代に報道関係のサークルに所属しており、新聞を作ったり学生向けのウェブサイトを作ったりしていました。そんなことをしているとある日、あるベンチャーキャピタリストから連絡があり、2億円ほどの投資で、2年くらいで株式公開を目指せるような会社をやってみないかというオファーを学生時代に偶然いただき、ベンチャーの立ち上げに関わっていくことになりました。本当はマスコミ業界に就職することを考えていましたが、当時ネットバブルといわれる時代で100年に1回のネットビジネスのチャンスでなかなかないぞと言われたこともあり、全く興味のなかったベンチャーの世界に深くはいっていきました。

　会社を立ち上げるにあたり、創業メンバー探しから始めました。やはり経験のない学生同士でやってもなかなか進まないということで、ベンチャーキャピタルの方が中心になっていろんな人を見つけてきていただき、最初4人で渋谷で会社をスタートしました。その中で最初私の役割は、ウェブサイトの責任者と学生の取りまとめということで、もともと私自身学生時代、学生向けの情報発信の活動をやってきましたので、学生向けポータルサイトの運営、編集長など悪戦苦闘しながらやっていました。これが22歳ぐらいのときです。

　どんな事業かというと、大学生向け情報コミュニティサイトというもので学生が興味持ちそうなもの、たとえばコスメ、恋愛、ファッションなどの情報をとりあげました。それと同時にアルバイト情報サイトもやりました。これは学生の皆さんが登録しメールで情報を提供するといったサービスで、これらの2つのサービスを並行すれば成功するのではないかという構想でやっていました。

　市場規模としてみても学生数が300万人ぐらいいるといわれていて大きい

ものを、また購買力も1人当たり年間40万円ぐらい購買するという計算から年間8000億円から1兆円のお金が動くので上手く市場に入っていけば成功できるという構想でやっていました。結果としては2年ぐらいこの事業を行ったのですが結果は失敗しました。

ベンチャーキャピタルからの投資取り止め等で結果的には失敗

　なぜ失敗したのかといいますと、一番大きかったのがベンチャーキャピタルからの投資が取りやめになってしまったことです。創業当時は2億円ぐらい投資してもらえるという話だったのですが、どんどん事業を進めていってお金がなくなってきた段階で「すみません。投資やめます」となってしまい、私たちは2億円の投資を受けるつもりで事業を進めてきたのに、急にお金がなくなってしまい、慌てて国内のベンチャーキャピタルを回ったのですがどこも出資が決まらず、資金が底をついてしまい、これが直接的な失敗のきっかけになりました。もう1つは市場環境の変化をなかなか読めなかったことです。ネットバブルは当時ものすごいブームだったのですが、その頃アメリカでネットバブルがはじけてしまい、日本でもそれに伴いネットバブルが続かずお金もなかなか流れなくなってしまったのです。そのため投資を得られない環境に変わってしまったのです。

　最後としては会社が倒産して負債総額は1000万円くらいになりました。東京本社のほかに関西支社の立ち上げを同志社大学生1人でやったので、後片付けはいわゆる夜逃げ状態でした。本社も非常におしゃれなオフィスだったのですがこちらも夜逃げ同然の撤退という苦い思いも経験しました。結果としては、ビジネスの知識がないままやってもなかなか成功しないのではないかと今振り返ると思いますが、こういう経験をしたからこそ企業のメカニズムがわかったのではないかと思っています。

3．起業の失敗から得た教訓

経営者の思考が会社の成長規模を決める

　ビジネスに何が大事か。1つ目は参入タイミングです。参入が早すぎてもニーズがないのでうまくいかない。逆に遅すぎても競合他社がマーケットシェアをかなりとっていて遅れをとってしまいます。いかに最適なタイミングで事業を始めるかがすごく大事なのです。2つ目は売上を上げる方法を知っておくことです。何でお客様がお金を払うのかという感性が大事なのです。お金を払うメリットを知っておくことです。3つ目はベンチャーキャピタルの資金を当てにしては成功が難しいということです。大体の企業は倒産しています。

　それから経営者の思考が会社の成長を決めているということです。成功する経営者の頭の中を知っていないとなかなか成功は難しいのではないかと思います。それと必ずしも急成長する企業がいいことではないのではないかということで、自分にあった経営スタイルはなんなのかということです。社長になりたいとか起業したい人が多いと思いますが、実際どれくらいの規模の会社をやりたいかによって、同じ社長といってもまったく違います。家族で年商1000万円程度でやるのか。もしくは年商10億円規模でやるのか。そもそも社長になりたいということは一体どれくらいの経営者を目指していくのかを考えることが大事なのです。

　就職を考える際、もしベンチャー企業に入社するとしたらどれくらいの規模のベンチャーに入社していくのか。会社の目安としては年商1億円から3億円ほどで1回壁がきます。3億円ぐらいまでは家業の延長線程度で到達します。そこから年商10億円ぐらいまで到達する企業は何とか会社としての仕組みをなしているといえます。次が30億円、100億円、そして1000億円といった感じでそれぞれハードルがあります。

目指す事業のイメージを描く

ですからほとんどの経営者は年商1億円を越えられません。だいたいほとんどの会社が家業で終わってしまいます。それがダメというのではありません。少人数で家業として楽しむという考えもあれば、10億円ぐらいまでに成長させて、事業部や人事部をたてて組織化させて本格的に事業を行うという考えもあります。もしベンチャー企業に就職するのであればどれくらいのステージに参画するのが楽しいのかなということを考えていただくといいと思います。

あと将来、会社を作りたいと考えているのであれば、どれくらいの規模の会社を作っていくのかを想像できるのかが大事です。1年後、3年後それから10年後の計画を立てることです。たとえば創業10年で年商200億円、かたや年商数千万、この差は何か。それは最初からどこを目指しているかで違います。200億円の会社にしようと思えば最初からそのビジョンがないと到達できません。事業のイメージを抱くことが大事なのです。こういうのは大学では習いませんが、逆にこういうことを知らずに起業していくと大変な目にあうということを知っておく必要があります。最初からどういう失敗があるのか策を練っておくだけで成功への道は近くなると思います。

4．フリーで働いた経験

外資系企業の分社化の仕事

私の場合は失敗の経験を積んだ上で、会社の経営がわからず勉強しなければということでしばらくはフリーで働いていました。要するに個人事業主といった形です。その頃は事業での借金があったのでいかに短期間でお金を稼ぐかということを考えていました。それで見つけたのがヘッドハンティングという仕事でした。今はすごい市場になっています。非常に人材の流動化が進み、ますます活発化が進んでいます。当時はたまたま知り合いの手伝いをするという形でやっていました。

どんな仕事かというと、そのときはある外資系企業の分社化をするという

第13章　キャリアマネジメント～起業する

プロジェクトがあり、社員を他社からスカウトするという仕事をその人が引き受けていたのでそれをお手伝いしていました。具体的には新卒時に採用できなかった人のリストから再度コンタクトをしてなんとか入社していただく打診をすることをやっていました。これがなんと1人紹介するにあたって紹介した人の年収の30％がもらえるという仕事でした。成功率は20～30人に3～4人です。それだけでも1000万円くらいになるということでなんとか借金を返すことができました。そういう仕事を半年くらいやっていたのですが、当時23歳くらいだったのでいろいろ仕事をやっていると感覚が狂い、人を見るとお金に見えてきていました。

フリーライターから広報宣伝へ

　ということでちょっとこれはまずいなということで、フリーライターに転職し、雑誌の記事を書くようになりました。当時起業のノウハウを学びたいこともあって、記事を書きたいというよりも起業家に会いたいということで起業家にインタビューする連載を担当してそこでベンチャーマインドを学んでいました。あとは経済番組の企画制作などもやっていました。この仕事をやって思ったのは非常に費用対効果が悪いということです。4000字書いて4000円ということでたくさん原稿書いてもぜんぜん儲からないということで生活が成り立ちませんでした。かたやヘッドハンティングのときは1人紹介するだけで何百万円になっていたので、同じ労力を使っても全然稼ぎが違うのだなあということがわかりました。やはりどこの業界で働くのかで全然給料は違います。

　その後フリーライターを経て、今の広報宣伝という職業に行き着きました。この職業はアメリカだと非常に有名なのですが、日本では、ほとんど知られていません。私が始めたのは広報からで、マスコミなどの媒体にいかにして会社とか商品をとりあげてもらえるのかということをやっていました。フリーライターで『AERA』などで記事を書いていると、会社の社長にどうやったらうちみたいな小さい会社が載るのかねとか聞かれていたので、これは仕事になるのじゃないかと思ったので、いろいろ調べたらアメリカにそういう

ビジネスがあって、かつあまり日本ではほとんど成り立っていないということで、これはチャンスだと思い、始めたところ、結構小さな会社でもニュースでとりあげてもらうことができました。

5．株式会社コミュニケーションデザインを創業

PR戦略事業を展開

　私の会社を紹介いたしますと、コミュニケーションデザインといってもデザイン事務所でもないし、広告代理店でもありません。抽象的でわかりづらいかもしれませんが、法人のコミュニケーション戦略の企画、実施をするPR会社です。一言でいうと、企業とか個人が、どんな情報をいつどこでどのように発信してメッセージを伝えていけばいいのかということを企画、実施するという仕事をやっています。このビジネスは日本ではそんなに大きくありませんが、欧米では非常に発達していて日本では遅れている産業です。

　2003年4月に創りまして資本金が1000万円です。私がやりたいのは、オンリーワンやトップを目指す会社や個人に対していろんなコミュニケーションのやり方を教えて、もっと顔が見える個人や会社を増やしたいということです。知られていない企業の中にも、有意義なことをやっているのに、本来の価値を評価されていない企業が多いです。そういった企業や個人の顔が見えるようになり、本来の価値を伝えていければいいなと思っています。さきほど参入タイミングが非常に大事だといいましたが、私は参入タイミングがすごく良かったなと思っています。というのは今の環境は広告よりPR戦略のほうが大事になってきているからです。広告はなかなか消費者が信頼しなくなってきています。ブランドを作るには、認知度の低い広告を使うより、PRを使う時代になってきています。

　たとえばどんな仕事をやっているのか。広報、いわゆる会社を広める活動です。これを通してブランドを作る。それにはどのようなメッセージを発信していけばいいのかを話して方針を決め、これが決まったら露出戦略です。一番大きいのはマスコミです。たとえばどんな雑誌のどんな記事に載ればイ

メージに沿った形での露出の実現ができるのか。そのイメージが固まればそこで初めて営業などをしながら戦略的に実施するのです。やりがいという面では知られていないことを伝えていくということで、とてもやりがいのある仕事だなと実感しています。私が苦労してきたのはこれまで大企業で働いた経験がなかったので、なかなか大企業の人たちののりがわからない、それでどうしてもお客様が小さな会社になってきていました。ベンチャー企業が多くてなかなか大手といわれるような企業に仕事をもらうのはハードルが高いなということを学びました。それは小さい会社ではなかなか信頼を得られないということもありますし、私自身大手企業の方とコミュニケーションをとるのがそんなに得意ではなかったなどいろいろな要因があるのですが、いろんな法人の広報活動を請け負ってきました。おかげさまで最近では割と大きな会社とも取引をできるようになっています。あと特徴としては個人も結構手伝っていて、私たちがフォーカスしたのはビジネスパーソンとかプロフェッショナルの方です。たとえば作家の方、社長、捕まってしまいましたが堀江さんの本のPRも手がけてきました。

戦略を考えるのが社長の仕事

　今の会社の規模としては、年商1億円ぐらい、社員は十数名規模。3ヶ月に1回ぐらい採用活動をやっていて、ちょうど2009年度から新卒採用を始め、毎年5人から10人ぐらい採用していこうかなと思っています。会社の経営者という仕事をやってきて学んだことは、まず経営の戦略を考えることが大事だということです。先ほども述べた通り、10年かけて100億円200億円の会社にしたいのか、1億円くらいの会社で少人数で楽しくやるのか、どういうスタイルでやるのか、ということを決めないとなかなか前に進まない。そのため、ベストな選択ができるように心がけてきました。
　あるいは費用対効果、利益が出る仕事じゃないと人が疲弊してしまいますので、やはり利益が出る事業を作っていくことが大事です。あとは社会的意義、やりがいを追求していくこと。最近気づいたことは現場の仕事を一生懸命やればいいというものではないということです。社長は働いてはいけませ

ん。これはどういうことかというと、現場の仕事を一生懸命やれば達成感はありますが、これは現場の仕事であり、社長は戦略などを考える仕事です。これを考えずに仕事をしても、全然会社は成長しないということが非常に大きな学びだったと考えています。

　それから仕組みを作るということです。今私たちの会社は年商10億円くらいの規模を中期的に計画していますが、今の仕組みではうまくいきません。そのためには一個人を事業主とした集まりではなく、組織になっている必要があります。それにはよくいわれる社長のカリスマ性は良くないなと思います。たとえば私の本を読んで、私の個人的な知り合いのつてで、仕事を依頼してくるという流れでは、私が仕事をしないと満足してくれません。社員がやった途端、なぜうちの会社は社長がやってくれないのかとクレームになってしまうので、社長のカリスマ性は邪魔になることも多いのだと感じます。それを組織にちゃんとすることで、個人の弱みを補って強みに集中できる環境を作るということが大事なのです。たとえばうちの会社でいえば、入社1年目の社員が営業に行っても社長と同じように仕事がとれるという仕組みを考えなければダメです。社長が忙しい会社は伸びません。これは一個人の事業の延長線上でしかないということです。ですから誰がやっても同様の結果を得られるような仕組みを作らなければ10億円以上は無理だと思います。

人事と採用が勝負の鍵

　次に人事です。いかに優秀な人材を採用できるかが、勝負の鍵です。これによって会社の伸びが変わります。今まで中途採用してきたのですが、やはり新卒のほうがいいです。中途採用だところころ転職する人が多いですし、どうしても1社目のやり方がベースになっていて固定観念が強い人が多いです。それよりも固定観念のない新卒の人を一から教育していくほうがスムーズだなという結論に達しています。

　これらのことから就職する際には1社目が非常に大事になってきますのでミスマッチにならないように選んでいただけたらと思います。逆に辞めるなら変な習慣がつく前に早めに辞めてしまうのがお勧めできるのではないかと

思います。そして今大事だなと思っているのが、人気のある会社は働きやすい環境ができているということでオフィスが整備されている、キャリアアップの仕組みがしっかりしている、福利厚生が充実している、などがポイントだと感じています。ですから経営者というのは、こういったことをいかに適切な判断をしてやっていけるのかが大事だと思います。

6．起業の基本と社長のリーダーシップ

3つの基本

 もし今後皆さんが起業を考えるなら、どんなふうに考えていくのが基本かをお話します。まずビジネスの基本として売上がたたないと、話にならないのですが、では売上とはどのように構成されているのか。これは非常に単純な理屈で、売上とは顧客の単価×リピート数（何回買ってくれるのか）×顧客数になります。これは会社の規模をイメージする際にこれを具体化する必要があります。

 ビジネスの基本の2番目としては、業界の動向に非常に大きな影響を受けるということです。羽振りがいい業界は全体に調子がいいですし、業界自体が調子が悪いと、どこも苦しい思いをすることが多いです。

 3つ目は参入タイミングです。いかに適切なタイミングで入れるかが重要です。国によっても当たっているビジネスは違います。いかにどれくらいのタイミングでやるのかが重要になってきます。あとは発想です。どれくらいの規模で、どれくらいのタイミングで、そして業界の分析、他社のビジネス構造などといった形で多角的に考えを進めビジネスモデルを決めていくことです。

 今私たちが着目しているのはブロードバンドです。これが普及してきたことで今では動画や映像がどんどん見られるようになり、2010年には普及率は90％を超えるといわれています。ということでどんどん新しいメディアを作っていける環境が到来するのだろうなと思っています。私たちの会社の事例でいきますと、現時点のビジネスモデルの結論としては、できるだけ付

加価値の高い PR のコンサルティングサービスを提供できるかということで、いかに月額料金を高くいただけるようなサービスを提供できるか一生懸命考えること。それとブロードバンド環境を見据えたメディアビジネスをやっていこうと思っています。メディア業界の売上高は青天井に伸びていくということがありますので、いかに少人数でこういった売上を上げていくのかということを考えていて、3〜5年で社員数20〜30名で年商10億円くらいやれれば人件費、給料もかなり払えると見越していまして、こういった形でやれれば面白いのではないかと思っています。

会社経営の大変さとやりがい

　だいたい10年くらいでいえば社員100人で年商100億円くらいまでは行きたいなというのが目指している事業内容です。会社経営をいろいろやってきていますが、大変なことが多いです。マスコミは華やかな側面ばかり伝えていますが、やはり大変なことも多くて、1つ目は日々の資金繰りを意識して生きているということです。上場企業だと話は別ですが、未上場の会社だと銀行の預金残高、会社だと動くお金の桁が違いますので資金ショートしないか、売上高がどれくらいなのかなど常にお金のことを考えています。中小企業のほとんどがかかる費用の1ヶ月分くらいの余剰資金がないとやり繰りできません。社員の生活に責任を負わなければならないことも大変なことです。

　2番目として、最終的な責任は社長がすべて取るということです。場合によっては従業員が罪行為を犯してしまうと社長自身もつかまってしまうリスクがあります。そして非常に孤独な存在であるということです。社員なら言いわけもできますが、社長である限り言いわけや愚痴は許されません。そのためいかにポジティブにできるかが大事な要素になってくると思います。次に個人事業主とオーナー経営者のハザマはきついということです。創業時は資本金が少ないため自らが睡眠時間を削ってでも働かなければなりません。最初の頃は社員を雇いながら自分の給料を稼ぐという感じで、年収もフリーでやっているときのほうがはるかに儲かるといったことになりがちです。こ

ういった仕組みがうまくいかないと結局個人事業主に逆戻りしてしまうといった事情があります。

やりがいはどんなことがあるのか。これは思い描いた夢がどんどん実現していくということです。あとは社会に貢献しているといった充実感、組織が成長するプロセス、人材が成長していくのを見届けることができるという楽しさもあるのではないかと思います。

7．最後に

最後に皆さんへのメッセージということで、まずやりたいことはすでに実現している人に聞くのが一番早いと思います。私であれば年商10億円を目指しているのなら、すでに実現している人、もしくはそれ以上の人の話を聞くのが一番の近道だと思います。

次に目標は早く始めたほうが得だということ。社長になりたいのなら早いうちから、経営者の感覚でいること。この感覚は社員としても重要です。目標というのは人より早く始めたほうが当然目標の達成は早くなります。それと若くても、努力や能力次第で、年齢の差を埋められるということです。今は社会的にも若くても受け入れられる土壌ができています。昔から比べれば若くても活躍できるチャンスは飛躍的に伸びています。

そして人生の流れに逆らわないことも大事なのかなと思います。たとえば就職活動で希望のところから内定をもらえなかったなど、いろいろあると思いますが、こういう計算通りにうまくいかないことは社会に出てから非常に多いので、流れに逆らわず、運や偶然というのを意識してやっていくといいのじゃないかと思います。最後に今回の講話でいろいろな働き方、生き方があるのだなと知っていただけるきっかけになればいいかなと思っています。

（2007年7月20日講話）

第3部　ベンチャータイプ経営者におけるリーダーシップ

＊＊＊＊＊＊＊＊＊＊＊＊＊＊＊＊＊＊＊＊＊＊＊＊＊＊＊＊＊＊
解説

　玉木剛先生は現在株式会社コミュニケーションデザイン社長であり、現在の会社は順調に推移しているが、学生時代に起業経験があり、そのときの起業の失敗から話を始めた。もともと学生時代に報道関係のサークルに所属しており、あるベンチャーキャピタリストから連絡を受け、2億円ほどの投資で、2年くらいで株式公開を目指せるような会社をやってみないかというオファーを学生時代にもらい、ベンチャーの立ち上げに関わっていったという。会社を立ち上げるにあたり、創業メンバー探しから始め、最初4人が渋谷で会社をスタートさせた。その中で先生の役割は、ウェブサイトの責任者と学生の取りまとめということで、もともと学生時代、学生向けの情報発信の活動をやってきたので、学生向けポータルサイトの運営、編集長など悪戦苦闘しながらやったという。本事業は大学生向け情報コミュニティサイトというもので学生が興味持ちそうなもの、たとえばコスメ、恋愛、ファッションなどの情報を取り上げ、同時にアルバイト情報サイトもやったという。これは学生が登録しメールで情報を提供するといったサービスで、これら2つのサービスを並行すれば成功するのではないかという構想でやったという。

　しかし結果としては2年ぐらいこの事業を行ったが失敗した。なぜ失敗したか、一番大きかったのがベンチャーキャピタルからの投資が取り止めになってしまったことだという。もう1つは市場環境の変化をなかなか読めなかったことである。会社が倒産して負債総額は1000万円くらい出た。今振り返ると、結果としては、ビジネスの知識がないままやってもなかなか成功しないのではないかと思うが、こういう経験をしたからこそ企業のメカニズムがわかったのではないかと思っているという。ビジネスに何が大事か。1つ目は参入タイミング、2つ目は売上を上げる方法を知ること、3つ目はベンチャーキャピタルの資金を当てにしていて成功は難しいということ、を挙げている。

　こうした失敗経験と3年間のフリーライター経験を経て、玉木先生はコミュニケーションデザインを創業した。事業としては、法人のコミュニケーション戦略を企画、実施をするPR会社である。一言で言うと、企業とか個人がどんな情報をいつどこでどのように発信してメッセージを伝えていけばいいのかということを企画、実施するという仕事である。このビジネスは日本では遅れていてそんな大きくないが欧米では非常に発達している産業であるという。2003年4月に資本金1000万円でスタートした。参

入のタイミングはすごく良かったという。今の環境は広告よりPR戦略のほうが大事になってきているからで、広告はなかなか消費者が信頼しなくなってきている、ブランドを作るには認知度の低い広告を使うより、PRを使う時代になってきているという。今の会社の規模は、年商1億円ぐらい、社員十数名規模で毎年5人から10人ぐらい採用していく計画である。

　会社の経営者をやってきて学んだことは、まず経営の戦略をきちんと考えることが大事だという。10年かけて100億円200億円の会社にしたいのか、1億円くらいで少人数で楽しくやるのか、どういうスタイルでやるのか、ということを決めないとなかなか前に進まない。そのため、ベストな選択ができるように心がけてきたという。

　また社長の時間の使い方であるが、社長は時間の半分以上を戦略の策定、企画、それから新しい商品設計など、そういった戦略設計に使うべきであると主張する。具体的には会社の設計図を考えるという。営業戦略、集客戦略、人事戦略などのそれぞれをどうやって高いレベルで実現していくかという行程の中身を詰めていくというのがメインの仕事であるという。たとえば集客という戦略であれば、営業で毎月4社増やしたいというときに、そのためには問い合わせが何件くる必要があるとか、たとえば50件必要だとしたら、50件問い合わせがくるためにはどういうふうにマーケティングの手を打ったらいいのか、ということ。設計図も作り、あとは進捗の度合いを見て改善が必要ないかということを随時考えることも必要だと述べている。

　ビジネスリーダーの心構えについては、行き先を常に呈示するということを挙げている。あとはそこに向かってみんなを誘導していくこと、行き先がない会社は弱く、社員が何処に向かっているかわからないとリーダーシップも発揮できない、なるべく共感してもらうような目標を設定しようということを心掛けている。学生時代の起業経験から体得した経営者としてのノウハウが開花しつつあることを強く感じ、さわやかな印象を受けた。

　玉川の学生の全体的な印象を聞いたところ、積極性があるということ、なかには起業したいという学生もいるし、一生懸命聞いている人が多いという印象とのことであった。キャンパスも綺麗で、勉強するにはすごくいい環境なんじゃないかなと思う、緑も多く、海外の大学のキャンパスのように綺麗だなと思う、と述べていた。

第4部
ホテル・レストラン・流通業におけるリーダーシップ

第14章　ホスピタリティビジネスにおけるリーダーシップ

力石寛夫
（トーマスアンドチカライシ株式会社社長）

1．はじめに

　今日皆さんと考えていきたいことは、最近よく聞かれる「ホスピタリティ」ということです。実は私も日本のサービス産業界でこのホスピタリティの大切さを主張して36年になります。そういう中で、今後の生活、今後社会人になられたときのヒントを1つでも2つでも私の話の中から感じ取っていただけたらと思います。今日皆さん方と考えていきたいことを、私とホスピタリティの出会いというところからまずお話させていただきたいと思います。

2．米国でのホスピタリティ精神の修得

ニューヨークのホテル・レストラン大学で学ぶ
　私も今からおよそ40年前、サービス業の「サ」の字も、後に私が専門的に勉強することになるホテル・レストラン・レジャー産業、広い意味でのホスピタリティ産業の「ホ」の字も知りませんでした。ただ私の場合はとても恵まれていて、東京の大学を卒業して、ニューヨークの大変山奥にあるホテル・レストラン大学に入学しました。私がこのサービス業に入ってもう40

第14章　ホスピタリティビジネスにおけるリーダーシップ

年。今でもサービス業に入る原点はこのホテルスクールが原点だったと考えています。実はホテルスクールで、サービス業に携わる人間としての原点・基本を徹底的に叩き込まれました。

私はレストランに配属になり、レストラン経営でとっても大切な仕事である、バスボーイとかバスヘルプをしました。これはお客様の召し上がった物やお水の下げ、次のお客様のためのセッティング、お水の取り替え、灰皿の取り替えです。私はお客様の右側からやや不恰好な形でお水をガッと注いでいました。すると大学のインストラクターから呼ばれて、「あなたのお水の注ぎ方は基本が全然できていない」。そこで私はお客様の右側から背筋をすっと伸ばしてウォーターピッチャーのしずくが垂れないように、グラスの7～8分目まで静かに丁寧にお水を注ぎました。これをまた何十回と練習しました。するとその翌日、自分でも綺麗にお水が注げると思ったのです。ところが大学のインストラクターから呼ばれました。「あなたのお水の注ぎ方の形は良い。でも全然心だとか気持ちがこもっていない。我々の仕事では、お水を1杯注ぐという行為の中に、もしあなたの心や気持ちが入っていなかったら、大変寂しい世界になってしまう」と言われたのです。

つまりホスピタリティというのは、何か物事を心だとか気持ちで受け止め、それを心や気持ちから行動に移すという、我々人間生活においても一番大切なことなのです。実は今お話しました、お水の注ぎ方の行為の中に、どれだけ思いやりとか心遣いを中心とした心や気持ちが入っているか。この当たり前のことを当たり前にするものの原点・基本を学ぶということは大切なのです。

マーク・トーマスに多大な影響を受ける

実はニューヨークの山奥にあるホテルスクールを卒業して、その後東海岸のニューヨークから西海岸のカリフォルニアに移って、そこで当時ホテル・レストラン王と呼ばれたマーク・トーマスという方に巡り会いました。マーク・トーマスは当時サンフランシスコに5軒のホテル、サンフランシスコから南に下がったペブルビーチ、モントレー、カーメルという綺麗なリゾート

エリアに1軒のリゾートと数十軒のレストランを所有しているレストラン王で、このマーク・トーマスの影響を非常に受けました。実はマーク・トーマスのもとで、もう一度この仕事の訓練を受けたのです。まずマーク・トーマスの持っているレストランで私の訓練がスタートし、皿洗いから始めました。

バーテンの仕事、ウェイターの仕事、あるときはキッチンに入り、これも今ではとても良い思い出となっていますが、1日宴会のために300個くらいの玉葱を涙を流しながらむいた経験。そしてレストランの店長、マネージャーの仕事も違う角度から経験させてもらいました。最後は350室、当時西海岸で最も由緒あるホテル、マーク・トーマス・インという所に移り、さらにそこから1年半かけてホテルの全セクションの実体験をさせていただいて、私はニューヨークのホテルスクールとマーク・トーマスでの実務体験と、おおよそ5年弱アメリカでこのようなサービス業の教育訓練を受けて、ちょうど今から36年前、日本に戻ってきました。

日本に戻りまして、私が1つとっても驚いたことがあります。戻ってすぐ、自分自身の勉強も兼ねていろいろなホテルやレストランを見て回りました。あるときは百貨店や遊園地など、様々なサービス施設を見て回りました。そのサービス施設を見て、そこで働いている人たちの表情や動きを見て私はとっても驚きました。それは、ほとんどの人が何かつまらなさそうな表情をして働いていたのです。働く楽しさとか、お客様にサービスする喜びなど、こういう仕事を通じて、より豊かな自分自身の人間性の育成が必要だと思いました。

3．サービス業での心得

喜びや嬉しさを感じながら仕事する

今日まず一番初めにお聞きしたいのは、皆さん方、毎日生活していて楽しいですかということ。または、毎日の勉強が楽しいですか。自分自身楽しく生活をしていなくて、なぜ他の人に喜んでいただけるサービスの提供ができるのかという問題です。また皆さん方は今アルバイトや就職活動等で、いろ

いろな会社をご覧になっていて、どれだけ利用されるお客様の喜びや嬉しさを、自分自身の喜びや嬉しさとして感じることができるでしょうか。

　こんなことがやはり人を中心に動いているサービス産業で非常に大事です。つまりこの精神的な部分の環境というのは、皆さん方がどのような意識や心や気持ち、これを持って毎日の生活や仕事をされているかということです。今は、仏作って魂入れずといったようなお店がとても多い。また、サービスをしているというよりも「作業」をしているようなサービス施設もとても多いです。これはその施設で働く人の、この意識や心・気持ちを中心とした精神的な問題です。つまり私の話は、知識や技術は横に置いて、人を中心として動いているサービス業、こんな意識だとか心・気持ちの環境を大事にしていただきたいということです。

恵比寿のレストランでの経験〜サービス精神が生きている

　実はサービス産業というのは、皆さん方1人ひとりが、人に与える影響の強いビジネスだという観点での、意義や使命や役割ということを、私の体験の中からお話したいと思います。それはどれだけ1人のウェイター・ウェイトレスの人が、お客様に与える影響が強いかということです。

　東京の渋谷の隣に恵比寿という街があります。今この街はとても活性化していますが、お店の雰囲気がなかなか良く、サービスも非常に感じが良いし、値段もそこそこなイタリアンレストランがあるから行かないか、と友人に誘われて行くことになりました。お店に1歩足を踏み入れて、まず私が最初に感じたこと、「あぁこのレストラン生きているな」ということです。なぜ生きているなと感じたかというと、働いている人が皆良い顔をしていたのです。自然な微笑み、そしてとても清々しくて爽やかでした。すると今でも覚えていますが、「濃美」という名札のウェイターの方が私たちのテーブルにすっと来られて「お客様、もしご注文でお迷いでございましたら、私どものお店ではこれとこのパスタがとっても評判をいただいております。もし宜しければ一度お試しになってみてはいかがでしょうか」と親切にこのようなサジェスションをしてくれました。我々も初めてのお店でよくわからないので、

「じゃあそれお願いします」と頼み、しばらくしてそのパスタがサービスされました。我々が、一口二口食べたら、その「濃美君」も心配だったのでしょう、また我々のテーブルにさっと来て「お客様、パスタのお味はいかがでございましょうか？」と聞いたので、我々は「とっても美味しい、どうもありがとう」と答えました。すると「濃美君」もとても嬉しそうな表情で、「どうもありがとうございます」と言い、ちょっと汚かった灰皿を何とも温かい感じで取り替えてくれました。

さぁ、皆さんもきっとこのような体験経験があると思います。どうですか、人間というのは、ほんのちょっとした思いやり、ほんのちょっとした心遣いを持って接せられたらとても嬉しいし、何か心も和むのです。

赤坂のレストランでの経験〜サービス精神が生かされていない

ところが、次は私のこの数ヶ月での経験です。東京の赤坂にあるレストランに行きました。私はこのレストランに1歩踏み入れた瞬間、最初に「あぁこのレストラン死んでいるな」と感じました。なぜか、働いている人の表情を見てみたら、笑顔はもとより案の定、すべてが機械的、習慣的、事務的でした。料理を提供するときもどちらかというと「ホラ、お前、食え」。もう愛想もあったものではありません。私の料理はとってもタイミング良く出てきましたが、連れ人の料理がなかなか出てきません。30分以上経ち、もう私は半分以上食べていたのですが、まだ出てきません。あまりにも遅いので1人のウェイターの方に「恐れ入りますが、注文したお料理はまだでしょうか？」と聞きました。するとウェイターの方は手を後ろに組んで、ふんぞり返って「あぁ、今すぐ来ます」と言い、とても横柄な対応でした。本来美味しい料理かもしれないけれども、このウェイターの態度1つでとてもではないですが食事が楽しめません。デザートとコーヒーを食べて行くところを、もう気分が悪いので他に行こうという話になってしまいました。

これも皆さん方も体験経験があると思います。人間というのは横柄な態度や不親切な対応をされたら、決して気持ちの良いものではありません。私はかなり身近なこの2つの例をお話しましたが、何を最初に考えていきたいの

か。それは人を中心として動いているサービス産業というのは、皆さん1人ひとり、また一緒に働く1人ひとりの人となり、つまり人間性というのが、あまりにも他の人に与える影響が大きいことです。そして実は、そこで働く人たちと利用されるお客様との心の共有。それができないサービス施設、サービス産業はみんなもうおかしくなってきています。

4．時代は「心の共有業」へ

豊かさ・優しさ・楽しさ・感動

今日、2つ目に考えていきたいこと。実は今、時代は確実に「心の共有業」というところに向かっていることです。

私がアメリカから戻ってきて自分の会社を作ったのが1972年（昭和47年）、その頃日本の広い意味のサービス産業は、小さいものでした。それがおよそ30年前、さらに20年前、さらに10年前、現在と、どんどん大きくなってきており、我々はこの真っ只中にいるのです。つまり日本人の様々なサービス施設の利用、私の専門であるホテルや外食産業を見てみると、日本人の外泊や外食、外飲、つまり日本人が家庭から出て、外で泊まったり、外でお酒を飲んだり、料理を楽しんだり、そのような世界が増えているのです。

時代はどのように変わってきているのでしょうか。今これからの時代というのは「豊かさ共有業」「優しさ共有業」「楽しさ共有業」「感動共有業」、つまり皆さん方と、今アルバイトの段階または将来社会生活に入ったときに、皆さん方の働く企業や施設を利用されるお客様とが、豊かさ・優しさ・楽しさ・感動、つまりは心の共有ということができないサービス施設や企業はみんなおかしくなります。

つまり今時代は「心の共有業」であり、これを1つの言葉でまとめるとすると、それはつまり「ホスピタリティ産業」なのです。それは皆さん方がどれだけ豊かさ・優しさ・楽しさ・感動を、利用されるお客様と共有できるかということが重要なのです。

東京ディズニーランドで働いている人たちは、ディズニーランドは遊園地

でもなければ、レジャーランドでもなければ、テーマパークでもない、我々は利用されるお客様の人生の良き思い出作りのために働くキャスト、つまり従業員は利用されるお客様と楽しさ・感動を共有するのですと言っています。こういう主張をしているから、今日の景気後退の中でもディズニーは圧倒的に強いのです。ディズニーランドで働く人たちの主張は、我々はホスピタリティ企業だという主張なのです。

ホスピタリティ産業を目指して

実は日本のホテル業界がさんざんたる状況です。ホテルオークラ・帝国ホテル・ホテルニューオータニ、これは旧御三家です。今、新御三家四家と呼ばれているのが、新宿のパークハイアットホテル東京、恵比寿のウェスティンホテル東京、目白のフォーシーズンズホテル、もう1つが11年前に大阪でスタートして、去年の3月に六本木ミッドタウンにオープンしたザ・リッツ・カールトンです。特に大阪は大変なホテルの激戦地ですが、この10年間群を抜いて多くのお客様の支持を受けたのがザ・リッツ・カールトンです。

リッツ・カールトンに次のような信条があります。それは"We are Ladies and Gentlemen serving Ladies and Gentlemen"です。つまり「我々は紳士淑女にサービスする紳士淑女たちです」という意味です。もうこの言葉を聴いて皆さん方も、リッツ・カールトンの社員がどうあるべきかは大体イメージできるでしょう。これもちょっと私的に直すとしたら「豊かなサービスを提供したいと思ったら、まず自分自身豊かな人間性を身に付けていかなければならない」ということです。つまりリッツ・カールトンの主張というのは、そこで働く従業員と利用されるお客様との「豊かさの共有」なのです。そういう主張をしているから、リッツ・カールトンは1泊5～6万円するすごく高単価なホテルですが、今現在、圧倒的に強いのです。

もう少し身近なスターバックスコーヒーで考えてみましょう。実はスターバックスで働く人たちは、我々は喫茶店でもなければカフェでもなければコーヒーショップでもないと考えています。つまりスターバックスで働く人たちは、我々は「サードプレイス」だと言っているのです。スターバックスと

いうのは「第三の場所」なのです。つまり家庭でもない、職場でもない、学校でもない。つまり家庭にもない職場にもない心の安らぎや心の癒しを体験してもらう場所なのです。売っているコーヒーやその他の商品はあくまでも手段なのです。目的はそこで働く従業員と利用されるお客様との「優しさの共有」なのです。こういう主張をしているから、今、1店舗の客数では、数多くある喫茶やコーヒー業界の中でもスターバックスは圧倒的に強いのです。

したがって2つ目に皆さん方に理解していただきたいことは、今から数十年前は客商売と呼ばれた我々のビジネスも、サービス産業という構造を経て、今では確実に「ホスピタリティ産業」になっているということです。ホスピタリティ産業とは、そこで働く人たちと利用されるお客様との心の共有です。今こういう環境が作れないところは、おかしい状況になってしまっているのを、理解していただきたい。皆さん方もご存知のように今まで利用してきて心や気持ちの共有がなかった銀行や病院も、ホスピタリティについてすごく力を入れてきているのです。是非この時代背景というのを、皆さん方にも理解していただきたいと思います。

5．ホスピタリティサービスの大切さを考える

さてそこで本日の3点目として、ホスピタリティの大切さということを、サービスという観点の中から少し考えていきたいと思います。

アメリカにノードストロームという、サービスを商品として確立している百貨店があります。私も実はこのノードストロームの大ファンなのです。なぜノードストロームの大ファンかというと、それはこの財布が理由です。ここに「ノードストローム」という刻印があります。この財布は私にとって、クレジットカードが入れられて、1万円札が入れられて、四十数年間お尻のポケットに入れていてすごく使いやすいものですが、もうこの財布がヨレヨレになってしまったのです。

一昨年、サンフランシスコのノードストロームのお財布売り場に行き、ヨレヨレになった財布を見せ、「これと同じ財布を購入したいのですが」と言

いました。するとスタッフの方に、「お客様、誠に申し訳ございませんが、もうこの形のお財布は製造いたしておりません」と言われました。私はこれに代わる物がないかとショーケースを見ていましたが、どうも大きさや使い勝手が合わず、さらにがっかりしていました。するとそのスタッフの方が「お客様、もし10分ほどお時間をいただければ、もしかしたら他のノードストロームの店舗にこれと同じ形のお財布の在庫があるかもしれないので、一応お調べしてみましょうか？」と言ってくれたのです。私は「是非お願いします」とお願いすることにしました。するとものの5分もしないうちに、そのスタッフの方が戻ってこられて「お客様、ダラス（テキサス）のノードストロームに、これと同じ形のお財布の在庫が2つございました。お取り寄せいたしましょうか」と言われたので、「是非お願いします」とお願いしました。翌日の夜10時半くらい、夕食が終わってホテルの部屋に戻ってみると、部屋のテーブルの上に、綺麗にパッケージされた財布が2つ届いていました。

　さあ、皆さんもご存知の通り、私がなぜノードストロームが好きなのか。つまりノードストロームはそこで働く人の中から生まれてくる、ほんのちょっとした思いやりや、ほんのちょっとした心遣い、またほんのちょっとした親切心、これを商品として確立しているのです。したがって、これから皆さん方が将来いろいろな分野に行くにしても、このサービスというものは非常に大切です。そこでサービスの原点、大本とはどういうことでしょうか。それを皆さん方と整理をしたいと思います。サービスの世界はものすごく広くて奥が深い。でもサービスの世界を大きく2つに分けるとしたら1つは精神的な部分のサービス、もう1つは物質や技術的なサービスです。このように大きく2つに分けることができます。

　この物質的な部分のサービスは、そのほとんどがお金で解決できるものなのです。では技術的なサービスについてはというと、ある程度時間が解決するのです。そこでお金も時間も解決してくれないのが、精神的部分のサービスなのです。サービスの原点ということでは、何かこの精神的な部分の中に原点があるのではないでしょうか。

第14章　ホスピタリティビジネスにおけるリーダーシップ

真のホスピタリティ精神

さて、サービス業に従事していて「あなたは何の仕事に携わっていますか」と聞かれたら「自分は、ホスピタリティ業に携わっています」という答えが正しいのです。こういう答えが返ってきたら、「あぁ、この人は精神的な部分からの観点でこのビジネスの原点を相当理解しているな」と思われます。まさにこの「ホスピタリティ」という言葉こそ、サービスの原点なのです。

では最近皆さん方が耳にするホスピタリティという言葉の意味はどういう意味なのでしょうか。まずは「思いやり」です。あるいは「心遣い」または「1人の人間としての親切な心（親切心）」「1人の人間としての誠実な心（誠実心）」そして最後に「心からのおもてなし（歓待）」なのです。ホスピタリティの意味は思いやりや心遣い、または親切心、誠実な心、そして心からのおもてなしがあります。これらのこと、すべてに共通するのが「心・気持ち」ということなのです。

つまり、このサービスの原点というのはまさに「心や気持ち」なのです。その心や気持ちということをもう1つ掘り下げて行くと、ホスピタリティに行き着くのです。でも今私が寂しいなと思うのは、多くの方がサービスを頭で考えてしまっているということです。サービスは頭で考えてはいけないのです。つまり心や気持ちで考えなくてはいけないのです。

したがってサービスというのは、1つは作業。しかし作業よりももっと大切にしなければならないのが「マインド」です。マインドとは「心とか気持ち」です。その心とか気持ちということをもう1つ掘り下げると、「ホスピタリティ」になるのです。

ホスピタリティの訓練は身近な人から

したがって今日3点目の、サービスの原点って一体どういうことなのだろうか、ということです。サービスの原点というのは、皆さん方がこの思いやりや心遣いを中心に、物事を心や気持ちで受け止め、それを心や気持ちから行動に移す。これがまさにホスピタリティです。私はこれが我々サービス業

第4部　ホテル・レストラン・流通業におけるリーダーシップ

の原点、つまり大本である以上、皆さん方にはこれから少し意識をして、このホスピタリティの訓練をしていただきたいと思います。

　ホスピタリティの訓練は、まず自分の一番身近な人から始めます。つまり家庭や家族です。ご両親を思いやったり、ご両親を労わったり、ご両親への感謝の気持ちなくして、何でこういうサービス産業が成立するのでしょうか。日常生活でもいっぱいあります。今日集まっている何人かも悪い習慣が身について、路でタバコを吸ってそのまま捨てて足で消すのでしょうが、タバコを吸ったらちゃんと吸殻入れに入れる。洗面所を利用して、もしそこにペーパータオルがあって、すっと拭いておいたら、どれだけ次の人が気持ち良く利用できるかわからない。コンビニにちょっと行って、あるいは喫茶店を利用して、サービスしていただく方に、一言「どうもありがとう」。あるいはバスの運転手さんに「どうもありがとう」。そんなことができますか。そんなことができないのに、何で皆さん方、将来このサービス産業で仕事をされていくのでしょうか。また将来皆さん方が「どういう仕事に携わっていますか」という質問をされて、何の躊躇もなく「自分はホスピタリティ業に携わっています」、と言えたら、この人は相当本物です。そして今多くのサービス産業の中で、このホスピタリティの商品化ということができているサービス施設や企業は確実に成長しています。そのようなところを是非皆さん方にも理解していただきたいと思います。

6．顧客満足度と従業員満足度

CS（顧客満足度）の前にES（従業員満足度）が必要

　さぁ、そこで今日最後にもう1つ。よく皆さん方はCS（Customer Satisfaction）という言葉を聞くでしょう。これは「カスタマーサティスファクション」、つまり「顧客満足度」です。特にバブル経済が崩壊して、日本の多くのサービス業がCS活動に乗り出しました。特にホテル、外食産業、銀行や病院、保険会社や証券会社、旅行会社で、このCS活動というのがものすごく活発になってきています。ただ私の目から見て、日本のCS活動の

いました。するとスタッフの方に、「お客様、誠に申し訳ございませんが、もうこの形のお財布は製造いたしておりません」と言われました。私はこれに代わる物がないかとショーケースを見ていましたが、どうも大きさや使い勝手が合わず、さらにがっかりしていました。するとそのスタッフの方が「お客様、もし10分ほどお時間をいただければ、もしかしたら他のノードストロームの店舗にこれと同じ形のお財布の在庫があるかもしれないので、一応お調べしてみましょうか？」と言ってくれたのです。私は「是非お願いします」とお願いすることにしました。するとものの5分もしないうちに、そのスタッフの方が戻ってこられて「お客様、ダラス（テキサス）のノードストロームに、これと同じ形のお財布の在庫が2つございました。お取り寄せいたしましょうか」と言われたので、「是非お願いします」とお願いしました。翌日の夜10時半くらい、夕食が終わってホテルの部屋に戻ってみると、部屋のテーブルの上に、綺麗にパッケージされた財布が2つ届いていました。

さあ、皆さんもご存知の通り、私がなぜノードストロームが好きなのか。つまりノードストロームはそこで働く人の中から生まれてくる、ほんのちょっとした思いやりや、ほんのちょっとした心遣い、またほんのちょっとした親切心、これを商品として確立しているのです。したがって、これから皆さん方が将来いろいろな分野に行くにしても、このサービスというものは非常に大切です。そこでサービスの原点、大本とはどういうことでしょうか。それを皆さん方と整理をしたいと思います。サービスの世界はものすごく広くて奥が深い。でもサービスの世界を大きく2つに分けるとしたら1つは精神的な部分のサービス、もう1つは物質や技術的なサービスです。このように大きく2つに分けることができます。

この物質的な部分のサービスは、そのほとんどがお金で解決できるものなのです。では技術的なサービスについてはというと、ある程度時間が解決するのです。そこでお金も時間も解決してくれないのが、精神的部分のサービスなのです。サービスの原点ということでは、何かこの精神的な部分の中に原点があるのではないでしょうか。

いうのは「第三の場所」なのです。つまり家庭でもない、職場でもない、学校でもない。つまり家庭にもない職場にもない心の安らぎや心の癒しを体験してもらう場所なのです。売っているコーヒーやその他の商品はあくまでも手段なのです。目的はそこで働く従業員と利用されるお客様との「優しさの共有」なのです。こういう主張をしているから、今、1店舗の客数では、数多くある喫茶やコーヒー業界の中でもスターバックスは圧倒的に強いのです。

したがって2つ目に皆さん方に理解していただきたいことは、今から数十年前は客商売と呼ばれた我々のビジネスも、サービス産業という構造を経て、今では確実に「ホスピタリティ産業」になっているということです。ホスピタリティ産業とは、そこで働く人たちと利用されるお客様との心の共有です。今こういう環境が作れないところは、おかしい状況になってしまっているのを、理解していただきたい。皆さん方もご存知のように今まで利用してきて心や気持ちの共有がなかった銀行や病院も、ホスピタリティについてすごく力を入れてきているのです。是非この時代背景というのを、皆さん方にも理解していただきたいと思います。

5．ホスピタリティサービスの大切さを考える

さてそこで本日の3点目として、ホスピタリティの大切さということを、サービスという観点の中から少し考えていきたいと思います。

アメリカにノードストロームという、サービスを商品として確立している百貨店があります。私も実はこのノードストロームの大ファンなのです。なぜノードストロームの大ファンかというと、それはこの財布が理由です。ここに「ノードストローム」という刻印があります。この財布は私にとって、クレジットカードが入れられて、1万円札が入れられて、四十数年間お尻のポケットに入れていてすごく使いやすいものですが、もうこの財布がヨレヨレになってしまったのです。

一昨年、サンフランシスコのノードストロームのお財布売り場に行き、ヨレヨレになった財布を見せ、「これと同じ財布を購入したいのですが」と言

第 14 章　ホスピタリティビジネスにおけるリーダーシップ

成功事例はほとんどありません。
　なぜ CS が成功しないのでしょうか。それは CS の前の ES（Employee Satisfaction）がないからです。ES というのは「エンプロイサティスファクション」です。つまり「従業員満足度」ということです。皆さん方、働く人たちが幸せに、働く人たちが楽しく仕事をしていなくて、何でお客様に喜んでいただく・楽しんでいただけるサービスが提供できるのでしょうか。まず難しいと思います。
　したがって私の目から見て日本の CS 活動というのは、その前に大切な ES というのを置き忘れてしまっています。将来、皆さん方もまずこれから一緒に働く人たち、今日お集まりの何人かの方は、将来経営者になられたら、まず働く従業員と一緒にこの ES という環境を作り上げていかないと、真の意味の CS には絶対に結びつきません。
　そこで売上や客数、あるいは客単価、立地戦略、商品開発、販売促進、顧客管理、こういうことはみんなマーケティングの世界なのです。今、日本の CS 活動がなぜ上手くいかないかというと、みんなマーケティング的な思考なのです。リーダーの人たちが「売上を上げろ、客単価を上げろ、商品開発をしろ」と叫べば叫ぶほど、働く従業員はみんなしらけるのです。

ES はヒューマンリソースの世界
　この ES という世界を作り上げるには、まず今日皆さん方と限られた時間の中で考えてきたホスピタリティ、つまり働く従業員同士の心の共有ということがなくして、何でお客様に満足していただけるでしょうか。なかなか難しい。この ES の世界はマーケティングの世界ではなくて、これから皆さん方も勉強しなくてはいけない「ヒューマンリソース」の世界です。ヒューマンリソースというのは、人的資源経営です。これから経営学部の皆さん方が勉強しなければならないのは、このヒューマンリソースです。これは組織の管理であったり、労務の管理であったり、あるいは人材の募集面接採用といったリクルーティングの世界であったり、そして何といっても大切なのは教育訓練の環境です。実はディズニーの成功は、あのディズニーユニバーシテ

第4部　ホテル・レストラン・流通業におけるリーダーシップ

ィという教育制度があるからです。リッツ・カールトンの成功もリッツカールトンラーニングセンターという教育機関があるからです。スターバックスの成功もスターバックスインスティチュートという教育制度があるからです。

　したがって、日本のサービス産業の中で成功している事例というのは、みんなヒューマンリソースマネジメントというところをベースにしたところが、ものすごく成長しているといえるのです。そういう中でも、今日皆さん方と限られた時間の中で勉強してきた、まずはホスピタリティの環境。これは働く従業員同士の心の共有、そして利用されるお客様との心の共有。そういう世界をどれだけ作り上げていくかが大切かということを、是非皆さん方に理解していただきたいなと思います。

　そしてこの心の共有、つまりホスピタリティの訓練は先ほどお話したように、まず自分の一番身近な人から、です。家族や友人や、日常生活やアルバイト生活の中でもそういう訓練というのはたくさんできると思います。是非将来、皆さん方もリーダーシップを取る人材として活躍をしていただきたいと思います。私のレクチャーはこれで終了させていただきたいと思います。どうもありがとうございました。

(2008年1月11日講話)

＊＊＊＊＊＊＊＊＊＊＊＊＊＊＊＊＊＊＊＊＊＊＊＊＊＊＊＊＊＊
解説

　力石寛夫先生はホスピタリティビジネスに関するコンサルティング会社を経営している。先生は今からおよそ40年前、東京の学校を卒業して、ニューヨークの大変山奥にあるホテル・レストラン大学に入学し、サービス業に入ったという。今でもこのサービス業に入る原点はこの大学だった、ここでサービス業に携わる人間としての原点・基本を徹底的に叩き込まれた、と述べている。力石先生は、ホスピタリティビジネスとはどのようなものかということを様々な事例を挙げながら講話された。ホスピタリティとは、思いやり、心遣い、親切心、誠実な心、心からのおもてなしという意味があるという。この5つのことが含まれているホスピタリティを仕事

第 14 章　ホスピタリティビジネスにおけるリーダーシップ

で完璧に表すのは大変なことである。

　まず先生は働く上での気持ちが大事であると述べている。仕事を行う上ではじめに重要となることはどんな気持ちで働くかである。これは、我々人間が仕事に取り組む際、自己の精神性が重要となるからである。なぜ精神性が重要となるか。それは、お客様に満足していただくにはまず自分の置かれている状況に満足する必要がある。また、仕事をすることでお客様の喜びを自分自身の喜びとして感じることも仕事をする上で重要なポイントとなる。つまり、仕事を生かすも殺すも、働く際の気持ちによって、大きく変わってくるという。

　サービスと作業の違いについても述べている。サービスとはどのようなものか。それは、サービスを行う者がお客様に対して思いやりや親切心をもって接することである。しかし、これらの精神的なものがない場合、それはサービスではなく作業となってしまう。作業とは人が機械的、事務的に動くことであり、サービスとは対照的なものである。このように、サービスとは心のこもったものであり、人間性に富んだ業種である。こうしたサービス業をホスピタリティ産業として把握すると、それは心の共有業であり、豊かさ、優しさ、楽しさなどといった精神面において、お客様と共有できる産業を指すという。つまりホスピタリティ産業とはお客様に精神的に豊かになっていただくために、働く者も同じように豊かでいること、ホスピタリティとは人が人に対して思いやりを持つことを意味している。そこから相手を心から気遣うサービスが生まれたのである。

　具体的な例として、先生が恵比寿のイタリアンレストランに入ったとき、入った瞬間から「"生きているお店"だと思った、なぜなら、店員がいきいきしていて、とても親切だったから、それはお客様をとても良い気分にさせる」という。それとは逆に、赤坂のレストランに入ったとき、「"死んでいるお店"だと感じた、店員はいきいきしていないし、サービスも悪い、客の立場からすると良い思いはしなかった。サービス産業は、人間性が人に与える影響が大きい」と述べている。それから、東京ディズニーランドを良い例としてあげた。遊園地は長崎のハウステンボスが倒産したように維持が難しいが、ディズニーランドは感動と楽しさの共有により今もなお人気を失っていないという。

　こうした具体的事例でも理解できるように、そのお店や施設の評価を上げるも下げるもそこで働く人によって決まるということなのだと述べている。どんな職業も人が基本ということであり、接客にいかにホスピタリティが含まれているかが重要となってくるという。力石先生は今の日本のサ

ービス業にはこのホスピタリティ共有業（豊かさ共有業・優しさ共有業・楽しさ共有業・感動共有業）が必要だ、このホスピタリティがしっかりしている企業こそ、成長できると強調された。

　一方、そこで考えたいのがこのホスピタリティをする側である従業員をどう教育していくかである。顧客満足度（CS）を良くするには従業員満足度（ES）を良くしなくてはいけないと指摘していた。従業員が仕事の達成感を得られ良い心持ちで仕事に望めばホスピタリティが十分発揮され、顧客満足度の向上に繋がることを力説されていた。

　力石先生のサービス業、ホスピタリティ産業に対する思い入れは強く、実践から生まれた理論・考え方は非常に理路整然として首尾一貫したものがあった。40年前にニューヨークで修業した経験からの語り口は自信に溢れ学生も強く共感を感じている。現在はトヨタ自動車などからも顧客サービスに関する講師として派遣依頼されるという。先生の話はどの産業でも歓迎されることであろう。

第15章　フォーシーズンズホテルの経営理念

塩島賢次
（元フォーシーズンズホテル椿山荘東京総支配人）

1．はじめに

　塩島です。私は、小中高と玉川学園で勉強しました。フォーシーズンズホテルの話を何度か玉川大学でしています。ホテルの話ということで実際、皆さんもいろいろ勉強していると思います。「ホテルの果たす役割は」「就職先としてどうですか」というようなことも考えていると思いますので、そんなことも含めて私の話が参考になれば非常にありがたいと思います。

　私は、フォーシーズンズホテルにオープンから16年間在籍して、後半の8年間は総支配人をしていました。それ以前は海外、グァム島って知っていますね。そこで10年ほどホテルの仕事をやったり、ニューヨークで2年半ほどレストランの仕事をやったり、私の経歴はほとんどサービス業です。実はずっとサービス業ですけれども、スタートは経理部財務課という、銀行との取引関係をやるようなことを7年間ほどやって、それから海外に出て、つい最近、昨年の3月までフォーシーズンズホテルいわゆる外資系のホテルで仕事をしておりました。ホテル関係だけでなく、外資系の企業ってどんなところであるとか、外国人とどのように仕事をするのかというところも皆さんが興味のあるところだと思います。

2．フォーシーズンズホテルの経営理念

フォーシーズンズの成り立ち～1970年の高級ホテルが起源

　それではフォーシーズンズホテルの経営理念についてお話いたします。フォーシーズンズを考えるときには、まず成り立ちが大事なのです。

　会社にとって経営理念をどのように実現するかというのは一番大事で、それを外れたときに企業は成り立ち得なかったり、会社が駄目になったりモチベーションが下がったり、ということになるのだと思います。その意味でフォーシーズンズがなぜ、今現在、世界に七十いくつものホテル、それも超高級といわれているホテルを経営してお客様の評価をいただいているのかは、まず成り立ちからお話する必要があります。

　フォーシーズンズホテル、当初はモーターインという小さなビジネスホテルからスタートしました。しかし実際のフォーシーズンズの起源は1970年のイン・オン・ザ・パーク・ロンドンというホテルなのです。このイン・オン・ザ・パークというのが非常にラグジャリーで広い客室があって、いわゆるエコノミカルな、リーズナブルな価格ではない非常に高級なホテルでゆっくりしていただく、楽しんでいただく、そういう空間をつくり、提供しようというのが、フォーシーズンズのベースとなったわけです。それは大きなコンベンションホテル、皆さんもご存知の帝国ホテル、ホテルオークラさんやホテルニューオータニとは違うホテルです。最近はそのような大規模のホテルに対しどちらかというと小さなホテルがたくさんできています。フォーシーズンズの場合は中規模でラグジャリーなホテル、そしてサービス自体はどんなサービスかといいますと、人間が人間をサービスするようにパーソナルなサービスを提供するホテルを目指しています。

　それが結果として他のホテルとの差別化、フォーシーズンズホテルのブランドをつくっていく原点ということになっていくわけです。サービスはどんなサービスかといいますと要はお客様がいらっしゃったときに、ここのホテルに期待するサービスに対して、「期待以上のサービス」ができるかどうか、

第15章　フォーシーズンズホテルの経営理念

他のホテルとの差別化を図っていくということ、それがサービス面での原点ということになるかと思います。これが創立者のイザドア・シャープが提唱したことで、この人はいわゆるビジネスホテルからフォーシーズンズホテルをつくった人、ユダヤ系のカナダ人ですけれども、そのシャープさんが長期的にフォーシーズンズはこの方向でいくぞということを決めたわけです。

　それから1992年に東京にもフォーシーズンズホテルが進出してきました。たまたま藤田観光という椿山荘、その当時は京都国際ホテルなどいわゆる高級ホテル、高級レストラン、高級宴会場を経営していて、大衆的な箱根小涌園なども経営していましたが、そういう観光会社と提携をしてつくったのが、フォーシーズンズホテル椿山荘東京です。

10年で世界的なホテルへ

　フォーシーズンズとしては世界で23番目のホテルとして東京にできたわけです。モディファイド・マネジメント・コントラクトといわれますが、最近はペニンシュラホテル、ザ・リッツ・カールトン、マンダリンといろんなホテルができています。ほとんどの外資系のホテルは今まで賃貸借契約で運営するのが一般的でしたが、マネジメント契約という形で進出してくるときには、ホテルの建物を所有しないで運営するホテル会社と所有するホテル会社の2つになります。その運営するホテルがフォーシーズンズだったり、一般的にはシェラトンだったりザ・リッツ・カールトンだったりするわけですね。その会社がいわゆる建物を借りてというか所有している会社と共同で運営します。これがいわゆるマネジメント契約です。

　マネジメントをやりますという形なのですが、藤田観光の場合はちょっと違って、建物も所有し、運営もしましょうということで、総支配人が日本人なわけです。一般的には、先ほどお話したマネジメント・コントラクトのホテルは外国人の総支配人が来て、主要なポジションは外国人が占めてということなのですが、逆にフォーシーズンズホテル椿山荘東京は日本人が外国人と一緒に運営する、もちろん外国人もいるのですが、そういう会社なわけです。

第4部　ホテル・レストラン・流通業におけるリーダーシップ

　それでオープンは、1992年。約10年の間にいろいろとサービスを一生懸命洗練したり、トレーニングをしたり、お客様に認知をされるようになってきて、2003年、2004年と、世界的なホテルを評価する「インスティテューショナル・インベスター」という、要するに金融機関に勤める方で世界中を仕事で年間65泊以上ホテルに泊まる方がモニターとなってホテルを評価する金融機関の雑誌なのですけど、年に1回だけホテルを評価する、そういうランキングの調査があります。そこで世界9位（2003年）、そして世界13位（2004年）と、また当然アジアの中でも非常に高い評価を受けたのです。

年数が経つことで評価が高まる

　いずれにしろ10年経って東京においてフォーシーズンズというブランドが認められた。世界的にも、もちろんフォーシーズンズというのは認められているのですが、東京においても認められた。やはりブランドというのは新しいものを作っただけではだめなのですね。そこで働く人の気持ち、それが常に進化をしていかないといけないのですね。いつも新しい考え方でいるということです。この何年間の間にITがなんとも素晴らしい進歩をしていますけれども、そういったものとかも取り入れるとかですね、設備も取り入れる、それからサービスの考え方も取り入れるというようなことで、どんどん進化していかないと、こういうランキングに入らない。不思議なのは、ホテルって建物が綺麗で設備が新しいと良いというふうにいうかもしれませんが、もちろんそれはいいに決まっているのですね。ただしホテルの評価というのはそれだけではなく、そこで働いている人間、人間の気持ちといいますか、そのトップが目指すところを、みんなが一緒に目指せるかどうか、ということは建物が古くなって年数が経ってもそこが磨かれることによって評価が高まるということです。

　それは中で一生懸命働く人、電化製品なんかは古くなると駄目なのですが、ホテルは全くそれと違って、古いことによってそこのホテルの良さであるとか、漂う雰囲気であるとかですね、そういったものがどんどん良くなってい

くということ、それによって評価が高まるということがあるのです。結果として74ヶ所、31ヶ国にあるホテルがフォーシーズンズホテルとして今営業をしています。

3．ホテル運営のフィロソフィー（哲学）

期待以上のサービス

　さてそういったホテルはどうやって運営されているかということなのですけど、基本的な方針がどこもあると思います。どこの会社にもフィロソフィー（哲学）があります。

　ラグジャリーなホテルもお客様の期待以上のサービスをするぞという哲学があってそれを現実の作業に反映させます。上から下へ1本筋が通っていると経営的には非常に素晴らしいわけです。しかし実際やっていることは違うよということは世の中にもたくさんあるわけで、こういったことはフォーシーズンズの場合、すべて文書化しています。ここから下が各ホテルの裁量、スタンダードから上は本部の許可がなければ変更できないというような形になっています。具体的にはそんなに難しいことではないのですが、後ほどお話するスタンダード、これはたとえば一例を挙げると、「電話は3回以内に取りましょう」。実に簡単ですね。電話はリンリンリンと鳴りますけど3回以内に取りましょうということが書いてある。お客様がいらっしゃったら「必ず笑顔でそしてアイコンタクトでお迎えしましょう」。気持ちよくご挨拶しましょうということが書いてある。

「己の欲するところを他人にも施せ」

　フォーシーズンズホテルのゴールデンルールというのは "Do unto others as you would have others do unto you." というふうに書いてあります。これは「己の欲するところを他人にも施せ」という意味で、これはマタイの福音書の7章12節に出てくる聖書の言葉ですね。聖書の言葉をそっくりそのまいただいて、これを我々のゴールデンルールにしよう。これが我々ホテル

の基本的な考え方で、自分が何かしてほしいと思ったら、そのことをその通りにお客様にして下さいということです。それが現実にはなかなかできないからこういうことを言っているわけです。

　それをやるためには何をするのかといったら、たとえばお客様から何か言われて「大丈夫ですか？」と聞かれときにその通り「はい、大丈夫です」というふうにお答えするのではなく、「大丈夫ですか？」と言われたら「実はこうこうこうで大丈夫です」とお答えするとか、little bit extra と言いますか、何か言葉を添えるとか、何か物を添えるとかいうようなことで、これが期待以上のサービスの原点です。

　何かお客様から求められたときに、たとえば何か疑問形で「爪が伸びちゃったのだけどな」というような話を聞いたときに「爪切りございます。お貸しいたします。お持ちいたします」と言うこと。すぐにお客様のサイドに立って「はい」と答える。今手持ちにはなくても「はい」とすぐ答える。「ちょっとお待ち下さい」とは言わない。「はい。わかりました。お時間いただけますか」と言う。イエスと答える。これが具体的になおかつチームいわゆる本部があって、末端のホテルがあってこのチームがそっくりそのままその意思で動くか、方向性を同一にできるかどうかが非常に大事なわけです。

SERVICE に込められた 7 つの意味

　実際に「己の欲するところを他人にも施せ」を実践するには"Do the little bit extra" "Always answer 'yes'" "One goal one team"、この 3 つの言葉に代表される行動を起こす。行動によってこれを実現させるということなのです。実は 2001 年は皆さんもご承知のように 9.11 という大変な事故がニューヨークでありました。事故というかいわゆるテロ事件ですね。その 9.11 の年の前に総支配人が全員集まったとき、サービスカルチャーというものを設定しました。我々ホテルとしてもちろん"Do unto others as you would have others do unto you"というゴールデンルールがある。

　しかし、"Do the little bit extra" "Always answer 'yes'" "One goal one team"、それ以外にもっと具体的に行動を表す言葉ってないのかなと考えて

SERVICE という言葉に代表させ、1つひとつの意味をつけたのです。サービスのSというのは Smile（スマイル）。オールウェイズスマイルですね。Eが Eye Contact（アイコンタクト）。もちろん目を見て話すことです。それから Recognition（リコグニション）。お互いのやっている仕事を認め合う。お客様もちゃんと認識をする、そしていい職場関係をつくって結果としていいサービスをしましょうということです。会社も従業員スタッフに対して「ちゃんとあなたいい仕事しましたね。表彰しましょう」というようにいつも誉める。または失敗したときにそれについて一緒に考える、というようなことがリコグニションです。

　Voice にはいろんな意味があるのです。多分日本の文化の中ではこういったボイスという言葉は出てこないと思います。なぜボイスがあるのかと言いますと、外国の社会の中ではしっかり自分の意見を言うとか、何をしているのか確認できるような、この人はこういう人ですとかキャラクター、アイデンティティーであるとか、そういったことが言葉に出てくる。ましてや英語があり、フランス語がありスペイン語がありドイツ語があり、全く人種、習慣の違う人が一緒の職場で働いています。お互いがお互いを認識するのにちゃんとしっかりとお互いが言葉を発する、そして意見を言うこと、その意見も相手に伝わるような言い方をすることが大切です。まあホテルのお客様をサービスするには「すみません、ごめんなさい、間違えちゃいました」と言うのと「すみません。私たちの落ち度でございます。申し訳ございません」と言うのとでは、同じ謝っているということでも、全く口調の違いにより、相手に理解されたり理解されなかったりということがあります。そういった意味でのボイスです。

　それから知識、何かをやるにはもちろん知識が必要で、Informed（インフォームド）、これは知識というよりも知識をお互いにコミュニケートしよう。同じものを自分だけ持っているのじゃない。みんなが共通の認識のうえに立って、そしてお客様に接しましょうよというようなことかと思います。そして Clean（クリーン）は清潔、最後のEは Every One（エブリワン）で One goal one team の意味になります。この SERVICE という言葉を設定したわけ

です。

4．スタッフを大事にするホテル

一番大事なのはスタッフ

　さて、フォーシーズンズホテルで一番大事にするのは何でしょう、我々は「3P」と言っています。フォーシーズンズホテルの3P。3Pの最初のPはPeople、2番目はProduct、そしてProfit。実はPeopleというのは、お客様じゃないのです。

　働いているスタッフ、スタッフを大事にしましょう。つまり従業員ということです。従業員を大事にすれば、いい従業員がいることになります。いい商品、たとえばホテルでいえばサービス、料理、飲み物すべて、フロントでのサービスもそうかもしれません。いい人がいたらいい商品が提供できて、結果的に利益を生みますということです。一番大事なのは誰なのでしょう。もちろん一番大事なのはスタッフです。なぜスタッフが大事なのかというのは、お客様の一番間近で仕事をしているスタッフの方々が、お客様の意見、お客様の満足、お客様の不満、コンプレインであるとかそういったものを全部受け止めているわけです。ベースとなるのが、スタッフであるという考え方を我々は持っているわけです。

　では一番大事な関係はどこでしょう。エクスターナルリレーションシップはマネジメントとゲストとの関係、インターナルリレーションシップはスタッフとマネジメントの関係、それからインタラクティブリレーションシップはスタッフとゲストとの関係、と3つありますが、どれが大事だと思いますか。「インターナルリレーションシップ」、実はこの関係を一番大事にします。よくお客様が大事です、お客様第一主義と言いますけど、違うのです。People、Product、ProfitですからPeopleを大事にしているわけで、インターナルリレーションシップが一番です。もちろんこのエクスターナルリレーションシップも大事です。しかし一番といったらインターナルリレーションシップを大事にします。それがフォーシーズンズの理念でもあるのです。

人が大事ということですから、採用する場合にアルバイトであろうと契約社員であろうと正社員であろうと、全世界のフォーシーズンズホテルでは必ず4回面接をします。大体新卒の方たちは、このぐらいするかもしれませんが、中途採用であるとか、ましてやアルバイトたちにこんな何回も面接をするというのはあり得ないと思うのです。これだけ時間を使うのです。総務それから所属部署長が面接をして、部門支配人が、そして最終的には必ず総支配人とホテルマネージャー、2人で最後に必ず面接をしました。そのとき何が一番大事かというと、外資系のホテルですから、外国人のお客様もとても多く、英語力は非常に大事です。清潔感やまじめな態度などもしっかり見ます。しかしこれだけ何度も面接する意味は、現場からGMまでそれぞれの見方で選びましょうということなのです。

ビジネスをサポートする機能

　ホテルの主な仕事というのは実は単に楽しんでゆっくりする場所の提供ではなくて、ビジネスをサポートする、そういう機能が非常に大事なのです。ですから、最近ご承知のようにたとえばザ・リッツ・カールトンは、自衛隊の跡地に建ちました。森ビルさんの六本木ヒルズは、もちろんショッピングエリアではあるのですけど、オフィス街です。そこにホテルというのはどうしても必要なのです。なぜ必要なのかというと、やはり人を集めるコミュニティそういう場所で人と話をしたり、会議をしたりとかお客様を接待するとかいうビジネスにとって欠くことのできない場がホテルだと考えたときに、ホテルの役割の大事さというのは皆さんおわかりだと思います。

　たとえば昔、GEのジャック・ウェルチさんがよく泊りにいらっしゃいました。ジャック・ウェルチさんは成田に着くと同時にワゴン車でいらっしゃって、その中で会議をしてきて、それでホテルの部屋に入るとすぐにまた会議があります。奥様といらっしゃったときもやはり奥様との時間を大事にされますし、仕事とプライベートの時間を一緒にホテルで過ごされたりするのです。世界のナンバーワン企業のトップのお手伝いができたということは我々がパートナーとして仕事ができたということで、大いに満足感を味わい

ました。

5．スタッフとのコミュニケーション

エグジットインタビューを実施

　非常に特異なのは辞める方もたくさんいるので、必ずエグジットインタビュー（Exit Interview）といって最後にインタビューを行います。「あなたどうでしたか。仕事していて楽しかったですか。あなたにとって何が合いましたか。何が不満で辞めましたか。何か職場で問題ありましたか」ということを聞く。そういった理由を聞いて、次のスタッフにどう活かせるかというようなことをやっています。モチベーションという意味で言いますと、仕事をやっているときに義務感でやっている、勉強もそうだと思うけど、やっぱり興味を覚えてその先に行きたいと思うときに、吸収力というのは早いし、それがしっかり自分の身につくと思います。やはりそういう意味でここが楽しい職場だと働いていて働き甲斐があって上司とのコミュニケーションもいい、ホテル業に対する多少の疑問はあるけれども、でもここにいたいという環境をつくることが、我々経営陣の大事な仕事です。

　上に総支配人がいて、プランニングコミッティがいて、マネージャーがいてスタッフがいる、という三角形があります。その仕事をスムーズにやるにはこの三角形がすっと下へ通ったらいいのです。コミュニケーションとはただ話して伝えるということではなくて、行って帰って、行って帰って、という相互通行だと思います。お互いに意見を言い合う。その言い合うことによって、要するにその人の人格またパーソナリティがわかってくる、仕事に対する姿勢であるとか、人生に対する生き方であるとかそんなことが、もしかしたら必要になるかと思います。

　ダイレクトラインというものをしていますが私と現場のスタッフ、他の中間層は誰もいれないような会議です。お茶を飲みながら、ミドルマネジメント会議はマネージャークラス、課長クラスと一緒に食事をしながら話す会で、議題は何もない。お酒も飲むし、お茶も飲むし、率直に意見を交わしながら、

第15章　フォーシーズンズホテルの経営理念

ワイワイやってきました。

必要なのは事前の準備

お客様を名前で呼ぼうというフォーシーズンズの1つのポリシーがあります。それはどういうふうにしたらいいかといったら、たとえばミスター・ウェルチが来たとき「ミスター・ウェルチ、ウェルカム　トゥー　フォーシーズンズ」と言えるかどうかです。それが「お客様」いらっしゃいませと言うのが、普通名詞で言うのか固有名詞で言うのかということだと思います。それを全員とはいきませんが顧客には必ずお名前でお呼びしようというふうに言っています。同様に館内で従業員も名前で呼んでいます。

ラグジャリーホテルのサービスは、お客様がアラビアの皇太子や王様、それから大統領や首相だったりするとき、マニュアルでなんか絶対処理できないわけです。ですからマニュアルは最低線、我々のホテルではマニュアルで処理できるサービスは多分30～40％、もう最低守らなければいけないルールで、それでできないこともたくさんあります。そのときに是非こういうふうにして下さいというのが、もし困ったときはお客様第一でお客様側になって考えて下さいということです。言ってみればお客様第一主義。

先ほどお客様を名前で呼ぶ話をしましたけれども、そういったことをやるには事前の準備が必要なのです。それをいろいろなITを駆使してやっているわけですが、たとえばゲストヒストリー、1人1回泊まれば必ず、ヒストリーができます。それでお客様が来られたときに、それがぽんと用意されているという事前の準備。それから、そうしていてもときにいろいろなことが起きますから、その起こったことをみんなで共有します。

ホテルはハードの部分も大事

ホテルはソフトの部分が大事なのですが、ハードも大事。そのハードを大事にするにはやっぱり一生懸命建物・施設をオープン当時の形を保つということでやってきました。やはりそこで働くスタッフのハードに対する考え方によってホテルの印象が決まる。フォーシーズンズホテルはすでにオープン

してから17年目ですから、当然経年劣化が進んでいます。その中で薄型の新しいテレビを入れたりアメニティを変えたり、ベッドリネンはマドンナが使う最高級リネンを使ったり、新しいチャペルをつくったりDVDやCDが客室で使える、100 MBのインターネットの光ファイバーもすでに敷設されています。

　ホテルというのはお客様をおもてなしする場、そしてビジネスをサポートする場、そういったときに先ほどの特にラグジャリーなホテルといったときには、実はどんなお客様が来るかわからない、だけれどもマニュアルを超えたサービスをしなくてはいけない。それがホスピタリティ精神だと思います。ホスピタリティを日本語に直すと「自然で、自在な、気遣い」これを実践することが大事です。そうすることによって、お客様の満足度を増していくと考えています。

6．最後に

　私の一番大事な言葉は"We are on the same boat""One team one goal"と言っているのですが、同じ船で同じ方向に一生懸命進んで行きましょうと、そうするためにはいろんなイベントがありますけど、コミュニケーションをとって遊ぶときは遊ぶ、楽しむときは楽しむ、そして仕事をするときは厳しくというようにやってきました。それで結果として総支配人という大役を8年間務めました。そういう意味では非常に楽しく素晴らしい時間であったと思います。いろんな競争相手もいますが、ホテルというのはホテルがかもし出す雰囲気、持ち味、目指すところ、そういったところが全部違うはずです。お客様それぞれの見方で見ていただいてただ単にあそこは綺麗だとか料理が美味しいとか、それも大事なのですけれども、それだけではない総合力みたいなものを楽しむ。楽しむということは実際自分で泊まる、使う、仕事でお客様を招待するとかいうようなことで使える場所、それがホテルであるというふうに思います。

　これは玉川で受けた教育がもとになっていると思います。私も玉川でいろ

いろなことを学びました。特に素晴らしいと思ったのはこの言葉です。ホテルにぴったりの言葉です。「人生の最も苦しい、いやな、辛い、損な場面を、真っ先きに微笑を以って担当せよ」。小原國芳先生がおっしゃっていた。その言葉がやはり未だに身についています。「全人」という言葉も素晴らしいし、しっかりと身につけていきたいなというふうに思います。

是非、この言葉も皆さんに捧げたいなと思います。"Our future is in your hands"、我々もそういった意味ではだんだん年をとってきました。若い方々に頑張っていただいてその精神を受け継いでほしいと思います。長時間に渡りご清聴いただき誠にありがとうございました。

(2007年10月19日講話)

＊＊＊＊＊＊＊＊＊＊＊＊＊＊＊＊＊＊＊＊＊＊＊＊＊＊＊＊＊＊
解説

塩島賢次先生は小学部から高等部まで玉川学園で過ごし立教大学を卒業後、藤田観光に入社しフォーシーズンズホテルの総支配人を長らく務め、観光ビジネス一筋に活躍されている。

観光業界で特に先生はグァムやニューヨークの海外勤務があり、フォーシーズンズホテルでのマネジメントは英語で行われていたため玉川学園で学んだ英語のベースは非常に貴重で役にたったそうだが、後輩にも英語を十分使えることの大切さを常に強調されている。小原芳明先生とは学園時代の同期で親しく、小原先生は頭が非常によく、優秀だった、悪もしていて、いじめられたと言っている。フォーシーズンズで働くことができたのは玉川のおかげだと思っている、RとLの発音の違いなど、玉川の最先端の英語教育のおかげだと感謝していると述べている。

塩島先生は16年間フォーシーズンズで働き内8年間総支配人を務めてきたが、優秀だから総支配人になるというわけではなく、それなりの訓練をつむ必要があるという。先生の場合、フォーシーズンズで働いている間、常に信号を送ってくれる人がいたし、アジア拠点の本部シンガポールからのサポートをいつも感じていた、年に何度か来て面談もするし、レコグニッションしてくれるという。リーダーは孤独なものだと思うが、安心感が

第4部　ホテル・レストラン・流通業におけるリーダーシップ

あった。シンガポールによく電話をして、トップと1、2時間話をする、仕事をしていても安心することができる環境にあったという。ただしホテル業界は環境に左右され、やはりいつも厳しい状態だ、オーナーサイドのプレッシャーもきつい、ロケーションのいい競争相手に勝つには品質で勝負する、メリルリンチやトヨタやエアバスなどグローバル企業とも契約をしているという。海外のものをそのまま持ってくるのではなく、日本人のホスピタリティ精神や、日本人の強みといったものを大切にしていくことが重要だ。また地域との密着度を高めていくことが重要だと指摘する。

　ホスピタリティの真髄には、ゴールデンルールがある。「己の欲するところを他人にも施せ」が原則であり、これはお客様からの希望をそのまま受け取り奉仕するのではなく、さらに先を見て奉仕するという形をとる。Little bit extra とも言うが何か期待以上のサービスを常に心掛け、顧客のホテル滞在を真にリラックスさせ、また楽しませる工夫が必要であるという。常に笑顔でいる、目を見て話す、お客様を常に認識する、相手にしっかり意見を伝える、知識を共有する、常に清潔さを保つ、といった基本動作を全員でやることを従業員に徹底してきたという。

　さらにマネジメントで一番力を入れたのは従業員のマネジメントである。良い従業員が良いサービスを展開し、結果的に多くの利益に結びつくことを表している。たとえば1ヶ月間で最も功績のあった従業員を表彰する、誕生日カードのプレゼント、多彩なクリスマスパーティなど、上下のコミュニケーションを重視している。ホテルの正社員はもちろんアルバイトの採用・退職についても上司がしっかり面接している。従業員を大切にすることでより良い人材が育成され、そしてその従業員たちと共により良いサービスをお客様に提供することこそが利益を得ることになる。こうしたマネジメントを地道に実行することがホテル経営の基本であり、塩島先生は明るく、元気に、気を使ってこれらのマネジメントを遂行されてきたのである。本文にはないが、そのあたりのマネジメントについて、先生は、やはりトップになればなるほどフレキシビリティー、柔軟なバランスのとれた考え方が必要で、それには人の話をよく聞くことだと言っている。またその際、知り合いが多いということは、紙ベースでなく様々な話が聞けるということだろう、フォーシーズンズは現場主義であり、組織を活性化させている、直接問題点を見に行き、自分で確認をする、物がどのように劣化していくのか、そこにいる人がどんな考え方なのか、人に聞くだけでなく見に行く、トップはバランス感覚が大切で、自分の理念や哲学を上手く浸透できる友人やいろいろ教えて助けてくれる友人がいるということが大

第 15 章　フォーシーズンズホテルの経営理念

切だと述べている。
　温厚であり、非常に粘り強く、基本については忠実に厳しくというのが先生の持ち味である。学生の中には観光ビジネスに興味・関心を持つものが多く、実践から鍛えられたホスピタリティ精神についての話は聞くものに迫力を感じさせた。フォーシーズンズホテル総支配人から最近まで藤田観光の関係でゴルフ場支配人をされていたが、今は池袋のメトロポリタンホテル総支配人（日本ホテル株式会社常務取締役）をされている。今後のホテル経営のご活躍を祈りたい。

第16章　イトーヨーカ堂の事業戦略と
　　　　　リーダーシップのあり方

亀井　淳（株式会社イトーヨーカ堂社長）

1．はじめに

　皆さん、こんにちは。今日は、イトーヨーカ堂、セブン＆アイグループの経営戦略とビジネスリーダーシップについてご説明します。

2．イトーヨーカ堂について

　イトーヨーカ堂は、売上約1兆5000億円のGMS（General Merchandising Store）です。社員数は約4万3000人、内訳は正社員1万人、パート社員3万3000人です。北海道から広島県まで179店を展開しています。
　創業以来、イトーヨーカ堂が親会社としてセブン－イレブン、デニーズなどのグループ企業を管轄していました。しかし3年前に持ち株会社「セブン＆アイ・ホールディングス」を作り、その下にグループ企業を再配置しました。その後ミレニアムリテイリングをグループに迎えました。ミレニアムリテイリングとは、西武百貨店とそごうの持ち株会社のことです。セブン＆アイグループは、コンビニエンスから総合スーパー、百貨店、そしてフードサービスまであらゆる業態を手掛け、「新・総合生活産業」を提唱しています。
　セブン＆アイグループの概要ですが、全世界に3万5000店、売上高約9兆円、従業員数78万人になります。私たちのグループに来店されるお客様は、世界中で1日当たり2700万人になります。東京都の人口が約1200万人

ですから、すべての都民が1日2回セブン＆アイグループの店に足を運んでくれている計算になります。

私たちの社是は、お客様、お取引先、地域社会に信頼される誠実な企業でありたい、株主に信頼され、そして社員に信頼される誠実な企業でありたい、というものです。スローガンは、「変化への対応と基本の徹底」です。

私は社長として様々な構造改革に取り組んでいますが、その改革も最終的にはスローガンである「変化への対応と基本の徹底」に行き着きます。昨年から食品の偽装問題が続き、石油などの市況も上がっております。サブプライムローンの問題や異常気象による穀物不作など混沌とした世の中が続いています。しかし我々小売業は、お客様の変化に応じて我々自身の行動を変えていかなくてはならないのです。一方で基本の徹底として、挨拶とか躾(しつけ)を社員に徹底させることです。変化への対応も基本の徹底のいずれも、小売業には大切なことなのです。

3．ビジネスにおけるリーダーシップ

ビジネスにおけるリーダーシップは、「大きな絵を描いて、大勢を巻き込むことだ」と要約できると思います。大きな絵を描くとは、経営戦略をまとめることです。そして大勢を巻き込むとは、組織を動かすことなのです。

リーダーシップには、大きいものも小さなものもあります。たとえば友達同士で飲みに行くときにも、誰かがリーダーシップを取って時間や場所を決めて動く必要があります。こうした行為も、リーダーシップと言えるでしょう。

リーダーシップは、一概にこういうものだとはまとめられません。先頭に立って引っ張っていく人、背中を見せて引っ張っていく人、輪の中に入ってスクラムを組んで一緒にやっていく人、後ろに回って皆を押して同じ方向に向かせる人、いずれもリーダーシップと言えます。さらに、組織を動かすときに喜んで付いてくる人たちがいること、彼らをワクワクさせるなど、様々な要素を満たさないと真のリーダーシップとは言えません。

イトーヨーカドーでは、ビジョンを達成するための行動指針を作り、最低限守るべきルールを定めます。そのルールを守りながら自己革新を進めていくことで、風土や文化が醸し出されるのだと思います。

仮説・提案・実行・検証・修正
　当社では、そうした考え方から社員1人ひとりに自分の仕事に関して「仮説、提案、実行、検証、修正」といった一連の行為をルールとして課しています。その行為を行うことによって、1人ひとりの生産性を上げ、会社の利益に貢献し、結果としてお客様の生活向上に寄与していくことになるのです。
　これから皆さんは、就職して社会人になります。そのときに望まれるのは、どのような社員だと思いますか。これまでは、友達や同僚と人間関係をうまく保ち、上司の言うことも聞き、そこそこの成果を上げられる社員だったと思います。でもこれからの時代に企業に望まれる社員とは、キチンと自分の意見を主張できる人間だと思います。もちろん人間関係は大切ですが、「仮説〜修正」に基づいて自分の意見を説明できる人間が望まれています。
　ビジョンや行動指針を共有するためには、リーダー自らが全員に伝え、守らせなければなりません。これこそがリーダーシップです。ビジネスリーダーシップに不可欠な条件は、頭の良さでも腕力でも、それから論理性でもありません。一番に求められる条件は、徹底させるために根気よく繰り返すこと、根気だと思います。
　セブン-イレブンを創業した鈴木敏文は、私の2代前にイトーヨーカドーの社長でした。今は会長としてグループ全体を見ています。鈴木は「業務改革委員会」と呼ばれる会議を1週間に1回開いています。1時間半の会議の中で、ものごとを次々と決めて方向性を指示します。もう始めてから1000回以上も行っています。
　鈴木の経営理論は、経営書が何十冊も出版されているほど素晴らしいものです。でも鈴木の軸になる主張あるいは主義は、いくつかの基本的な項目に要約できます。たとえば、商売とはお客様の立場に立って考えるものであり、お客様のためにという考えは間違いだと繰り返し説いています。

第 16 章　イトーヨーカ堂の事業戦略とリーダーシップのあり方

根気よくやり続ける

　死に筋在庫を売り場から撤去し、売れ筋在庫を揃えろともよく言われます。死に筋在庫とは、売れない商品です。悪貨は良貨を駆逐するという喩え通り、死に筋在庫が増えると、売れ筋在庫もお客様の目から見えなくなります。たとえばお客様がこういう形のブラウスがほしいと思って店内を回っても、気に入らないブラウスがたくさん並んでいたら、その中にほしいブラウスが紛れていたとしても見つけ出すことはなかなかできません。

　また、「単品管理」という言葉は、英語でも通じるほど有名な経済用語となっています。小売業というものは、1つひとつの商品を単品ごとに管理していくべきだという理論です。

　小売業にとって都合のよいことはお客様にとって不都合なことだということも、よく口にされます。以前は、スーパーでリンゴは5個パックで売られていました。1個100円で、1パック500円です。昔はこんな売り方が当たり前でした。しかし今こんな売り方をしているスーパーは少ないです。ほとんどが1個売りになっています。というのは、リンゴを5個買ってすべて食べられる大家族が少なくなりましたから。私の家だったら、リンゴと柿を1つずつ買って、妻と半分ずつ食べます。必要になったら、また買いに行きます。スーパーにとって、5個パックはとても売りやすい方法です。でもお客様にとっては不都合なことなのです。

　お客様が1個ずつ買いたいと思う商品は、1つひとつきれいに磨き、値付けする必要があります。売る側には、とても手のかかるやり方なのです。

　小売業はそうした不便なことを根気よくやり続けることが必要であり、単品の販売動向を把握し、さらなる生産性向上のために計画を立案することが単品管理だと、鈴木は業務改革委員会で言い続けています。ビジョンやルールを組織に徹底させるために、根気よくやり続けることが、リーダーに求められる条件です。

第4部　ホテル・レストラン・流通業におけるリーダーシップ

4．出店におけるリーダーシップ

ショッピングセンターの出店戦略

　それでは、出店戦略におけるビジネスリーダーシップについてお話します。
　GMS とは従来型のイトーヨーカドーで、衣・住・食のすべてを揃えてあります。リージョナルショッピングセンター（RSC）とは、その地域を独占するくらい大きなショッピングセンターです。イトーヨーカドー、シネコン、さらに専門店が 150 も 200 も入る商業施設です。最近多くなっているのは、ネイバーフッド型ショッピングセンター（NSC）です。食品スーパーと 100 円ショップ、ドラッグストア、そして床屋やクリニックなどが入った小型のモールです。イトーヨーカドーは GMS、RSC、そして NSC の 3 つを運営しています。

　ショッピングセンターを作るときにも、お客様の立場に立って考えることが大切です。街づくり三法という法律がありますから、そうした規制の中でその地域の消費者に最適な業態で出店を進めています。ショッピングセンターは、地域社会と地域住民のニーズを満たす必要があります。単に売り場だけ作ったのではダメです。商品を売るだけでなく、生活情報を発信しなければいけません。1 つの街を作るわけですから、銀行もお医者さんも必要です。郵便ポスト、絵画などの各種カルチャー教室、学習塾、英会話教室、お年寄りのためのパソコン教室、飲食店なども必要になります。健康に対する関心が高まっていますから、クリニックセンター、介護施設とかデイケアサービスを紹介する施設も必要です。金融の分野では、銀行、郵便局、保険なども必要です。従って現代におけるショッピングセンターとは、物販（衣・住・食）、情報（文化・教育・健康・金融・娯楽）、サービス（接客・付加価値）を総合的に提供できなければなりません。

　サービスということでは、イトーヨーカドーの建物はユニバーサルデザインおよびハートビル法を取り入れて造られています。階段が色違いに塗られて見分けやすくなり、公衆電話の台も車椅子のお客様でも使いやすい高さで

置いてあります。

お年寄りや身体障がい者に優しい店作り

　私たちは、ユニバーサルデザインとか身体障がい者に優しい店作りに力を入れてきました。そのきっかけを少しお話します。
　私は、大学卒業直前にアメリカへ旅行に行きました。ニューヨークのセントラルパークに行くと、日本と違って車イスの方をたくさん見かけました。たまたま散歩を終えて車イスで交差点を渡ろうとしているお婆さんがいました。車イスを押してあげようと思いましたが、言葉がよくわかりませんし声をかける勇気もありませんでした。
　ちょうどそのとき、向こうから野球帽を斜めにかぶった14〜15歳の少年が歩いてきて、「ヘイ、マミー」と言って話しかけて、さりげなくお婆さんの車イスを押して交差点を渡してあげて戻ってきました。自分はつたない英語で「君はお婆さんの親戚か、それとも知り合い？」と尋ね、さらに「なぜ知らないお婆さんの車イスを押してあげたの？」と聞くと、「なぜそんなことを聞くの？　困っているお婆さんを手助けするのは当たり前だろう。変な日本人だなぁ」と言われました。お婆さんの車イスを押してあげることができない自分をとても恥ずかしく思いました。
　そのときの強烈な体験から、私は現在お年寄りや身体障がい者に優しい店作りを心掛け、社員全員に手話を習わせることにしました。手話を使える方の人数はごく少なく、店員が実際に手話を使う機会は少ないと思いますが、手話を習わせることで社員の身体障がい者に対する思いやりが深まったと思います。

アリオ八尾でのショッピングセンター作り

　それでは、アリオ八尾を例にショッピングセンター作りについてお話します。アリオ八尾は、先ほど説明したリージョナルショッピングセンターです。コクヨさんの工場跡地へ出店させてもらうため、大阪に通い詰めました。そしてやっとのことで2006年にオープンすることができ、現在も好成績が続

第4部　ホテル・レストラン・流通業におけるリーダーシップ

いています。

　この巨大なショッピングセンターには、イトーヨーカドー、西武百貨店、オートモール、そしてシネコンが入っています。駐車台数も2500台と大きな収容台数です。オートモールは、トヨタさんと組んで5ブースを揃えました。ネッツやクラウンなど異なる販売網の自動車を、このSC1ヶ所に揃えました。ブースの裏には整備工場があり、車検場も完備しています。168の専門店と4核1モールのショッピングセンターをイトーヨーカドーは日本で初めて作りました。

　産学共同を目指して近畿大学と連携いたしました。八尾市は人口が27万人ですが、近畿大学に関連した方が7万人以上もいます。近畿大学のゼミにアリオ八尾を使っていただいたり、大学からインターンシップを受け入れたりしています。近畿大学はマグロの養殖で有名なので、マグロの解体ショーもやっていただきました。大変な数のお客さんが集まりました。

　イトーヨーカドーは、こうしたアリオショッピングセンターを全国に7店舗運営しています。イトーヨーカドー179店の売上高1兆5000億円に対して、アリオ7店舗の売上を合わせると1500億円、総売上の10%にも達します。

　八尾の例でおわかりになったと思いますが、出店戦略におけるビジネスリーダーシップとは、お客様の立場に立って店のあり方を考えることです。それから、アリオのような前例のない事業に挑戦するためにも、リーダーシップが必要です。

　もう1つは個店主義です。昔のチェーンストアは、イトーヨーカドーであれば千住でも川越でも同じ商品を同じように売っていました。今は、そんな商売ではまったく通用しません。たとえば新百合ヶ丘と武蔵小杉では、売れるものが違います。惣菜の味付けも違います。個店主義にしたがいそれぞれの店で商圏を調べ、消費者のニーズ・嗜好に応じて売り方を考える時代なのです。

5．危機管理

危機管理に最大限の努力を傾注

　風土改革におけるビジネスリーダーシップということで、危機管理、勤労意欲などについてお話いたします。皆さんの記憶に新しいことですが、不二家さんが不祥事を起こし、山崎製パンさんの傘下に入りました。ミートホープさんは偽装した牛肉を販売する不祥事を起こし、結局は倒産しました。

　私たちは、危機管理ということに最大限の努力を傾注しております。私たちは179のお店を運営しています。それは179の食品製造工場を持っているのと同じなのです。大量の食品を扱っておりますから、賞味期限や消費期限が毎日やってきます。今日すべてチェックしても、明日になるとまた消費期限切れが出てきます。厳格なチェックをしておりますが、人間のやることなので、たまにはミスが起きます。

　でも一番肝心なのは、ミスを起こしたときの対応です。私は、ミスを発見したら迅速に報告をしなさいと言い続けています。社長・上司に報告をした時点で、個人から会社に対応責任が移ります。報告をうけたら、「保健所に届けなさい」とか「お詫び広告を出しなさい」とあらゆることに指示をします。皆さんには信じられないと思いますが、消費期限切れの魚や肉をまちがって売ってしまうことも起きます。しかし一番いけないことは、悪意・作為に基づいて不正を行うことです。

　もっと救いようがないのは、その不正やミスを隠すことです。今は消費者に対する説明責任が大切な時代です。したがってミスを隠ぺいしたとすると、社会からの不信を買い、会社の存亡に関わります。イトーヨーカドーの社員は4万3000人もいますから、その中の1人が不正を隠ぺいすることもできるでしょう。しかし隠ぺいが発覚したら、イトーヨーカドーが潰れるかも知れません。それほど安全、安心が問われる時代だということを我々と同様に皆さんも理解しておいて下さい。

笑顔大賞を作る

　次の課題は、店のクリンリネスです。社員に作業場を衛生面からも徹底的に掃除させています。外部に委託するのではなく、自分たちで掃除をしてもらいます。蛍光灯の裏や冷蔵庫まで拭いて、磨き上げてもらいました。不思議なことに、自分たちで掃除をすると後で汚さないようになるのです。業者さんにやってもらうと、直ぐに汚してしまいがちになります。だから自分たちで徹底的に掃除してもらいました。

　食品の日付管理も、自分たちでチェックさせています。しかし自分の売り場の日付管理は、得てして見落としがあります。「自分のところは大丈夫だろう」と思い込んで管理するので、ミスを起こしやすいのです。そこで担当以外の社員に日付チェックをしてもらうようにしました。デイリー食品や惣菜売り場のチェックは、関係のない部署の社員が行います。

　たとえば精肉部門の担当者が野菜売り場をチェックして、「この野菜は、しなびていて売り物にならないのではないか」などと指摘します。

　こうした厳しい商品チェックを毎日行っている中で、社員は笑顔をつい忘れてしまいがちになります。お客様から何か聞かれたときに、笑顔で「それはあちらにあります」と言われて案内されるのと、ブスっとした顔で「ありません」と言われるのでは、大違いです。そういう1人ひとりの行為が、お客さんに何度も来ていただけるかどうかを左右します。

　笑顔が一番大事だということで、笑顔大賞というものを社長就任と共に作りました。笑顔大賞をもらった人は、ニコニコバッチをつけて私自身が表彰します。バックルームに写真を貼り出して、褒めます。我々小売にとって、笑顔ほど大事なものはないのです。

　労働意欲を高める仕組み作りも行っています。すべてのパート社員の方にレギュラー、キャリア、リーダーという役職を与え、それに合わせて時給も全部変えています。私たちは、基本的に正社員もパート社員も同じ社員だと教えています。たとえば介護や子育ての事情から、昼11時から夕方4時までだけ働きたいという方がいますが、その方だって社員であり仲間だと教え

ています。

6．風土改革におけるリーダーシップ

　風土改革のテーマの1つに、誰でもが快適に使える店舗作りがあります。
　最近の店舗は、トイレと休憩所にすごく力を入れています。特に女性トイレには力を入れています。どんなに素晴らしいレストランでも、トイレが汚かったらそのレストランに再び行きたいとは思わないでしょう。昔は用をたせれば良かったですが、今は違います。最近のトイレは、たとえば女性トイレの中に男児用トイレを作ったりしています。お母さんの目の届くところでお子さんがトイレを使うことができ、安心感があります。女性トイレでは、手を洗う場所と化粧専用のパウダールームを分けて作りました。というのは、鏡の前でお化粧をしている方が多いと手を洗いたい方が列を作って待ってしまうことが多かったからです。昨年オープンしたアリオ西新井では、トイレの中に休憩用ラウンジを作りました。ここでくつろいでもらい、簡単な着替えもしていただけます。
　もう1つの取り組みは、店に休憩所、レストスペースを増やしたことです。高齢化が進み、店に休憩所が必要になってきました。ところが休憩所は売上に直結しないから、これまではほとんど気を配ってきませんでした。
　私はその店にふさわしい休憩所を強引に作ってきました。しかし1週間経ってから店へ行ってみると、休憩所はなくなり自動販売機とかワゴンが置かれていました。もう一度休憩所を作り直し、絨毯を敷きタイルを変えてみました。それでも1週間経って店に行くと、やはり売り場に戻っていることが多々ありました。昨今では、休憩所の有効性を社員も理解し、ようやく休憩所が定着してきました。
　私にしても、買い物に行くと自分たち夫婦のものだけでなく子供や孫のものまで買います。それを仕分けし、順々に回って届けることもお年寄りの楽しみなのです。ところが休憩所がないと、そうした仕分けの作業すらできません。さらに最近のお店は大きいので、休憩所がないと高齢の方は疲れてし

まいます。

　風土改革におけるビジネスリーダーシップとは、信念をもって風土改革を進める強い意志と根気という言葉に集約できると思います。トイレを徹底的に綺麗にするぞと思ったら、トイレをとにかく綺麗にする。ミスの隠ぺいを排除するためには、根気よく社員に説明し続ける。世の中が安心、安全をどれほど重要だと思っているかを徹底的に社員に教え込むこと、それも大事なリーダーシップの1つだと思います。

7．環境と社会貢献

良い会社と評価されるには

　次に、環境や社会貢献についてお話します。洞爺湖サミットを7月に控えており、地球環境は非常に大事な問題です。皆さんもテレビでご存知のように北極の氷が解けて、白熊の棲み家がなくなっています。こうした変化に対応し会社として対策を立てるのはもちろん、我々は地球上に生存する一生命体として自分たちができることをやらなくてはいけないと思います。

　これまでイトーヨーカドーは、お客様とステークホルダー、つまり取引先や社員あるいは株主の要求を満たすことで、社会的責任を果たしてきました。その中で利益を上げれば、優良会社と評価されていました。

　これからは、それだけでは良い会社だと評価されません。環境問題と社会貢献を共に満足したうえで利益を出さないと、良い会社と認められない時代になってきました。イトーヨーカドーは、今までもやるべきことをどこよりもやってきたと自負しています。たとえば「顔が見える野菜。」は、野菜を包んである袋に印刷されたQRコードを携帯電話で読み取れば、いつ種を蒔き、どんな肥料をあげて育て、いつ収穫したかすべてわかります。ソーラーシステムにも、早くから挑戦しています。そういうことをこれまではあまり宣伝しないということが美徳だと思っていたのですけれども、これからは社会にアピールをしなければならない時代になったと思っています。

　2001年に食品リサイクル法が施行され、イトーヨーカドーでも廃油など

第16章　イトーヨーカ堂の事業戦略とリーダーシップのあり方

のリサイクルが進んでいます。ただし、皆さんにも考えていただきたいのは、安心、安全の問題とムダをなくす、もったいないという問題は、相反するということです。しかもそれを両立させなければならない。そのための方法を、我々売り手もお客さんも、それからメーカーも一緒になって考えていかなくてはいけないのです。

廃棄物のリサイクル化

　日本の人口は1億2000万人ですが、日本人が捨てる廃棄物は4000万人が朝昼晩食べられるほどの量だと言われています。安心、安全を追求することとムリ、ムダをなくすことは、表裏一体のことなのです。昔は牛乳の臭いを嗅いで味見をして、飲めるかどうか個人が見分けていました。今は消費期限や賞味期限の日付を見て判断します。

　日本社会では、毎日大量の食品が廃棄されます。たとえばお弁当販売において賞味期限が午後3時だとすると、3時を過ぎると店頭から下げます。そうした廃棄弁当などを処理するために、地方自治体も処分費用をかけています。そこで我々セブン&アイグループから出る廃棄弁当や売れ残った生鮮三品は千葉県佐倉にあるリサイクル工場（アグリガイアシステム）へ運び、肥料や飼料に処理しています。

　ここは食品工場そっくりです。賞味期限切れになったお弁当とかおにぎり、うどんなどが集められ、豚や鶏の飼料にするものと堆肥にするものに区分けされます。すべて流れ作業で、臭いの問題などもなく、それは見事なものです。ですから私は、これは生ゴミではなく再利用資源だと言っているのです。ぜひ、機会がありましたら佐倉にあるリサイクル工場を見学して下さい。日本の廃棄食品の分別作業、再資源化がこれほど進んでいるのかと驚くと思います。

農業生産へ進出する

　当社は、このリサイクル工場から作られる肥料を使って野菜を作りイトーヨーカドーで販売しようと思いました。しかしご存知の通り農地法という法

律があり、我々企業が農業に参画するにはいろいろな規制がありました。農林水産省に相談をして千葉県に土地を借りて農業生産法人（セブンファーム）を作り、農作業を行う許可をいただきました。リサイクル工場で肥料を作り、その肥料で野菜を育て、我々の店舗で販売するという循環型リサイクルが完成することになります。

　いろいろありましたが、8月から安全で安心な野菜を作り始めます。これをキッカケに大企業が農業へ進出する機会が増えると思います。こうすることによって、日本の自給率も少しずつ上がっていくと思います。

　日本の自給率はわずか39％しかありません。39％とは、何かあったら日本人の食べる物がなくなってしまう水準です。3ヶ月後に食べるものがなくなっても不思議でないということを、皆さん理解しておいて下さい。我々は農業とか林業、水産業、そういうことに対してもっと目を向けなければいけないと思います。

　たとえばアメリカとかオーストラリアが食料を輸出禁止にしたら、日本の食卓事情は大変厳しいことになります。ですからイトーヨーカドーは、南米とか北欧とかベトナムなどいろいろな国から食品を仕入れることができるよう、新たな輸入ルート確保に努力しております。休耕田を含む耕作放棄地をなくし、国産食物の比率を上げるべきです。その一歩になると思い、当社は農業生産法人の設立を提案し実行しているのです。

環境負荷の少ないショッピングセンターへの挑戦

　もう1つの試みは、環境負荷の少ないショッピングセンターへの挑戦です。アリオとは、「アリエル（空気の精）」という言葉から作った造語です。空気のように誰もが必要とするショッピングセンターを作ろうと考え、この名前に決めました。

　今年3月にオープンしたアリオ鳳では、ソーラーシステムとかヒートポンプを使う蓄熱方式の活用に取り組んでいます。LEDも積極的に利用し、廃油をリサイクルして石鹸にする試みにも取り組んでいます。アリオ鳳では、小学生でもわかるように、環境への取り組みを説明するコーナーを作りまし

第16章　イトーヨーカ堂の事業戦略とリーダーシップのあり方

た。

　レジ袋削減にも、イオンさんなどと一緒に積極的に取り組んでいます。ただこれは非常に難しい問題があります。そこの地方行政と提携して進めるのですが、レジ袋というものは非常に便利です。ゴミを捨てるときにも使えるし、濡れたものを入れるときにも使えます。

　そこで自治体と一緒に、レジ袋を有料化し、エコバックを持ってもらう運動をしています。この付近でレジ袋を有料化しているのは、若葉台店だけです。というのは、その地区のスーパーが足並み揃えて運動に取り組まないと、有料化がうまく行きません。レジ袋有料化に踏み切った若葉台店では、レジ袋の辞退率が80％を超えました。若葉台店は団地の中にあるため、皆さんが積極的に買い物袋を用意くださり、非常に好成績を上げています。

8．最後に

　環境や社会貢献を進めるうえでのビジネスリーダーシップは、社会的責任を果たす強い意志がないとできません。経済的な負担を強いられることも覚悟しなくてはなりません。エコというものと企業の営業利益が比例するかと聞かれれば、「比例させなければいけません」と答えます。先ほどお話したように、社会環境、経済環境とかCSRへの取り組みは行っていかなくてはいけません。たとえ企業が利益を削ってでも行わなくてはいけないことだと思っています。

　そして自らの事業構造を捉えなおすことも、ビジネスリーダーシップの１つだと思っています。リサイクルした肥料や飼料を使い、野菜や豚、鶏を育てる。農業を、広い意味でイトーヨーカドーの事業分野として挑戦をしているところです。

　玉川学園のような素晴らしい自然環境に囲まれていると気がつかないと思いますけれど、人間は土が愛おしく感じるものです。就職してコンクリートのジャングルに入ったら、土がどれほど愛おしく、懐かしいかがわかります。土が素晴らしいと思ったら、ぜひイトーヨーカドーへ入社しセブンファーム

の担当になって下さい。お待ちしております。ここで私の話を終えさせていただきたいと思います。

(2008年6月20日講話)

****
解説

　亀井淳先生は現在イトーヨーカ堂の社長であり、第一線の経営者である。流通業界で先頭に立って引っ張っている企業のトップである。まず企業の成長を支える基本的な考え方については、いろいろな面があり一言で言うのは難しいが、あえて言うならば、過去の否定と新しいことへの挑戦であるという。常に仕事をしていて一番邪魔になるのが成功体験であり、イトーヨーカドーはこうやって成長・発展した、こういうふうにしたから売れた、という過去の成功体験が邪魔になるという。

　たとえば3年後の日本社会はどうなるだろう、3年後会社はどうなるだろう、そのために今何をすべきか、ということは、過去の成功体験にとらわれない新しい考え方、未来への挑戦、常に新しいことへの挑戦が必要であるという。セブン-イレブンをスタートするときに、まさかこんなに世界的企業になるとは思わなかったという。そのころ、今はグループCEOである鈴木敏文会長はまだ一部長で、社内からも社外からも専門家からも、「こんなに大型化する時代に、そんな雑貨屋みたいなのをやって成功するわけがない」と反対された。鈴木会長は当時、地元でうまくいく方法はないか、もう少し一般のお店が生産性を上げる方法はないか、そういうときにセブン-イレブンと出くわしたのだという。反対する中にこそチャンスがあるという考え方であり、そういった新しいことに対するチャレンジ精神が成功の鍵だという。セブン銀行を始めるときにも、金融庁からも銀行からもみんなに反対されたそうだ。絶対やめたほうがいい、やるならインターネット銀行くらいのほうがいい。しかし鈴木会長は違った、「ここにATMあれば便利だよね」ということで24時間使える銀行を作った。このように基本的には過去の成功体験に頼らずに新しいことへのチャレンジが必要だと強調している。

　亀井社長のマネジメントとしては、年2回、約1万人近い社員を集めて、ダイレクトコミュニケーションで会社の進むべき方針を伝える。イトーヨ

第 16 章　イトーヨーカ堂の事業戦略とリーダーシップのあり方

ーカ堂の精神というのは昔からダイレクトコミュニケーションであるという。社長は、顔を見て、目を見て、語気の強弱を付けて、そして自分の言いたいことを伝える、本部内においては火曜日に、週1回、業務改革委員会ということで各部長以上が出て、みんなで衣料、住居、食品そして販売について責任者が発表して、それについてみんなでディスカッションをする。それから店長全員を集めて、月2回、方針と対策を社長自ら発信しているという。

　社長としてのコントロール目標としては、第一は営業利益、二番目は税引き後利益である。したがって一番基本となるのが売上。売上に対して、仕入原価や販売管理費がいくらか、それによる営業利益がいくらかがポイントである。それに減価償却、本部費いろんな要素が入った税引き後利益である。基本は店ベースでの営業利益というのを一番見ている。何個売れてその線で行くとこうだ、気候の変化からこういうことが予想されるからこうだとか、今のお客さんの売れ筋の傾向はこうだとか、いわゆるポスシステムをフルに活用しているとのことである。これからはIT関連、システム、それにどれだけ人件費をかけてどれだけカットしていくのかが重要だ。また人間らしい労働を、労働環境というものも考えていかなければならないという。

　亀井社長は、成長していく鍵、バックボーンは日本経済の発展と捉えている。さらに経済環境と社会貢献をどう考えていくか、グループとしてどれだけシナジー効果を出していくか、に着目している。M&Aについても無理なM&Aは絶対しない、志を同じくする人は受け入れる、そのかわり、経営支配はしない方針である。人材育成については、小売という業態は非常に専門性を要求されるので、教育を非常に大事にしている。

　今は成長発展し業界を引っ張るリーダー企業であるが、イトーヨーカ堂の長い歴史の中でも経営的に厳しいときはいろいろあったと回顧する。第1に1970年代にイトーヨーカ堂が上場して大きくなったときに一時黒字倒産の可能性が発生し、銀行および海外まで回って資金を調達したことがある。第2にオイルショックのときに非常に物価が高くなって、お客さんが商品離れを起こした。第3に消費税が導入されたときに需要がガタンと落ちた。こうした厳しい時期を乗り切り、現在では農業にも進出し、事業の多角化に努めている。店舗の改造・工夫についての話の中でトイレや休憩所の設置などを話されたときはトップ企業としての余裕さえ感じたのである。

　亀井社長はビジネスリーダーシップを発揮するためには、ストレスを溜

め込まず、家に持ち帰らないことだと言い、家に帰ったら蕎麦打ちをしたり料理をしたり、ゴルフのことだけを考えて過ごすという。人と人との信頼関係を大切にし、その基本は思いやりの心であるという。業界トップ企業の社長として非常にエネルギッシュに活躍し、前進している亀井社長の姿には清々しさを感じた次第である。

第5部
非営利法人・政治におけるリーダーシップ

第17章　私の考えるリーダーシップ

松尾　武（元日本放送協会専務理事）

1．リーダーシップを考える

良いリーダーになるためには

　まず、リーダーとは何か、ということから話を始めたい。リーダーとは一言で言えば「グループの統率者であり責任者」です。シップがつけば、指導力、統率力となり抽象的なものとなります。リーダーになるための必要な資質と言いましょうか、条件は、そのグループの状況が多種多様であるのと同じで、一定ではありません。リーダーには、誰でもいつでもなれますが、良いリーダーと悪いリーダーはあるかもしれません。良いリーダーであるためには、人間的な面、性格的な面が円満で、人間関係の作り方が上手で、判断力もしっかりし、的確で、行動的でスピーディに対応する積極性などが必要条件だと思いますが、そのすべて以上に他の多くの要素も存在するでしょう。精神的にも、肉体的にも強いものを有していることも、周りが安心して付いていく条件となります。

　良いリーダーになるための条件を整理してみます。大きく言って条件は3つあると思います。第1は「その道についての知識が豊富であり、経験や興味が十分であること」、第2に「改革、改善、変化に対し果敢に挑戦していく信念と情熱を持っていること」「有るべき形に向けてのイメージをはっきりと持っていること」、第3に「同一歩調を取る仲間とのより良き人間関係を構築し、自信を持って指示、実践が可能となる環境が整っているか、整えることができる条件になっていること」です。この3つの条件をクリアーで

きれば良きリーダーとして迎えられます。また、条件が整ってくると自ずとリーダーの道を歩むことになります。さらに具体的には、定めた目標（たとえば売上・作品・商品）に向けて専門的知識、築き上げてきた自分なりのノウハウを駆使して戦略を組み、仲間の特色を十分に活かし、利用し動かして、目標の達成を図ることです。

リーダーに必要な洞察力と分析力

　私はテレビドラマのディレクター、プロデューサーの仕事を30年ほどやってきました。ディレクターは作品の質を高め、完成させるための現場責任者で制作現場のリーダーです。スタッフ、キャストに指示を与え、自分の作品イメージをそれぞれの役割を見定めて指示し纏め上げて行く。リーダーの指示が仲間に理解されなければ、良い作品は完成しません。先ほど言ったリーダーの3つの条件、知識、イメージ、指示が大切な要件となります。私も失敗はありましたが、満足してもらえる作品を仕上げてきました。今考えてみると、一番難しかったことは、それぞれの人に対しその役割の中で、的確な指示を与え、その人の最大限の能力をまた実力を発揮させて作品に纏め上げていくことでした。人間関係の構築には、これで良いということはありません。それぞれの役割の中で、100％の実力を発揮してもらうためには、あらゆる手立てを考えて調整し、指示を出していくのです。やり方は、無限に存在します。しかし、選んだやり方を最善と信じて突き進むことになります。リーダーの迷いは許されません。自分を信じて指示を与えていくことです。

　皆さんの中にも、グループのリーダーとしての責を全うしている方が多くいると思いますが、私が考える一番必要な「力」は、「周りの状況、より広い視野で社会を洞察し、どうあるべきかを社会との関係で考える力」であると考えます。是非皆さんもこの「力」を得ていただきたいと思います。

　リーダーシップを発揮するために必要な「力」の1つに「洞察力」を挙げましたが、洞察した結果それを分析する「分析力」も必要です。たとえば1つの商品を開発し、それをヒットさせるためには、あらゆる角度からその商品の必要性を分析する力も要件の1つになるでしょう。ゴルフをなさる方は

知っていると思いますが、芝生には順目と逆目があります。この芝生の状態を人生に置き換えると、順目の人生とは、物事にかかわらず流されて行く生き方です。逆目の人生とは、「なぜ」「どうして」とかかわる生き方です。私はこの「逆目」の見方が「分析力」を付けていくと考えます。この後でお話します「井の中の蛙」になるのですが、玉川の学生は順目の人生になりやすい環境があります。是非逆目の人生を送る生き方を選択していただきたい。「なぜ」「どうして」となれば、必ずその答えを求ます。この動きが行動力を生み、積極性を生んで行くのです。疑問に思うこと、幅広い知識や新たなノウハウを習得するチャンスを得ます。

2.「井の中の蛙」になるな

小原國芳先生の薫陶

　リーダーの話から離れますが、私は、初代学長小原國芳先生の薫陶を受けました。先生が絶えず口になさったことは「学園はいろいろな意味で環境が良すぎる。『井の中の蛙』になってないか？　もっと外へ向けて行動しろ……」でした。在学中はそんなことにはなってないと思っていたのですが、社会に出て一番に感じたことは、温室育ちの自分を知ったことです。厳しさや多くの複雑な社会的状況、多くの多様性を社会に出て知りました。

　学生時代の私は、自分なりに社会との交わりは持っていると思っていました。アルバイトも適当にしていたし、疑問に思ったことを解決させるために、先輩を訪ね、お話を伺い、またあるときは専門家の方々にもお会いし、説明を受けたときもありました。当然自分は、一般的な意味での社会との交流があると考えていました。「俺は井の中の蛙ではない」と信じていました。しかし、社会人になって、気が付きました。それは、自分中心の身勝手な社会との関わりであって、ある意味では無責任な、責任を感じない社会との繋がりであったと。自分にとって必要だということから生じる対話や関係は「個人対個人」の仲間関係であり、心地良い関係でもあるわけです。自分にとって都合の良いところだけを利用すれば、それで良いわけですから、背負い込

みもなく、自己中心的で、すべてが終わります。このことが学長の指摘した「井の中の蛙……」だったと気付きました。もっと責任ある多層的な繋がり、自分の好みの範囲を超えた、幅広い方々との底の深い関係を構築することによって、責任ある社会との繋がりにはじめて発展する。この関係が社会との関わりとして大切なことだとの指摘だったのです。「個人対社会」の必要性の指摘だと思います。「個人対個人」の関係は容易く構築できるが「個人対社会」は構築に努力が必要であると思うのです。

情報を得ることと積極的な行動が必要

今は、私が大学生だった頃と時代が違います。情報化の中で、多くの情報を得ることができる時代です。皆さんは、私が育ったときの何十倍、何百倍の情報と遭遇していると思われます。ありすぎて困っている人もいるかもしれません。情報を得ることで、社会との関わりができていると思う人もいるとは思いますが、情報を得るだけでは関わりは生まれません。情報を基にして何らかの行動が伴って、はじめて社会との交わりが始まるのです。行動して下さい。自分で考えて動いてみて下さい。そこから新たな何かが生まれるのです。積極的な行動が大切です。そのための情報です。私の時代から比べれば多くの学生さんが社会との関わりを持っていると思いますが、是非、もう一歩先に進めて、責任ある対応を、また社会との関わりを推し進めて下さい。さっきお話した「逆目の人生」を送って下さい。

3．玉川学園での生活

岡田先生に鍛えられる

私は日本放送協会（NHK）でドラマディレクター、プロデューサーをしましたが、そこに至る原点が玉川にありました。1952年に中学部に入学しました。1962年に文学部英米文学科を卒業するまでの10年間が私の玉川での生活です。中学の担任の先生が学校劇で活躍なさっていた岡田陽先生で、国語の先生でもありました。大変厳しい先生で何回か愛の鞭を受けました。

無責任な行動に対し怒られたことが多かったと記憶しています。

夏休みの直前だったと思いますが岡田先生から、「手伝ってほしいことがあるから、今度の日曜日に登校しては……」と言われました。何の手伝いかわからずに、礼拝堂（講堂）に行くと、演劇部のお芝居の稽古が行われていました。そこで岡田先生から照明の助手をしてほしいとのお話があり、生まれて初めて照明とは何かを知りました。先輩から具体的なライトの使い方を教えられ、わけわからずの中で本番の日を迎えました。通信大学生のために開かれた公演でした。暑い中、失敗は許されないとの思いで、大汗をかきながらライトにしがみ付き無事終了しました。幕が下りて拍手が沸き起こった瞬間自分の中にある種の感動が湧き起こりました。それまでの苦労がすべて吹っ飛び、舞台に向けられた拍手が自分に向けられているような錯覚に陥り、この快感から、以降も裏方を続けていくことになりました。お客さまの拍手がこれほどの感動をよぶことを知りました。それ故に、岡田先生に照明係の一翼を担わせてもらえるよう即お願いし、快諾を戴きました。

それ以降、読売ホールや青年会館、文京公会堂など大きな舞台での「玉川の集い」が催されると、お芝居を創り上げていく感動を味わいました。玉川での10年間の生活で岡田先生から得たお芝居の面白さ、楽しさ、難しさがその後の私の人生を決めたのです。

礼拝堂の電気設備、照明設備も自分たちで作り上げ、手作りの舞台を制作していました。舞台に立つよりも、舞台をサポートする役割に満足していました。演出をなさった岡田先生のお芝居にかける情熱に感動し、いつか自分もと思うようになったのです。先生が生徒に与えた影響はとてつもなく大きなものだったと思います。

映画部での貴重な体験

また、高等部時代に映画部を先輩と共に立ち上げ、資金作りから始めて、16ミリ、モノクロ、教育映画「体操の美」15分作品を制作しました。リヤカーでの移動撮影、梯子を使ってのクレーン撮影など、創意工夫で体操部の協力で完成しました。資金作りのために相模川の砂利の採取もやりました。

当時で20万円ぐらい貯めてから、制作に着手しました。完成後作品に対し文部省推薦を貰うよう申請しましたが、見事に落選し販売計画は座礁に乗り上げ、次回作の計画は立たず仕舞いで終結しました。フィルム作品を作ったとの満足感はありましたが、1回限りで終わってしまったのは、今考えれば残念ですし、販売のやり方ももっと真剣に研究していればとの後悔が残ります。しかし、無から有を生む「創作活動の醍醐味」が貴重な体験として、以降に活かされていきました。やりたいことをやらせてくれた当時の教育方針に感謝している今日この頃です。

皆さんも玉川で生活しているからには、思ったことに理解を求めてから、実行に移していただきたい。若い時代に経験を重ねてみたいことは、たくさんあると思います。経験の結果が、人生を大きく変化させるかもしれません。「挑戦」を試みる「勇気」を持って下さい。それが、「玉川教育」の良さです。果敢に挑戦して下さい。

4．NHK入社後の体験

ディレクター生活のスタート

入社時の希望であったドラマの制作現場に配属され、いよいよディレクター生活が始まりました。1964年に行われた東京オリンピックの直前で、テレビ技術も日進月歩でした。モノクロからカラーへの大きな変化があり、ビデオテープ、ビデオ編集などの新しい技術革新がありました。企画提案から番組のディレクターまで担当し、日々忙殺の連続でした。日本全体が新しい形を求めて変化していた時代です。新幹線、高速道路ができたのもこの時代です。朝に放送している、「テレビ小説」が始まったのが1961年で、作品は『娘と私』でした。日曜日の夜放送している「大河ドラマ」が始まったのが1963年です。第1回作品は『花の生涯』です。ケネディ大統領の暗殺現場からの衛星中継が1964年で、アメリカとの間に初めて衛星中継が行われたその番組の中で暗殺が行われたのです。明け方にドラマ収録の本番を終え居室に戻り、初の衛星中継を仲間と見ました。飛び込んできた映像は、ケネデ

ィ大統領が暗殺された瞬間を捉えた衝撃的な映像でした。テレビの新しい役割の幕開けでした。

　創造する喜びと共に責任の重さを痛感する毎日で、生活的にも仕事に追われる日々でした。電波は瞬時に消えていくものだと言われ、使い捨ての文化だとも言われました。

様々な仕事から学ぶ

　先ほどもお話しましたが、ディレクターもプロデューサーもチームのヘッドです。まずは、企画意図に従ってスタッフを集めます。その道その道の専門家です。その方々から最大の専門的な力を発揮させることで、優れた作品が出来上がっていきます。キャストも同じです。作品イメージに従ってキャスティングを行い、リハーサルを繰り返して表現を定めていきます。無理な注文も出し、意見の交換も行われますが、最後はディレクターの支持に従います。人間的にも愛される人でないと、喧嘩になるときもあります。生みの苦しみがありますが、それがまた快感になるのです。私が関係した作品は何百本にもなります。1本1本に大切な思い出があります。今もNHKアーカイブスに残っている作品もあります。

　管理職になって数年後に、制作現場から離れ管理部門に移りました。番組を時間に従って並べる編成の仕事や人事の仕事を経験しました。入社試験の面接官を担ったこともあります。何千人の中から一握りの方々を選ぶわけで如何に「自己アピール」が必要かを学びました。

　就職を希望される皆さんにとって一番大切なことは、「自分の考え方、生き方をそれぞれの時点でしっかりと持っていること」です。常識的知識や学力を持っていることは当然として、後は自分のありようを絶えず考えていることで、その人の個性を作っていくことに繋がります。そのことが「自己アピール」にもなります。

　サラリーマンになって、希望する職種に配属されればよいのですが、違う場合もあります。自己希望を上司に伝え異動することがいかに組織にとって必要かを説いて下さい。5年くらいは我慢しなければならないでしょう。そ

のくらいの覚悟が要るのです。

5．学外に友達を作れ

　最後に皆さんに自分の経験からお話しますが、学外に何でも相談できる、親しい友人を作ってほしいということです。学内の友人は、当然日常的お付き合いがあり、喜びも悲しみも共に歩むことになりますが、学外の同年代の友人は、もう少し引いた形での付き合いになると思います。生活圏外に友人を持つにはそれなりの努力をしなければ得られません。この努力が社会に出たときに、積極的に仲間を求めることに繋がるのです。幅広い人脈を持つことは、将来の生活が幅広いものになります。私自身、大学時代学外に生活基盤が違う親友を持ったことで多くの刺激を受けました。腰の強い学生生活を送って下さい。

　社会に出たらクリエイティブな発想と変化を受け止める理解力が必要です。常識の範囲を広げて幅のある学生生活を過ごすよう、さらなる努力をして下さい。

（2008 年 5 月 23 日講話）

****
解説
　松尾武先生は本講師の中でも年長であり、小原國芳先生のご薫陶を受けた話も多くしていただいた。まず玉川学園に入学した経緯である。松尾先生は、小学校の先生に玉川という、全人教育・人格教育をしている学校があるのであなたはそっちの方がいいと薦められ、小学校 6 年の冬に玉川まで来たという。学校が休みだった日に来たが、殺風景な山を歩いていたら、礼拝堂が見えて、上がっていったらご婦人が出てきて「なんでいらしたの」と聞かれたので「学校を見に来ました」と答えると「今日はお休みで、今、家に学長がいらっしゃるから、何か質問があるなら聞いてみたらどう

ですか」と言われたという。そこで小原先生（おやじ）が出てきて「小学生なのによく来たな。なんでもいいから家に入れ」と言われ、その時点で、入学を許可されたような話になり「まずいなあ」と思いながら学園内はそのときは何も見ないで帰ったそうだ。そのような出会いがあって玉川に入ったそうである。

國芳先生からは感情の豊かさを教えてもらったという。怒ることも泣くこともできる感情の豊かさだ。おやじは物心のついていない中学生でも大人扱いし、「借金して、ピアノが差し押さえられた。明日払う金がない」「親を呼んでこい」といったことを含めて、泣き笑いというものを端的に、ストレートに、生徒たちに教えたという。子供にとっては先生はおじいちゃんなのに、生徒を子供として扱わない、感情表現豊かに、我々の前でも泣いたりしていたので、我々ももらい泣きをしたりして、感情を表に出すということを小中高で植えつけられた。そういう好々爺というか、「おじいちゃんに頼れば何とかなる」という気持ちは卒業するまでずっと変わらなかった。

一方、國芳先生が一番心配していたことは、「玉川は環境が良すぎて井の中の蛙になってしまうのではないか、お前たちはそうならないように外へ向けて一生懸命勉学に励んでほしい」ということで、何回もおっしゃったという。結果的に学生時代はそう言われてもそれがなんのことかわからなくて、いざ社会人になってみてやはり井の中の蛙だったなということを実感したと述べている。

また小原哲郎先生は高校のときの部長だったが、軟派な格好、軟派なスタイルをしているが、堅物だったという。おやじはそういった意味で泣いたり笑ったりの人情家であったという。現学長の芳明先生とは後輩だったので、直接の関係はなかったが、芳明先生はおやじの人の良さ、哲郎先生の堅さを両方併せ持った人だという。一と二は正反対で、三はその中庸で両極を知っていると述べている。

松尾先生は玉川大学卒業後、学生時代に放送や映像制作のクラブをやっていた経験からNHKに就職する。NHKで経営を担ってきて、最後は専務理事を務めた。NHKという組織の経営者として、経営哲学上の経営理念としては、現場の声をどう聞くかに尽きるという。いろいろな歴史的な積み重ねの中で、保守的な部分が多々あったが、そこを現場の意見を聞きながらどうやって新しい形に直すのか組織全体を新しい方向へ持っていくのかに腐心したと述べている。新しい時代を迎えるためにどうすべきか、といったことを一番に考え、改革を考えてきたという。改革の方向として、

事業の見直しをしていく、同じ効果を出しながら経費を削減していく、職員にしても効率化のため目標をつくり粛々と人を整理していく、衛星放送が肥大化していく中で仕切り直しをしていく、などを進めてきたという。先生は NHK で大変な実績を持ったビジネスリーダーである。

　そうした改革で貢献した後、日本放送出版協会の社長を 4 年間務められた。出版事業は編集者が個人的で小回りがきくことが特徴だという。たとえば、『冬のソナタ』は大ヒットしたが、当時は誰も振り向きもしない韓国のドラマ『冬のソナタ』の出版権を買って、大賭けをした。さわやかな感じでいいのではないかということで買い付けたところ、結果としてふたを開けたら 120 万部売れた。ラッキーといえばラッキーだが、出版というものは、実に個人の力が出てどうにでもなるものだと述べていた。松尾先生の着眼点を評価すべきものと思う。

　先生は現在玉川大学同窓会長としてご活躍であるが、後輩には國芳先生の教えにもあるように「井の中の蛙になるな」ということで学生に対外試合・交流を推奨している。自身学生時代は他大学に進学した同期生と頻繁に会いコミュニケーションを深めたことが NHK 時代に非常に役だったという。

　したがって原点に返って全人教育をやっていくことが大切だという。井の中の蛙というのは、仕方ないこともあるが、1 人ひとりの学生が外に向かって動いていってほしい。玉川学園に来ている学生は自らが社会に溶け込み社会の中で勉強していく。そして社会の場において全人教育が生かされるのだ。学園の丘にいればいいというわけではないのだ、ということを学生たちに伝え、学生自らを走らせることができれば、社会との関係ができると思うと述べている。大先輩の教えは学生、教職員に学園の目指す方向を示しているのではないかと思う次第である。

第18章　学校法人におけるリーダーシップ

小原芳明（玉川学園理事長・玉川大学学長）

1．ビジネスと学校法人との違い

　今日は、ビジネスリーダーシップというテーマでこれから少し話をします。
　通常ビジネスというと、物品販売とかサービス提供が挙がってきます。そして組織が最大の目的とすることが、利益追求（profit maximization）です。これはビジネスの基本です。誰もが損するために起業しません。利潤を最大限にすることを念頭においています。そのほかに市場占有率アップも目的としてビジネス活動が行われています。そうした環境の中で各社それぞれ競争しているのです。仲良く市場を「分かち合いましょう」となると、それは談合となってしまうのです。各社それぞれの立場から利益追求あるいは市場を占有するために競争しているのがビジネスのイメージの1つです。
　それに対して、一見して競争とはかけ離れたと思われる大学ですが、少子化が進んできた昨今、各大学とも「競争」をしているということは否めない事実です。玉川大学も例外でなく他大学と競争しています。そして、玉川学園（初等・中等教育部門）も他校と競争しているのです。たとえば君たちの小学校・中学校受験の頃を思い出してみてください。なかでも私立学校を受けた人たちは、1つの私立ではなくて複数の私立を受けたことでしょう。第1希望、第2希望、そして第3希望といくつかの私立学校を受験したはずです。第1希望校が不合格ならば第2希望校、第2がだめなら第3と。こうした受験パターンは受験生側からすると入学を確保するための受験校順位ですが、そのパターンは学校法人にとっても競争なのです。この競争は、ビジネ

ス界と学校法人に共通することですが、それは両方とも行動する組織である以上、この競争というのは避けられないことなのです。

2．リーダーとリーダーシップ

リーダーの存在とリーダーシップ

　企業のサイズに関わりなく、組織である限り競争は避けられません。学校法人も例外なく、なにがしかの競争に直面しているのです。

　リーダーとはその組織の先頭に立つ目に見える存在です。そして組織の中にリーダーが多く存在すると、「船頭多くして船山に登る」と格言にあるように、組織が迷走してしまう危険性が高まります。つまり最終的なリーダーは組織に1人で十分なのです。しかし、「リーダー＝リーダーシップ」ではないということは今までの授業で習ってきたことと思います。

　「リーダーシップ」とは人物ではなくて組織の人たちが持っている資質です。端的に言えば、リーダーシップとは、その組織をより良い存在にしようとする気持ち・気概です。したがってリーダーは1人ですが、リーダーシップは1人だけではないということです。組織の中にリーダーシップを持っている人が多ければ、その組織はより良い方向へ動いていく組織と見られます。反対にリーダーシップを持っている人が少ないと、少人数で組織を牽引していかなければならない「経営上のハンディ」を負うことになるのです。リーダーには当然リーダーシップは求められますが、リーダーでない人にはリーダーシップはいらないということではなく、組織をより良くしていくにはリーダーシップは必要なのです。

PDSAにはリーダーシップが必要

　PDSAはPlan Do Study Actの頭文字からできた用語です。PDSA（マネジメントサイクル）を回すには、リーダーシップが求められます。リーダーシップに欠けると、組織は現状維持（Status quo）に陥ってしまいます。現状維持を好む人はPDSAを回しません。その人がマネジメントサイクルを回

さないのは、1つにリーダーシップに欠け、「今の状態でいいじゃないか」、「これ以上無理することないじゃないか」と変化を回避する傾向が強いからです。去年まで行ってきたことを今年もやり、今年行うことを来年もすることで同じような業績を上げることができるだろうとの前提で現状維持を好む人はいるのです。非常に安定した政策なのですが、反面、変化とか改善しようという気持ちに消極的です。変化を嫌う人とも呼ばれています。

　今ここで仮に、昨年事業計画を立てて実施したが、結果は100％までには至らなかったとします。たとえば、「確かにこれでも満足できる到達度だけれど、もう少し業績を上げることができたのではないのか」とか、「何が原因で今年は100％ではなく90％だったのか」と原因究明することを提案するとか、活動プロセス分析に基づいた新たな行動をとることを提案することで、少しでも業績を向上させる方向で動くことを考える人たちが、リーダーシップのある人です。そしてそうした考えに同意する人たちもリーダーシップがある人たちです。

3．学校法人のリーダーシップ

社会によって定められた学校の目的

　繰り返しになりますが、ビジネスは利潤を最高に持っていくか、市場占有率を高くすることを目的としています。ビジネスリーダーはその目的のために活動計画を立て、実施し、分析をして修正とPDSAを回します。このマネジメントサイクルを回していくことで、組織（企業）は成長していきます。たとえ現在は優良企業であっても、PDSAを行わないと長続きしないでしょう。企業を優良な状態で長続きさせるために動くグループがリーダーシップを持っている人たちです。

　企業は独自に設立目的を掲げるのに対して、学校には社会によって定められた目的があります。また、大学には設置基準が設けられていますが、たとえば、校舎面積や体育施設、図書冊数とか設備、学生数に比例した教員数や教員組織が定められています。教授資格も定められていて、それこそ「挙手

第18章　学校法人におけるリーダーシップ

すれば」教授になれるということでもないですし、大学に30年以上在籍していれば教授になれるとは限りません。そして卒業要件となる単位数でも時間数によって規定されています。この設置基準とは、ある意味で「大学の枠組み」です。この枠組みの中で、大学として活動することになっているのです。

学校法人にも経営上儲けは必要

　この枠組みの中で目指す教育を実現するために、大学としても儲けを無視するわけにはいきません。たとえば、建物です。8年ほど前、経営学部を設立することになり、経営学部の設置基準に見合った建物が必要でした。ちょうど、この校舎が普通教室としてあったのですが、建物簿価が基準で定められている額より低かったため、基準に見合うまでの資金を投入し、校舎更新をした上で学部新設申請をしました。椅子、机に始まり、震度7にも耐えられるまでに建物強度を施しました。さらにネットワーク機能も強化しなければなりませんでした。当時の金額で10億円ほどかかりました。10億円と一口で言いますが、そう簡単に作れるお金ではありません。たしかに、100年くらい費やせば10億円を貯蓄することはできるでしょうが、そのような速度では学部新設は机上のプランのままです。そこに学校法人の「儲け」は使われるのです。

　上を見ればきりはありません。20億円投入すれば、もっといい教室ができたでしょうし、30億円かければさらにもっと素晴らしい校舎はできたことでしょう。10億円、20億円と簡単に言うけれども、君たちの先輩たちが支払った授業料などをなんとか収入よりも支出を抑えて少しずつ貯金してきたのです。そのための「儲け」であって、大学が儲けていると非常に聞こえは悪いけれど、「収入＞支出」を基本としてプラスが出なければ、時代に見合った校舎はできないのです。新しい活動を進めていくにはお金が必要ですが、そのお金をどのようにして産み出すかが、学校法人理事長及びリーダーシップを持った人たちに課せられた仕事です。ある意味で、学校法人理事長は企業の社長と似たような機能を果たします。企業の社長は「収入＞支出」を試みます。この儲けを、株主配当と自社への投資に使います。機械も古く

なっていくので新しい機械を買わなければなりません。それも借金して買うのは大変ですから、自分のお金を貯めて投資に使うのがベストでしょう。

理事長のリーダーシップ、学長のリーダーシップ

　学校法人理事長も基本金を生み出すために収入・支出というものを絶えず注意深く見ていて、支出が多くならないように注意を払うのです。こうして教育学部、芸術学部そして最近ではリベラルアーツ学部の開設が可能になってきたのです。もし私が「収入＞支出」を忘れていたら、リベラルアーツ学部、芸術学部、教育学部さらには経営学部というのもできなかったでしょう。そういう意味で学校法人理事長は、お金の流れに対して絶えず気を配っておく必要があります。

　これは学校法人以外のNPOもそうです。その組織を動かし、その組織が新しい活動を推進していくのに必要となる財源というものを確保しておかなければなりません。それは学校法人ほど大きな金額でないのかもしれないけれど、いずれにしろ、入ってくるお金よりも出ていくお金を小さくすることによって、お金を貯めることになるのです。これはNPOや大学、そして企業に共通していることです。企業はマイナス収支を意味する三角（△）印を嫌います。大学だって△を嫌います。その他のNPOもそうです。それに関しては社長、学校法人理事長、そしてNPO会長もなんら変わりありません。それを避けるためにいろいろな方策をとるのも同じです。たとえば、PDSAを回しながらプラスを確保していこうとするのも同じです。

　一方、理事長に対して学長という職務がありますが、学長というのは極端な話、「収入＞支出」のことを余り気にしません。学長は、教育の品質向上を目指します。より良い結果（アウトカム）を生じる教育をするために、どういうカリキュラムと、どういう資質をもった教員を揃えるかを考えています。またどういうレベルの学生を入学させて、うち誰を進級させ、卒業させるのかを考えています。当然のことですが、入学したからといって入学者全員が卒業できるものではありません。大学生として相応しい力をつけて世の中に送り出さなければなりませんから、そのためのカリキュラム、教育方法、

教員を考えるのが学長をはじめとするリーダーシップを持った教職員たちが担う仕事です。

　日本の場合、初等・中等教育の特徴は、1年経ったならば自動的に学年が1つ上がる自動昇格制度です。その学年で修得すべき内容を身につけたか否かはあまり問われません。この自動昇格制度により、小学校1年の入学＝高等学校3年の卒業とほぼ保証されています。本人が学校を辞めない限り全員を卒業まで「連れて行く」のが初等教育であり中等教育の特徴です。その延長線として大学もそれに近い形になってきています。まさしく「入学してしまえば儲けもん」式です。日本は入学のことをお祝いするほどには卒業を祝わない傾向があるのは、1つには自動昇格制度だからです。しかし、それは大学本来の姿ではないのです。

大学教育の品質向上に努力

　何もしないで卒業できるのであれば、最初から「大学」は必要ないでしょう。勉強して大学に入学したからには、大卒として相応しい知識、技術、発想力というものを持たなければなりません。つまり高卒と大卒とで明らかに違うという、4年間勉強した違いを生じさせなければならないのです。皆1人ひとりが大学4年間で高卒とは違う知識や技術、発想力を身につけていなければ、大学で4年間過ごした意味がないのです。大学卒に意味を持たせるために、どういった活動を大学としてすべきなのかを考えるのが学長です。その上でこういう校舎が必要だ、施設が必要だという要望を出すのも学長の仕事となります。その要望を受けて可能なものを実施していく、あるいはそれを実施するためにお金を貯めておくことが理事長の仕事です。理事長と学長というのは、基本的には違うのです。極端な言い方ですが、理事長はお金を集める人で、学長はそのお金を使う人です。ただ共通しているのは、大学のクオリティー（品質）を上げようと努力していることです。

4．政策意思決定の例

法科大学院の基本的コンセプト

　具体的にどういう判断を理事長は下すのか、例を挙げて話しましょう。話題は少し古くなりますが、専門職大学院制度が発足しましたが、これは通常の研究科とは違い、専門職を育てる大学院です。専門職大学院で一番話題となったのが法科大学院ですが、多くの大学が設置へ向けて動きました。法学部を設置している国立大学と私立大学が積極的に法科大学院を目指しました。本学には法学部がないので法科大学院に、教学サイドも理事サイドもなんら関心を示しませんでした。この丘に法科大学院というイメージも湧いてこなかったこともありました。特段話題にもならなかったある日、弁護士グループが来園し法科大学院を設置しませんか、とアプローチがあったのです。最初、我々の反応は、「ナゼ玉川で？」でした。

　法科大学院の基本的コンセプトは、おそらくアメリカ型のロースクールをモデルとしているのだと思います。大学4年間、法学部で法律のことだけ勉強し、その後続いて法科大学院に進学させ弁護士にするのではなく、自然科学、社会科学、人文科学と幅広い知識を修めるというリベラルアーツの知識を基盤とした専門家を育てることを構想しています。本学は教養型あるいはリベラルアーツ型を基本としていることから、ここに法科大学院を設置することが基本構想と合致するというのが、本学に法科大学院設置を提案してきた理由でした。加えて、まだ校舎建築のための土地が余っているということも設置提案の理由でもありました。確かに法科大学院の基本コンセプトと玉川の今までのあり方に無理はありませんでした。

高額の経費が必要

　しかし、一口に法科大学院設置と言っても、教授陣を始め施設が必要です。それに対して、弁護士グループが教授陣を集め、本学が施設を担当するということが提案の根底にありました。その施設には、通常の教室に加えて、模

擬法廷が必須ということで、本学で必要な校舎建築費を算出し、それに設置基準通りの教員数に平均的な給料をかけて教員人件費、そして職員人件費を加えた経費を割り出したのです。私立大学の運営の基本は受益者負担ですから、法科大学院運営費総額を収容定員で割ると、1人当たりの授業料が求められます。ところがそれでギリギリだったら、さっき言った将来のための貯えができなくなります。授業料にはある程度の「利潤分」を入れておかなければなりません。話を短縮しますが、計算の結果が授業料350万円でした。これは当時の為替レートですと3万米ドル強で、ハーバード、イェールをはじめとするアメリカのロースクールの授業料より低かったので、私個人として、本学でも可能ではないかと思いました。

しかし、日本では国立大学が大学授業料の「基準」となっていますから、授業料350万円は考えられない額です。しかし、この額以下ですと、初年度と次年度に生じる納付金不足の回収は不可能となってしまいます。それに対しての弁護士グループの反応は、玉川の授業料350万円と国立大学の授業料格差分を奨学金で補い、授業料150万円とする案でした。そうすることで学生募集は可能になるだろうとの考えでした。

法科大学院設置を断念

それでは200万円をどこから持ってくるのか。国立大学の場合、その大部分を国家が税金で教育運営をしています。権力で集めたお金は、権力でもって使うことができます。それに対して私立大学の場合、奨学金は先に言った「収入＞支出」から出すのです。しかし、全員からの納付金の一部を法科大学院のためだけの奨学金に使う根拠はありません。中規模の私立大学で、1人当たり200万円もの奨学金を法科大学院生全員に支給することは無理なのです。これは公平の論理に反するものです。ナゼ法科大学院だけが特別なのか説明もありませんでした。この弁護士グループの構想は不公平ということで、本学は法科大学院を断念したのです。

確かに法科大学院という国が大事にしている制度だということは、理事長としても判るし学長としても判ります。だけれども実現するプロセスにおい

て法科大学院生とそれ以外の院生との間に不公平感が生じるので、法科大学院が素晴らしい制度だったとしても許されるものではないのです。

大規模私立大学のある仕組み

　ここで話を少し脱線させて、私立大学のある仕組みの話を披露します。ある大規模大学では毎年10万人以上の応募があります。大学入学試験受験料は1人3万5000円ですから、その大学の受験手数料収入は35億円となります。しかし大規模大学の入試といっても、入試実施に35億円はかかりません。「入試検定料収入－入試実施経費」で残った金額を、たとえば、法科大学院生のための奨学金として使うことができます。大規模大学にはこうしたメリットがあるのです。ついでにもう1つ。たとえば、定員が5000名の大学ですと、文部科学省の「定員超過は1.3倍まで」の指示に従って、合格者を定員から1500名超過させて入学させることができます。毎年、定員を1500名超過させて入学させるということは、1人当たり100万円の授業料とすると、15億円の「予算超過収入」を得られることを意味します。それが4学年分ですから、合計60億円となります。これだけの金額は大学にとって嬉しい超過収入です。それはそのことで授業料軽減や奨学金として使うことも可能だからです。

　大規模大学の授業料が中小規模大学よりも安いのは、不合格者の涙の上に成り立っているとも言えることです。加えて、大量生産大量消費の時代の流れから、大規模＝優良というイメージもあります。日本の場合、大規模大学はある意味システム的に保護されているのです。こうした「恩恵」は小規模大学にはまったく縁のないことです。日本には、地方に行くと、定員50名ほどの小さな大学があります。その大学が、たとえば50名ほど定員を超過して入学させると、入学倍率2倍とのことで文科省から指導を受けます。日本には、50名定員超過して怒られる大学と1500名多くとっても怒られない大学が混在しているのです。そうした環境の中で、より良い大学教育を進めていくリーダーシップが求められているのです。

第 18 章　学校法人におけるリーダーシップ

教職大学院についての決断

　もう 1 つの例。平成 20 年度 4 月にスタートした教職大学院も専門職大学院ですから、法科大学院と同様に 50 名の院生に対して 11 名の教員（他は 80 名の学生に対して 7 名の教員）と設置基準が厳しくなっています。より多くの教員を採用しなければならないということは、それだけ高い人件費を意味します。これを理事長が歓迎しないのは、50 名の院生で 11 名の教員をサポートすることは並大抵のことではないからです。経営サイドには非常に難しい構想にもかかわらず、本学で教職大学院を設置できたのは、一つに、教職大学院では模擬教室を設ける必要はなく、通常の教室で授業を進めていくことが可能だったからです（その分、設置投資が不必要）。もっと重要視したのが、玉川は伝統的に教員養成、特に小学校の教員養成に力を入れてきた伝統のことでした。

　この教職大学院については、国立私立の先生方 10 名ほどに数名の教育長が加わったメンバーで構成されたワーキンググループで、教職大学院構想作りをしました。そのメンバーの 1 人が私でした。ワーキンググループの 1 人として教職大学院設立に向けて努力してきたので、教職大学院に手を挙げないのは「メンツ」の問題でもありました。

　このメンツを守るというのもリーダーシップ、あるいはリーダーは考えなければいけない要素です。教員養成である程度伝統を築いてきた大学にもかかわらず、教職大学院を建てなかったのは自分たちの活動に自信がないからですか、と言われるでしょう。それは本学のブランドにも関わる問題です。これは理屈では割り切れない問題で、それだけで意思決定を下すことにはならないけれども、同時に無視もできないものです。これは理事長、あるいは、学長として苦しい判断を迫られる案件でした。第三者には、メンツにかかわるほどには見えないことでも、当事者としてメンツは無視できませんでした。私自身、確かにメンツにこだわる必要はないとの考えもあったと同時に、組織としてメンツ（プライド）を大事にしなければならない責任もありました。狭間にいながら、サイコロ投げて決めるのではなく、経営的な面と伝統とをあわせて、玉川は教職大学院を建てることになったのです。

5．最後に

　今後、理事長と学長が考えなければならないのが、設置基準遵守です。たとえば、設置基準では各セメスター16単位を上限にしています。大学の1単位は高等学校と違います。高等学校までの1単位は、年間35時間の教室内学習です。それに対して大学では、1時間の教室内学習に加えて2時間の教室外学習の3時間を15週、計45時間で1単位です。大学では、教室内で1時間の授業のために予習と復習を含めた2時間の教室外学習という自主的な勉強が要求されているのです。

　通常1時間は60分だけれど、本学では50分をもって1時間としています。他大学では45分をもって1時間、なかには40分をもって1時間としている大学もあると聞きますが、これはある意味で時間偽装と粉飾とも言えるものです。

　企業は π-max（profit maximization）とか市場占有率を高める観点から判断を下していますが、大学ではそうした観点から意思決定を下すとは限りません。大学が判断の拠り所にしなければならないのが設置基準です。しかし、これは非常に難しい問題です。設置基準遵守というけれど、設置基準を絶対視する根拠も、我々が思っているほど強くないのも現実です。最終的に意思決定していく基準が国公私立すべてに共通するものがないところに、大学法人の苦労があるのです。また、それがビジネス界と違うところです。

（2007年11月16日講話）

第 18 章　学校法人におけるリーダーシップ

****

解説

　小原芳明先生は現在玉川学園理事長・玉川大学学長の要職にある。講座ビジネスリーダーシップについては経営学部の看板講座ということで毎期講義をしていただいており、今回も学校法人におけるリーダーシップというテーマで講演いただいた。

　まず、ビジネスと学校法人の違いについて述べている。ビジネス社会では利益追求、市場の占有率上昇が目的であり、その意味で利益追求を最終目的とした経営が行われ、市場競争は激しく市場占有率拡大を最大目的にしている。学校法人も利益や占有率を上昇させることが目的の1つにはなるが、ビジネスとは意味合いが異なる。すなわち、利益についてはNPO法人でありビジネス社会とは違うこと、また市場の占有率上昇については各大学、各学校間の競争を指しており、ビジネス社会とは異なる面が多い。いわば両者に共通するのは競争であるという。玉川も他の大学と競争しているし、玉川学園は小学部・中学部・高等部の部門を持ち、その分野でも他校と競争している。ビジネスも学校法人も組織であるが故に競争をしなければならないと述べている。

　次にリーダーとリーダーシップの違いについてである。リーダーは、ある1人の人物であり、組織に1人いればよい存在である。リーダーシップとはその人の持っている傾向であり、組織をより良い方向へと導く気持ちであり、これは上記の1人のリーダーとは違い、リーダーシップを持っている人は組織に何人いてもよいと述べている。

　学校法人である玉川の場合のリーダーとは理事長、学長を指している。理事長は基本金というものを生み出すために収入・支出というものを絶えず注意深く見ていて支出が多くならないように注意を払う。お金の流れに神経を尖らす必要があり、学校法人での利益はその枠組みを実現するためのものである。一方学長というのは極端な話、「収入＞支出」のことを気にしなくていい。学長の仕事というのは、設置基準に従い、教育の品質向上、より良い教育をする、より良い教育をするためにどういうカリキュラムで、どういう資質を持った教員を揃えるか、これを考えなければならない。またどういうレベルの学生を入学させて、そして誰を進級させて、卒業させるのか。入学＝卒業でない、入学したからといって卒業できるものではない、やはりそこには大学生として相応しい力をつけて世の中に送り出していかなければいけない。そのためにどういうカリキュラムで、どういう教育方法で、どういう教員によって、それを推進していくのか考えるのは

学長をはじめとするリーダーシップを持った教職員たちが担う仕事である。小原先生は理事長・学長を兼務されているが、理事長に対して学長の仕事は設置基準に従い、教育の質向上を考える点にあるという。

　小原先生にはトップとしてのリーダーシップを発揮する上で厳しい判断が必要とされるいろいろなケースについてご講義いただいた。法科大学院設置を断念したこと、逆に教職大学院設置を決断したこと、などである。小原先生の従来の講義の中で心に残っている言葉がある。"Lesser of Two Evils"という言葉である。現代のような時勢の中では組織としてより良い選択肢の中から選択したいと望むものであるが、より悪くない選択肢、よりマイナスの少ない選択肢を選ぶという考え方も必要であると述べていたのが、非常に印象的であった。伝統ある玉川の理事長・学長として、温故知新について述べられたこともある。組織を維持していく上でも、伝統をないがしろにはできない。だからと言って伝統だけを死守することは、時代や社会の変化から取り残されてしまう。組織の伝統の上に立脚した新事業を心がけるようにする戒めの言葉であるという。常に厳しい時代だからこそ「冒険」も必要であるとも述べていた。

　こうした小原学長の講演は学生からの人気も高い。小学部・中学部・高等部から進学してきた学生でもこうしたリーダーシップについての深い話は初めて聞いた、理事長・学長の仕事についてよく理解できたとレポートしている。小原先生の益々のご活躍と玉川学園・玉川大学の発展を祈る次第である。

第19章　政治的リーダーシップ―ビジネスリーダーシップとの比較

川野秀之（玉川大学教授）

1．はじめに

　学生の皆さん自身がこれから先、社会に出て、リーダーになっていく。もちろんすぐにリーダーになれるわけではなく、10年後、20年後、30年後に皆さん方がどのようなポジションにいるのか、それは今の段階ではなんとも言えませんが、できるだけ多くの人がリーダー、指導者を目指して頑張ってくれれば、私たちとしては大変嬉しいわけです。もちろん最初からリーダーになれるわけではありませんが、リーダーを目指していくためにはどういうことが必要なのか、日々の仕事をしながら、さらに一つ上を目指していくためにはどうしたらいいか、ということについて考えてみたいと思います。

2．リーダーに必要な4つの能力

問題を発見する

　リーダーに必要な能力は何であろうか。もちろん、それが、人間として必要な能力であることも間違いありませんが、まとめて言うと、先見力、洞察力、判断力、指導力、この4つが必要であると思います。
　まず、先見力とは何であるかというと、読んで字のごとく、先を見る力ですが、先を見るというのは何なのかというと、問題を発見する能力です。要

するに、世の中のこと、あるいは自分の仕事の中で何が問題なのか。自分の仕事を、これから皆さん方が半年あるいは1年後に大学を卒業して社会に出て就職する。そうした場合に、当然何か仕事が与えられると思います。与えられる仕事をちゃんとやっていくために、どうしたらいいのか。与えられた仕事の中で、すぐにやりこなせることとそうでないことがあるわけで、すぐにやれることは問題ないですけども、命ぜられたけれどもどうやったらいいかわからない、ということは当然出てきます。そうしたときに、問題を発見する。自分の仕事の中で、何が問題なのか。何を勉強すれば先に進めるのか。そういうことを見ることが必要であると言っていいでしょう。

ものを考えること、状況を判断すること

　続いて、2番目に洞察力ですが、洞察力というのは言うまでもなく、理解力と思考力です。理解する力、ものを考える力。これはいわば、これまでの大学生活においてある程度養われているものだと考えたいですが、なかなかそうもいかないわけで、まず、理解する力、人の言うことをどういうふうに解釈し、どう自分のものにするのか。これが1つ重要です。そのためには考える力が必要です。考えて、どういう方向に進むかはなかなか難しいことですが、考えて考えて、そしてどういう正解にたどり着くのか。世の中に正解があるのか、ないのか。これは問題によって違うでしょうけども、正解に近い、要するに一番いい回答、たくさんの回答の中で自分にとって一番いい回答は何なのか。それを考えることが必要であると言っていいでしょう。

　3番目に判断力ですが、何の判断力かというと、1つは状況を判断する力。つまり、場渡り的であるということもあるかもしれませんが、基本的には自分のおかれた状況の中で、自分をどういうふうにすれば一番いいポジションにおくことができるのか。逆に言えば、まわりを取り巻く状況の中で自分の立場を一番良くしていくためにはどうすればいいのか。これが、状況判断ではないか。さらに、皆さん方が管理職になった場合、部長、課長、いろんな職がありますけども、要するに、1人で仕事をするのではなく、集団あるいはグループで仕事をする場合、自分より下の人、上の人がいるわけですけ

ども、自分より下のいわゆる部下と呼ばれる人たちの意見をたくみに取り入れる能力、これもまた判断力の中で非常に重要なものであると言っていいでしょう。要するに、1つの文、1つの勘、1つの中身というものが、1つの一心同体の集団となって仕事を進めていくためにはこういうことが必要である、というように言うことができます。

指導力を発揮するための能力

さらに、4番目は指導力です。自分が、指導者になって部下を指導していく場合に、いろいろな力が問われてきます。

まず、何が問われるのかというと、問題解決能力。たくさんの問題が出てきて、その問題をどれだけ早く、どれだけ上手く解決することができるのか。問題を解決するということはみんなやるわけですけども、誰の、どの形の解決がベストな解決なのか。それをまわりの人間が判断していく。そういう形において、問題を解決する能力が高い人が当然求められます。

それからもう1つが、意思決定能力。責任感の強さ、つまり、その仕事をするのに対して、自分自身がどれだけの責任を持ってやるのか。要するに同じ仕事をするにしても非常に熱心にする人、そうでもない人いろいろあるでしょう。結果としては同じかもしれない。しかし、熱心に頑張ったところは頑張ったとして評価されるべきだと思います。

同時に、ブレーン・スタッフ形成力。人間は、自分1人ですべての仕事ができるわけではありません。いろいろな場合に人の助けを借りて仕事をしていく。いわば、助けになる人がいて、自分に対して建設的な、そして友好的な意見を伝えてくれる。そして、自分の意思決定にいい材料を与えてくれる。つまり、1人ですべてを背負って仕事をしていくのではなくて、すぐそばに、自分を支えてくれる有能な人物がいるわけで、これを、昔の言葉で言うと参謀と言いますけども、いい参謀がいて、いい司令官ができる。いい司令官にはいい参謀がいるというふうに昔から言われていました。

たとえば、第二次世界大戦。日本における太平洋戦争における失敗談というのは何かというと、いい司令官と参謀のコンビがなかなかできなかった。

つまり参謀がそのまま司令官になってしまった。そこに日本軍の弱点があった、というふうに言うこともできるでしょう。いわば軍隊の場合、司令官と参謀というのは実は違う役割でして、参謀として優秀な人間が、そのまま司令官として有能な人間であるわけではない。また、司令官として有能な人間が参謀として有能なわけでもない。お互いはそれぞれ別々の機能です。したがって、有能な司令官と有能な参謀、この2人のコンビがあって初めて、一番正しい意思決定ができるのです。

後継者選びの失敗例から学ぶ

最後に、後継者養成力がリーダーには必要とされます。ある人が未来永劫、何年も何年も同じことをしているわけではありません。会社、あるいは組織には人事異動というものがありますが、そういった中でも一番重要なのが、最高権威者、会長とか社長といったような、まさにトップの経営者が交代する場合です。前の経営者が退いて、新しい経営者が登場する場合に、どういうことが変わるのか。これが一番大きな問題です。特に、実際、会長や社長をされていた人にとって一番重要なのは、誰が後継者として最適なのか。一番適当な人物であるかを見抜く能力である、と言うことができるでしょう。

往々にして、優秀な経営者であるといわれてきた人々が最後で失敗する。政治家の場合も同じですが、経営者にせよ、政治家にせよ、一番大きな問題は、後継者選びです。もちろん、自分の力で後継者は選べないということも当然あります。それはやむを得ないですが、自分の力が非常に大きくて、十分後継者を選べる場合において、往々にして最後の最後で失敗するという場合がありますが、それはどういうことかというと、自分よりも小さい人間を次の後継者に選ぶ人が案外多い。つまり、自分を超えてさらにその組織を大きくしていく人間を選ぶことが本来必要であるわけですけども、なかなかそういうことをすることができない。つまり、自分が偉かったことを後世に残すために何ができるのかということになると、実は、要するに次の社長が自分よりも小物であれば「前の社長は偉かった」ということになる可能性は高いでしょう。したがって、良かれ悪しかれ、そういったことを考える人が現

第19章　政治的リーダーシップービジネスリーダーシップとの比較

実にはたくさんいると言わざるを得ません。

また、自分の考えることに異を唱えて「これはこうではないでしょう」「こうした方がもっといいでしょう」という部下を抜擢するだけの度量がある人間が実際にどれだけいるのか。要するに、自分にとって忠実で、自分の命令をよく聞く、そういう人を後継者にしがちです。しかし、忠実で命令をよく聞くということは、逆に言うと自主性がないということになるかもしれません。つまり、社長がいて、その社長の命令に忠実に従って実行することができる部下、これは社長がいなくなった場合に自分が命令する立場になったりすると、果たしてどんな命令をすることができるのか。今まで、人から命令を受けて仕事をしてきた人間が、自分が命令する立場になる。果たしてそう簡単に命令できるのか、難しい問題であると言っていいと思います。そういうことで、リーダーにとって一番重要な力は指導力である。そして、この中の後継者養成力、つまり次に誰を選ぶか。自分の後継者に誰を選ぶのかで最終的にその人のリーダーとしての能力がどれだけのものであったかを判断する。こういうことになると言っていいのではないでしょうか。

3．リーダーの資質とフォロワーシップ

次にリーダーの資質についてお話したい。指導者にはどういう資質が必要なのかということになりますと、実は、リーダーシップというものの実態は、普通にはない言葉ですけども、フォロワーシップであるということです。つまり、誰もついてこない指導者なんて有り得ないのです。指導者というのは、たくさんの部下あるいはたくさんの弟子、たくさんの支持者があってはじめて指導者になる。ついてくる人間がいなければ、リーダーでは有り得ない。優秀なリーダーであることは逆に言うとたくさんの支持者がいるということ。たくさんの弟子がいる、たくさんの部下がいる。部下は嫌々ながらもついてくるということもありますけども、たくさんの支持者、自分の言うことに従う人間がたくさんいる。自分の命令が正しいか正しくないかはまた別の問題でありますけども、自分が言ったことに忠実についてくる人間がたくさんい

るということが基本的にはリーダーの資質である。

　フォロワーシップとは、リーダーを支える人材の確保ということです。簡単に言ってしまうと、組織というものは1人の人間だけではできません。少なくとも3人以上の人間がいて初めて1つの組織であるということになります。これが、組織論という学問の分野の一番基礎的な話になります。

　なぜ3人なのか。2人ではだめなのか。要するに、もちろん1人では組織にならない。人間が2人以上いれば組織になるわけですけども、2人というのは仲が良いのか悪いのか、喧嘩するのかしないのか。いろんな状況がありますけども、喧嘩した場合に、2人であると仲裁人がどこにもいない。3人というのがなぜ必要なのかという一番大きな理由は、3人いれば、2人が喧嘩したときにもう1人がどちらにつくか、あるいは仲裁するか、そういうことができるわけです。つまり、1対1ではどちらが勝ったわけでも負けたわけでもない。しかし、2対1になれば、一応勝ち負けがはっきりする。そういうこともあります。そういうことで、3人以上の人間がいて初めて組織が成り立つのです。そうすると、3人以上の組織には必然的にリーダーというものが登場してくる。3人の中で考えをまとめる人間が出てくる。そして他の人はそのリーダーを支えて組織を達成するための活動を推進する、あるいは反対する、ということになると言っていいでしょう。

最高指導者と中間管理職の違い

　次に、最高指導者と中間管理職の違いについて考えてみたいと思います。もちろん、なかなか最高指導者になれるわけではありません。またどちらかというと、我々の多くは中間管理職。要するに、上に命令するものがいて、下に部下がいるという立場におかれることが非常に多いと思います。日本で、「サラリーマン重役」という言葉が出てきて60年になります。第二次世界大戦後、「三等重役」という言葉が流行っていました。当時の流行作家である「源氏鶏太」という作家がいまして、彼が『三等重役』という小説を書きました。こうした言葉の意味合いは何かというと、要するに第二次世界大戦後、いろんなことが起きました。まず、戦争に協力した企業については追放する、

第 19 章 政治的リーダーシップ─ビジネスリーダーシップとの比較

といったことが起きました。あるいは、大きな財閥系の企業は、解体されました。

たとえば、三井物産。今また非常に大きな企業になっているわけですけども、戦前の旧三井物産と今の三井物産では、実は全く別の会社です。どういうことかというと、旧三井物産は一旦解散されて、30くらいの会社に分割された。したがって、昔の三井物産の社長は雲の上の存在だったわけですけども、それが30の会社に解体されたということは、昔、部長や課長だった人がそのまま社長になっちゃった、ということを意味している。また、だんだん日本の独立が回復して、また、あまり小さい会社では面白くないから統合して大きな会社にしようということで新しい三井物産ができました。

こういったことを繰り返してきたわけですけども、そうすると一時的な形ではありますが、昔の会社で部長や課長だった人が、社長になる、重役になる、場合によっては平社員が取締役になるということすら当然有り得たわけです。さらに、戦後の日本企業においては、重役の数がどんどん増えていった。子会社も増えて、子会社の重役も含めると、いろんな形でいわゆる重役の権限を持つ社員が増えていきました。「サラリーマン重役」「三等重役」とはそういった状態を表した言葉と言えます。現在社長である人もかつては、大学を卒業した直後は平社員であった。つまり、平社員の経験を持っている人が社長になる場合が非常に多い。そうでない会社というのは、一部の創業家が現在でも経営権を握っている会社です。

中央官庁の事務次官の例

同じようなことが中央官庁の事務次官の場合にも言えます。国家公務員の上級試験に合格して、各省庁に入省した人は、最初は、平の公務員ですが、それから先へ進むプロセスは、幹部候補とそうでない人は昇進の速さがだいぶ年数的に違うでしょう。けれども、基本的には平の公務員で入省した人が一歩一歩上がっていって、同期の中から1人選ばれるか選ばれないかですけども、事務次官という公務員としては最高のところまで進んでいく。都道府県の副知事や、あるいは市町村の助役の場合もほとんど同じです。もちろん、

そうでないケースもありますが、それは例外だといえましょう。
　したがって何が問題かというと、仕事の知識は豊富である。何十年と同じ仕事をしてきた人ですから、その仕事、その組織については極めて経験豊かな人間が上にいるわけです。これは、会社の場合も役所の場合も同じであると言っていいでしょう。しかし問題は、意思決定能力で選ばれたリーダーではない、という点です。それが組織の大きな盲点となる場合があります。つまり、順送り人事で上がっていった人間の場合、だいたい任期2年くらいで次の人と交代する。そうすると、社長なり事務次官なりになって、その人が考えることの一番大きなことは何かというと、自分がその職にあるわずか2年くらいの年数の間、何も波乱が起きないことが一番いいと。いわゆる事なかれ主義になってしまう恐れが非常に大きい。そうすると、要するにそれが問題を先送りするということに繋がってしまう。何か大きな問題が起きた場合に、じゃあそれまでの人は何もしなかったのですか、と、こういう歴代の責任を問われることにもなりますが。

4．政治的リーダーシップ

　次に、政治的リーダーシップについてお話をしたいと思います。当然、マクロで考えると、政治体制の相違が自ずとリーダーシップの違いに連動してきます。
　強い指導者のもとでは独裁政治のほうが民主政治よりも生まれやすいと言っていいと思います。ヒットラーであるとか、毛沢東であるとか、あるいはスターリンであるとか、こうした人々は強い指導者でした。しかし、強い指導者であったことは間違いありませんけども、良い指導者であったかどうかについてはなかなか判断するのは難しいのです。
　そうではなくて、真に強力な指導者というのは、民主政治の中で多くの国民に支持され、愛される政治家から生まれるというふうに言えるかと思います。つまり、独裁政治ならば、独裁者ならば強力なのは当たり前ですから、独裁的な政治の中で、強力な政治を進めていって強力な指導者になるという

ことは、ある意味簡単なことです。

それに対して、民主政治の一番大きな問題点は何かというと、相手に対する批判がいくらでもできる。つまり、評価が非常に厳しいわけです。つまり、自分のやったことが洗いざらい、良いことも悪いことも何でも明るみに出る。自分の全体が評価されるという仕組みの中で、自分自身としては良いことだけ評価してほしい、悪いことは評価してほしくないと考えるわけですが、実際には、良いことも悪いことも全部で評価する。その中で極めてよい指導者であると評価されることは、大変大事なことであると言っていいでしょう。

政治的リーダーの類型～独裁政治型と民主政治型では違う

類型としては、独裁政治型においては、世襲型、非世襲型とあり、民主政治型においては、直接公選大統領型、議院内閣制における首相型等が挙げられます。

民主政治の場合においても、直接に大統領を選ぶ場合と議会が総理大臣を選ぶ場合において、やはりリーダーとして大きい力を持つか持たないかという違いが出てきます。どちらかというと、国民が直接大統領を選ぶ場合のほうが、議会で首相を選ぶよりも強いリーダーシップが問われる、というふうに言うことができるでしょう。つまり、国民が直接選んだ大統領ですから、自分が背負っているものは国民です。したがって、国民によって選ばれた大統領、これは他の誰よりも国民の意思を反映しているというふうに言っていいと思います。つまり、自分の意思は国民の意思であるという錦の御旗を持って、したがって錦の御旗を持った人間がうまく行動すれば、非常に強いリーダーシップをとることができる。しかし、問題はいろいろあり、直接公選の大統領が強い権限を持っていたとしても、国民によって選ばれる議会があるので、大統領と議会の多数派がチグハグであった場合に、どうなるのかという問題は残るといえましょう。

米国のレーガン大統領のケース

たとえば、アメリカ合衆国のレーガン大統領の場合、最初、議会は民主党

が優位でした。後で共和党が伸びるわけですけども、どういうことをやったかというと、民主党優位の議会に対してレーガン大統領が使った武器は「説得」でした。つまり、お願いをすること、あるいは自分の政策についていろいろ説明して、説得して、大統領の考え方に賛成してもらうこと、こういうことです。つまり、人為的に個別に様々な形で説得をすることによって、議員の意見を大統領の意見に変えさせようとする。もちろん、いろんな説得がありますけども、基本的には金の力で意見を変えさせるのではなく、大統領がこれだけ熱心にお願いしているのだからなんとかしてあげなければならない、そういう気持ちを野党の議員に植えつける。

　アメリカの場合、議会で党議拘束がありません。つまり、民主党だからあるいは共和党だから、この政策に反対しなければならない、賛成しなければならないといったような形がアメリカの連邦議会ではとられていないので、個々の議員がその政策について賛成か反対かを自分で決める。したがって、共和党の大統領が提出した法案であっても、共和党の議員が反対することも当然あり、逆に民主党の議員が賛成することも当然ある、こういう状況です。したがって、個々の議員は自分がどう判断するかによって議会の票が決まるという状況からすると、自分の支持者を増やしていくためには、説得をするのが一番良い方法である。こういうふうに言うことができるでしょう。

5．リーダーシップのあったわが国の首相（第二次大戦後）

　最後に、我が国の総理大臣で、リーダーシップがあったのは誰なのかということを考えてみたいと思います。吉田茂対鳩山一郎、池田勇人対佐藤栄作、田中角栄対福田赳夫、中曽根康弘対宮沢喜一。こうした人々はいずれにしても実際の政治において対極線におかれる人物でした。今は、彼らの子供の時代、孫の時代ということになってきました。吉田茂対鳩山一郎という対局、たとえば、現在の麻生太郎首相は吉田茂の外孫です。鳩山一郎氏の孫は、鳩山由紀夫民主党幹事長と鳩山邦夫総務大臣の２人、与党と野党にそれぞれいます。

第19章　政治的リーダーシップ—ビジネスリーダーシップとの比較

吉田茂と鳩山一郎の対決

　吉田と鳩山の対決というのは、1勝1敗と言いましょうか、戦後すぐには吉田が勝った。鳩山一郎は、総理大臣になろうとした直前に候補者追放になり、失脚しました。しかし、それから8年後、吉田の率いた自由党が崩壊して、鳩山の民主党が政権を持った。そして結局、自由党と民主党が合体して、現在の自由民主党ができた。そして自民党の初代総裁には、鳩山一郎がなる。こういう形で、結局吉田と鳩山は要するに五分五分と言いましょうか、フィフティ・フィフティの結果に終わった。吉田は吉田で、日本の独立を回復したいということで、大きな成果を挙げたわけですが、鳩山は鳩山で保守合同を行い、ソビエト連邦との国交を回復した、という点で、外交上の成果を挙げた。吉田、鳩山共に成果がありました。つまり、吉田と鳩山の対決は五分五分で、勝敗なし。どちらが好みかということで言っていいでしょう。

池田勇人と佐藤栄作の対決

　つづいて、池田対佐藤の対決。池田勇人と佐藤栄作、この2人はどちらともいわゆる吉田学校と呼ばれた集団の一員で、吉田茂の愛弟子です。2人とも吉田にとっては忠実な部下だったわけですが、ただなかなか違う点があって、池田は戦争中に病気をして苦労をした。佐藤は、鳩山の後継者であった岸信介の実の弟。岸信介とは政治的に立場は違ったわけですけども、いずれにしても、岸信介が安保改定を行って、その結果、退陣した後、池田勇人が政権を獲得した。しかし病気になって、佐藤栄作にその座を譲った。こういう状況がありました。池田も佐藤も、日本の高度成長を実行したという点でプラスの点が与えられます。どっちがどっちとは何ともいえませんが、池田6佐藤4ぐらいのところで、やや池田のリーダーシップのほうが佐藤のリーダーシップよりも明るかった分だけプラスである、というふうに言うことができます。

田中角栄と福田赳夫の対決

　3番目の対決は、佐藤栄作の弟子たちの対決。田中角栄対福田赳夫。これ

は、福田のほうが田中に対してかなり低調であるということができます。最初、若い田中が政権を獲得しました。しかし、田中内閣はその後、あえなく崩壊してしまうわけです。結局、田中内閣は安倍内閣よりはしっかりしていたというふうに考えられます。しっかりしていたとは言いすぎかもしれませんが。田中角栄も学歴のない人間が総理大臣まで上がっていくには、やはり、若いときにいろんなことをしてきた、それが最終的には、いわゆる金脈問題という形で暴露された。当時、『田中角栄研究』という本を書いた人がいて、それによって田中の金脈問題が問題であるということが明確になって、田中は結局退陣せざるをえなくなりました。結局、顔面神経痛になって片方の顔が動かなくなり、病気のため引退、ということだったわけですが、その後、次の三木内閣のときにロッキード事件が起こって、田中はアメリカのロッキード社からの収賄容疑で逮捕され、起訴された。とうとう刑事被告人のまま亡くなるという、不幸な最後を遂げました。

　その後三木内閣を挟んでその次に福田内閣が始まりました。最後に笑ったのは福田でしたが、じゃあ福田内閣は何かできたのかというと、成果としては、田中内閣の行った日中国交回復の継承。田中内閣の外交政策が福田内閣に比べて、よい外交的な政策だったということです。ただ、田中角栄の唱えた「日本列島改造論」といったようなものが、果たして成功したのかどうか。これは、何とも言えないところです。

中曽根康弘と宮沢喜一の対決

　それから、中曽根康弘対宮沢喜一。いずれにしても、年齢的にはほぼ同じくらいの年の人ですけれども、中曽根のほうが宮沢よりも1つ前の世代として総理大臣になりました。中曽根は、5年首相を務め、宮沢は1年半務めたときに、途中で小沢一郎の反乱にあって、政権が崩壊した。内閣不信任案が通過して退陣した、という日本の戦後の内閣の退陣としては珍しいことでした。そういうわけで、中曽根内閣は比較的成功だったのですが、宮沢内閣は失敗した。最大の理由は何かと言うと、先ほどお話したように、司令官と参謀とは違うということがあったわけですが、宮沢喜一という人は徹底的な参

第19章　政治的リーダーシップ－ビジネスリーダーシップとの比較

謀型の政治家でした。したがって、吉田茂、あるいは池田勇人、この2人の政治家の参謀として、経済政策のブレーンとして過去に優秀な成績を残していますけども、自分が総理大臣になったとき、自分の参謀として使える人間がいなかった。つまり、宮沢喜一という人があまりにも頭のいい人であったがために、自分よりも頭の悪い人間は使えないという非常に不幸な結果に終わった。それが、宮沢内閣が不信任を受け、自民党単独政権が崩壊する非常に大きな状況になったと言えます。

(2007年7月13日講話)

****
解説

　川野秀之先生は2001年度の経営学部創設から2006年度までの6年間玉川大学初代経営学部長を務め、現在は経営学部教授であるとともに知的財産本部部長の任にある。またビジネスリーダーシップの講座を最初から担当されており本講座のことを一番熟知している。川野先生は行政学や政治学、公共経営学がご専門である。玉川学園に小学部で一時在籍し、後に早稲田大学大学院政治学研究科を卒業して以来、玉川大学に奉職されている。経営学部前身の国際経営コースに至る経営学部発足までの歴史を長期間経験されたという貴重な先生でもある。

　今回は川野先生からビジネスリーダーシップと政治的リーダーシップの比較についての講話をいただいた。まずリーダーの能力については先見力、洞察力、判断力、指導力の4つを挙げて説明した。指導力については問題解決能力・意思決定能力・責任感の強さ・スタッフ形成力・後継者育成力などを挙げて詳しく説明した。またリーダーの資質として重要なことはフォロワーシップ (followership) の形成であり、リーダーを支える人材の確保が必要であり、組織は1人では維持できないので少なくとも3人以上の人間がいて初めて組織ができ、必然的にリーダーが登場し、他の人はそれを支えて組織の目的を達成するための活動を推進することになるという。

　少し具体的に見ると、今日の日本ではサラリーマン重役という言葉のように、平社員から部課長、そして役員を経て社長に就任するケースが多く、また中央官庁の事務次官や地方自治体の副知事の場合もほとんど同じだと

指摘する。その場合仕事の知識は豊富であるが、意思決定能力で選ばれたリーダーではないという弱点があるので、それが組織の危機管理上大きな盲点になる場合があるという。

　ビジネスリーダーシップの特質についてみると、ビジネスリーダーは、資本主義経済原理に基づき、株主総会・取締役会を指導し、自らの求める経営方針に従って企業経営を進めることを目的とするが、我が国の場合はいわゆる「日本的経営」の頂点に立つ人だと考えられ、長期的にその企業の状況を体験し、よく理解している者がリーダーになる場合が多いという。それらビジネスリーダーとしては創業者型、相続者型、天下り型、たたき上げ型、トレード型に分けられる。我が国ではやはりたたきあげ型が多く、年功序列型や抜擢型もこれらに含まれるとしている。

　政治的リーダーシップについては次の通りである。その特質は政治体制の相違が自ずとリーダーシップの相違と連動し、強い指導者は独裁政治のほうが民主政治よりも生まれやすいという特質がある。しかし真に強力な指導者とは民主政治の中で多くの国民に支持され愛される政治家から生まれるという。先生はさらに日本の政治的リーダーシップについて取り上げ、日本の首相の中でリーダーシップのあった者は誰であろうかとの問いを投げているが、あまり大きなリーダーシップを持った首相はいなかったと述べている。一方、外国の政治的指導者のリーダーシップについて、国によっては強力なリーダーシップを持った政治家がいたし、今後も期待されるリーダーがいると指摘した。

　川野先生のリーダーシップ論はビジネス世界のリーダーシップと政治家のリーダーシップを比較分析し、リーダーシップをより広く論じており、現代の政治・経済双方のリーダーシップのあり方、グローバル化時代の政治経済改革のあり方、などを勉強していく学生にとっても非常に示唆に富んだ講話となったと思われる。我が国の政治・経済の世界を見てみると強力なリーダーシップを発揮する人材が少なくなったと言われるが、川野先生の講義では特に政治的リーダーシップの欠如についても指摘され、難しい局面においていかに政治的リーダーを育成していくかの課題についても非常に啓発される講話であった。

終章　まとめ
〜厳しく、優しいリーダーを目指す

玉木　勝

　19人の講師の講話は素晴らしいという言葉に尽きる。講話の内容についての主要な論点は多岐にわたるが、項目をまとめれば、①ビジネスリーダーシップについて、②事業戦略・事業戦術について、③コーポレート・ガバナンス（企業統治）について、④自己の経験・体験を踏まえた人生哲学のアドバイスについて、となろう。そしてこれらについてはすでに、講師の講話内容、編者の解説等で十分言い尽くされた感もあるが、本終章ではこの4つに分けて「まとめ」として記述したい。

　また副題は「厳しく、優しいリーダーを目指す」とした。リーダーが統率力、牽引力、推進力を発揮していく、すなわちリーダーシップを発揮していくのは時として難しく、かつ困難な場面も多い。したがってリーダーは、当該組織の経営理念・目標の達成に厳しく対応していかねばならない。自他ともに対して厳しくである。しかし厳しいだけでは人心は離反する。リーダーシップを発揮し、組織体を引っ張る上で、部下・同僚・顧客等に対する真の優しさが必要である。真のリーダーの人間力については「厳しく、優しい」という言葉で包含したい。これは、玉川学園の全人教育の精神にも合致し、また現実に人間力を発揮してこられた各講師にも共通する言葉である。

1．ビジネスリーダーシップについて

　本講座のタイトル・テーマは「ビジネスリーダーシップ」であった。もち

ろんこのタイトル・テーマ「ビジネスリーダーシップ」に対して、各講師は「自分がビジネスリーダーとしてどう経営に携わってきたか、自分の経営手法、経営スタイル、経営哲学は具体的にこうだった、また具体的な事業戦略・戦術はこうだった」という具体論を述べている場合も多い。学生にとって一般的なビジネスリーダー論、ビジネスリーダーシップ論そのものはもちろん聞きたい講話であるが、一方当該講師の具体的な経営論、人生論を聞きたいというニーズに応えた講話もあった。したがってビジネスリーダーシップ論そのものについて正面から論じた講師は必ずしも多くはない。しかしここでビジネスリーダーシップ論を比較的正面から論じた講師の話を中心にまとめ、編者の意見も記してみたい。

まずビジネスリーダーシップの定義については、小原氏が監修の言葉で次の通りまとめている。「リーダーシップ論については種々議論があるが、あえて定義すれば、組織の1つの目標に向かって集団を引っ張る統率力として把握する講師が多かったと思う。もちろんそれを発揮するためには、判断力、決断力、実行力が伴い、そして感性や直観力も必要だと述べる講師も多い。またリーダーはそうしたリーダーシップを発揮し実践できる組織のトップであるとして位置づけていたと思われる。さらにリーダーがリーダーとしてその組織内で統率力を発揮するためには、そのリーダーの人間性を周囲が認めていくことが必要である。ビジネスの現場でも、教育現場でも人間性の向上を重視していかねばならない」。以上の通りまとめている。リーダーシップについて、組織の目標に向かって集団を引っ張る統率力と把握する講師が多く、これについては異存ないものと考える。

佐藤敏明氏のリーダーシップ論

まず佐藤氏のリーダー論、リーダーシップ論をみたい。まずリーダーには3つの能力が必要だという。1つは問題を把握する能力。今起こっている問題は何か、解決すべき優先順位を把握する能力。2つ目は人間関係能力。部下との良好な関係、上司との良好な関係、取引先との良好な関係、それには「縁」ということを念頭において人間関係を考えてみてほしいと述べている。

終　章　まとめ〜厳しく、優しいリーダーを目指す

そして最後に未来を想像する能力を挙げている。未来を想像する能力というのは変化対応能力と言ってもいい、誰もわからない将来を予測して1人で孤独に決断をする、これが未来想像能力であると述べている。問題を把握する能力、人間関係能力、未来を想像する能力、この3つの能力がリーダーに不可欠な能力であるという。

　さらにリーダーの条件には4つあるという。自分を変革できる人。自らを変革する過程で、歴史を学び経験を積み重ねて、そこで学んだことを自分の知識として蓄えることができる人。その蓄えた知識、経験を次のポジションになったときに活かすことができる人。最後に自分を律することができる人。リーダーはこの4つの条件を満たさなければならない。その中でも一番大事なことは4つ目の「律する」ことだという。この点について佐藤氏は次のように述べている。「トップに立つと言われもない全能感に襲われます。自分の言っていることは絶対正しい、周りの人間が全部言うことを聞く、これはウソです。それは地位の持つ権力に人が従っているだけで、トップが勝手に自分の考えは正しいと思い込んでいるだけのことです。だから自分を常に律することができることが重要です。それから自分が時代の変化に対応できなくなる、年も取ってくる、そういったときには自ら後継者に道を譲る。トップの座を退くことを決めることはトップだけにしかできません。そういうことを含めて自らを律することが組織を守るために最も大切なのです」と。「変わる、蓄える、活かす、律する」こと、この4つのリーダーの条件と3つの能力をしっかりと兼ね備えていかなければリーダーシップは発揮できない。

　さらに佐藤氏は、リーダーシップに定義はないが、「リーダーシップには顔がある」とし、リーダーと言われる人たちに求められるものは、第1に部下を信頼して部下に仕事を任せられるかということ、第2には人を信用することができるかということ、そして第3には部下の失敗を自分の失敗として部下に転嫁しないということ、と指摘している。

　佐藤氏自身は自分が真のリーダーになった経緯について次の通り説明した。「最初27歳のときにリーダーになりましたが、リーダーという名前をもらっ

たけれど真のリーダーではないリーダーでした。本当にリーダーになったのは多分、社長になってからでしょう」と。以上のように経緯を述べたのが印象的であった。佐藤氏は、リーダーの3つの能力と4つの条件を挙げてリーダーには幅広い能力・条件が必要だと指摘し、さらにリーダーシップを発揮するためには、部下との信頼関係が非常に重要だと述べた。サラリーマン社長にはみられないオーナー社長として築き上げてきたリーダーシップの苦労、そしてその重みが感じられる。また自分を律して早めにトップ経営者から退き、自己のリーダー像を実践したことでも非常に説得力がある。

齊藤十内氏のリーダーシップ論

次に齊藤十内氏のリーダーシップ論についてみたい。齊藤氏は会社再建から学んだ経営の要諦、経営観を挙げながらビジネスリーダーシップを論じている。経営の要諦・経営観はリーダーシップ論とほぼ同じ内容と理解してもよいものである。齊藤氏の説明は次の通りである。経営の要諦としては、1：社員の動機付けの基とな「自己の利益」と企業が求める「組織の利益」、そして社会全体で共有する「社会共通の利益」を同期化させることである。2：経営とは人を集団として束ねて共通の目的に向かわせる技である。人間の持つ「情」とか「理」といわれるものを理解した上で、人間の持つ「不合理」と企業が求める「合理」は、時として相反する場合が多いので、その辺をやりくりして、社員という集団を束ねて目標に向かわせることである。3：「何をやるか」、「いかにやるか」、事業の戦略を常に問い続け、うまく機能しない場合は要因を見つけ出し、迅速に修正とフィードバックをかけることである。

また経営観としては、会社の再建は人間と人間が激しくぶつかり合う場面が多いことから、4つを挙げている。1番目は、「思いを強く持つ」ということ。何に対して思うのか、社員に対して思う、事業に対して思う、会社に対して思う、協力業者に対して思う、顧客に対して思う、ということを挙げている。それも熱く、強く。2番目は、「人間を理解する努力、人間に理解してもらう努力を惜しまず」ということ。人間を理解する努力と修練、人間に自分を理解してもらう努力と修練を積み重ねることが、様々な矛盾と葛藤の

中で、最善の対処方法を実行する能力を身に付けさせるという。3番目は、「覚悟する」ということ。これは常に自分に言い聞かせてきた、困難に直面すればするほど覚悟が必要で、そして自分の覚悟を支えたのは、徹底した目的指向だったという。4番目は、「使命を全うする」ということ。人はその立場、立場でやるべきことがあり、その立場になったとき、やるべきことをきちんとやれるか、ということだと述べていた。齊藤氏の論調には厳しい環境の中で2社の経営を再建し、その中で会得した要諦・経営観が豊かに溢れ、どうすれば社員を引っ張っていけるか、どうすれば再建できるか、経営者の苦悩の過程で凝縮されたものを感じた。特に経営観としてあげた4つ、思いを強く持つ、人間を理解する、覚悟する、使命を全うする、については経営トップとしてまさに激しいぶつかり合いの中から得た貴重なものだと痛感している。

知念常光氏のリーダーシップ論

知念氏は、リーダーシップについて船と船長を例に挙げた。その点は次の通り述べている。「リーダーシップのシップとは船です。リーダーはまず方向を定めます。そして、どれぐらいの速さで走って行くか、それも全部リーダーが決めます。方向付けをしていくこと。そして、船を漕いで走らせる人たちのやる気を最大限に引き出していくのがリーダーシップです」。船のシップと船長であるリーダーから説き起こしたわかりやすいリーダーシップ論に納得させられた。

そして知念氏はPM（Performance & Maintenance：目標達成機能と集団維持機能）理論を紹介しながら、厳しく目標を達成していく部分（P）と、集団を友好的にかつ持続的なものにする優しさの部分（M）の両方がリーダーには必要だとしている。厳しければ厳しいほど、優しさという情の部分というのが強くなければならないとしている。逆に優しさだけでは甘やかしになってしまい、成果はあがらないという。

それらのことについて知念氏は次のように付け加えている。「会社が猛烈に厳しいというのは悪いことじゃない。ただし、厳しい分だけ温かさがうん

とあるということが必要条件となってきます。厳しさだけで温かさがないリーダーの許では『冷たさ』になってしまうのです。だから人がやる気を失ってしまいます。それから、目標を何がなんでも達成するという厳しさがなくて、温かさだけあるのは『甘やかし』になってしまいます。それも、そういう上司の許では目標は達成しないし、生きがいを感じません。企業が発展する2本の柱はPとMです。この2つの大きな柱がないと企業が発展しない。同時にPとMはリーダーシップの一番大事な基本です。2つの大きな柱を持ってないと、厳しいことを可哀想と思い優しくしてしまうと甘やかしに繋がってしまう。そうかといってうんと厳しいのを耐えているのによくやったと誉めない。温か味のない上司の許では辛いわけです」。こうして知念氏はPM理論によるリーダーシップの考察を毎回強調されている。

　PM理論に関しては、各講師の講話の中で厳しさ・優しさの双方を創始者小原國芳先生は兼ね備えていたという話を聞いた。礼拝堂での講話の際や学園内での日常生活の直接の指導などにおいて小原國芳先生は学園トップのリーダーとしてPM理論を率先して実行していたと言えるのである。

亀井淳氏のリーダーシップ論

　亀井氏は、リーダーシップについて次のように説明した。ビジネスにおけるリーダーシップは、大きな絵を描いて、大勢を巻き込むことだと要約できると思う。大きな絵を描くとは、経営戦略をまとめること。そして大勢を巻き込むとは、組織を動かすことだ。そして、リーダーシップは、一概にこういうものだとはまとめられないが、先頭に立って引っ張っていく人、背中を見せて引っ張っていく人、輪の中に入ってスクラムを組んで一緒にやっていく人、後ろに回って皆を押して同じ方向に向かせる人等のタイプがあり、いずれもリーダーシップと言え、さらに、組織を動かすときに喜んでついてくる人たちがいて、彼らをワクワクさせるなど、様々な要素を満たさないと真のリーダーシップとは言えない。大きな絵を描くこと、すなわち経営戦略をまとめることと、大勢を巻き込むこと、すなわち組織を動かすこと、これがビジネスにおけるリーダーシップだと論じており、流通トップにいる亀井氏

終　章　まとめ〜厳しく、優しいリーダーを目指す

の勢いというものを感じた。
　イトーヨーカ堂では、ビジョンを達成するための行動指針を作り、最低限守るべきルールを定め、そのルールを守りながら自己革新を進めていくことで、風土や文化が醸し出されるのだという。この点について亀井氏は次のように述べた。「社員１人ひとりに自分の仕事に関して『仮説、提案、実行、検証、修正』といった一連の行為をルールとして課しています。その行為を行うことによって、１人ひとりの生産性を上げ、会社の利益に貢献し、結果としてお客様の生活向上に寄与していくことになるのです」。さらに次のように説明した。「ビジョンや行動指針を共有するためには、リーダー自らが全員に伝え、守らせなければなりません。これこそがリーダーシップです。ビジネスリーダーシップに不可欠な条件は、頭の良さでも腕力でも、それから論理性でもありません。一番に求められる条件は、徹底させるために根気よく繰り返すこと、根気だと思います」と。
　亀井氏のビジネスリーダーシップ論の特徴は、トップとしていかに経営戦略をまとめ、その戦略・戦術にしたがって社員・会社をいかに根気よく引っ張っていくか、といった点に力点があることだ。まさに社員数の多いかつ店舗数の大きい流通業に適したビジネスリーダーシップでもあるといえよう。亀井社長のビジネスリーダーシップ論の背景には、何十冊もの経営書を著していてセブン‐イレブンの創業者でもある鈴木敏文氏の経営理論があるとも述べていた。

松尾武氏のリーダーシップ論
　松尾氏は、リーダーとはグループの統率者であり責任者であり、リーダーシップは指導力、統率力であると述べている。しかしリーダーになるための必要な資質・条件は、そのグループの状況が多種多様であるのと同じで、一定ではないとしている。あえて整理すれば、良いリーダーになるための条件は３つあり、第１はその道についての知識が豊富であり、経験や興味が十分であること、第２に改革、改善、変化に対し果敢に挑戦していく信念と情熱を持っていること、有るべき形に向けてのイメージをはっきりと持っている

319

こと、第3に同一歩調を取る仲間とのより良き人間関係を構築し、自信を持って指示、実践が可能となる環境が整っているか、整えることができる条件になっていることであると述べている。まさに最大公約数的なまとめとして納得である。松尾氏はNHKのテレビドラマのディレクター、プロデューサーの仕事を30年ほどやってきて、以上に述べたリーダーの3つの条件、知識、イメージ、指示によりリーダーシップを発揮してきたという。

　松尾氏はリーダーシップを発揮する上での難しさに関して次のように述べた。「一番難しかったことは、それぞれの人に対しその役割の中で、的確な指示を与え、その人の最大限の能力をまた実力を発揮させて作品に纏め上げていくことでした」と。

　リーダーシップを組織で十分発揮するのは容易ではない。そこに組織におけるリーダーとしての難しさがある。やはりリーダーシップを発揮するのは簡単なことではない。

小原芳明氏の学校法人におけるリーダーシップ論

　小原氏は玉川学園・玉川大学のリーダーである。学校法人におけるリーダーシップについて考えると、ビジネスと学校法人では経営目的の違いがある。またリーダーのあり方も違う。小原氏はその点について次のように比較している。ビジネス社会では利益の追求が目的であり、利益追求を最終目的とした経営が行われる。学校法人も利益を上げることが目的の1つにはなるが、NPO法人であり、ビジネス社会とは違う。大きな目的は教育の品質向上を図る、より良い教育をすることにある。このように利益の追求を最終目的にするのか、しないのか、この違いは確かに大きいものがある。またリーダーとリーダーシップの違いについて、次のように述べている。リーダーはある1人の人物であり、組織に1人いればよい存在であるが、リーダーシップとはその人の持っている傾向であり、組織をよりよい方向へと導く気持ちであり、リーダーシップを持っている人は組織に何人いてもよい。したがってリーダーは1人だが、リーダーシップは1人だけではない。組織の中にリーダーシップを持っている人が多ければ、その組織はよりよい方向へ動いていく

終　章　まとめ～厳しく、優しいリーダーを目指す

組織と見られるが、反対にリーダーシップを持っている人が少ないと、少人数で組織を牽引していかなければならない経営上のハンディを負うことになる。リーダーには当然リーダーシップは求められるが、リーダーでない人はリーダーシップはいらないということではなく、組織をよりよくしていくにはリーダーシップは必要なのだ、と。

　そしてリーダーについては、リーダーがその組織内で統率力を発揮するためには、そのリーダーの人間性を周囲が認めていくことが必要であり、ビジネスの現場でも、教育現場でも人間性の向上を重視していかねばならないとしている。確かに経営上の目的に違いがあるが、学校法人のリーダーシップにもビジネス社会のリーダーシップと共通する面が多いのである。

川野秀之氏の政治的リーダーシップ論

　川野氏は政治的リーダーシップをビジネスリーダーシップとの比較の観点から論じている。リーダーの能力についてまず先見力、洞察力、判断力、指導力の4つを挙げて説明した。4つ目の指導力では、問題解決能力、意思決定能力、後継者養成力を強調されている。次にリーダーの資質についてみると、まず、フォロワーシップを挙げており、これは自分が言ったことに忠実についてくる人間がたくさんいることが基本であると述べた。また3人以上の組織には必然的にリーダーというものが登場してくるという。

　政治的リーダーシップについて、その特質は政治体制の相違が自ずとリーダーシップの相違と連動し、強い指導者は独裁政治のほうが民主政治よりも生まれやすいという特質がある。しかし真に強力な指導者とは民主政治の中で多くの国民に支持され愛される政治家から生まれるという。川野氏はさらに日本の政治的リーダーシップについて取り上げ、日本の首相の中でリーダーシップのあった者は誰であろうかとの問いを投げている。それについて、吉田茂対鳩山一郎、池田勇人対佐藤栄作、田中角栄対福田赳夫、中曽根康弘対宮沢喜一を事例として挙げて、具体的な面白い話を展開している。川野氏は政治的リーダーシップとビジネスリーダーシップの比較という現代的な興味の深いテーマに切り込んでおられ、魅力的な講話になっている。

リーダーシップ論の要約

　以上の通りビジネスリーダーシップを考える場合、多種・多様な意見が多い。しかしここであえて要約すれば、リーダーシップについては、その経営目標の達成を目指しつつその組織を統率していく牽引力、指導力、動員力と把握することができる。またそうしたリーダーシップを発揮するリーダーの能力・条件・人間力には多様なものが要求される。そしてリーダーにとって一番重要なことは、組織の中でいかに人間的に信頼を得られるか、つまりそのリーダーの人間力が高く豊かなこと、組織における信頼感が高いこと、であると考える。そうした人間力についてのキーワードとして、本章副題に入れた「厳しく、優しい」ということを強調したい。これはPM理論（Performance & Maintenance：目標達成機能と集団維持機能）によっても説明されるが、多くの講師が同じような言葉・趣旨を述べたと思う。厳しさを持って目標達成に向かう牽引力、指導力、動員力が必要であるとともに、集団維持のためには真の優しさも必要なのである。やはり長い間トップとして組織を引っ張り、理念・目標を達成してきた中で、講師たちがトップの厳しさと優しさの双方を強く意識されているのではないかと考える。しかもそれは玉川学園創立者小原國芳先生はじめ小原哲郎先生、小原芳明先生にも共通することであると感じている。今後とも厳しく目標を達成していく機能と、温かく優しく集団を維持していく機能の両方を持ったリーダーがさらに多く出現していくことを期待していることを祈り、要約としたい。

2．事業戦略・事業戦術について

　社長のリーダーシップに関連した講話として事業戦略・戦術について述べている講師が多く、ここでそれらを整理してリーダーシップ講話をさらに深めてみたい。事業戦略・戦術についてはいわばリーダーが組織を牽引する場合の方向性であり目指すべき目標でありそれらの達成のための手段である。これらがしっかり固まらないと引っ張りようがない。

終　章　まとめ～厳しく、優しいリーダーを目指す

牟田學氏の事業戦略論

　牟田氏は事業戦略論を正面から取り上げ、講話の中で事業戦略とは企業の儲かる方向性であると指摘している。この方向性というのは、経営上最も重要なことで、方向性が、以下に述べる3つの要素、事業環境、社長の考え方、事業の体質を踏まえた適切なものでなければ、事業は成功しないという。牟田氏は次のように主張する。第1が環境で、環境が変化して方向性を変えなければならないこともある。ダーウィンは、生物は強いから、大きいから、頭がいいからといって生き残るとは限らないと言っている。では、どういうものが生き残るかというと、激しい環境の変化に対応できるものだけが生き残ると言っている。第2は、社長の考え方である。社長の考え方とは、会社を大きくやっていきたいのか、小さくやっていきたいのかという方向性を決めることである。第3は、事業の体質である。体質には受注事業と見込事業がある。

　牟田氏は早くから事業を起こし、印刷会社、出版会社、日本経営合理化協会などを設立し、事業戦略を実践し、また指導してきた実績がある。

　牟田氏はさらに大事なものは戦術であるとして次のように指摘している。戦術というのは、戦い方、テクニック、手法のことだ。戦術は、どちらかというと短期的で、局部的で、敵を意識している。必ずライバルがいるから、そこへ向かって、いろいろな戦い方がある。戦い方の違う人がいっぱいいる。戦術という戦い方と、戦略という儲かる方向性とは異なる。また、目標にもふれている。これは数値的な目標のことである。目標は、必ず数値で表すことだ、という。

　こうした牟田氏の現実を踏まえた戦略論・戦術論は説得力がある。またこうした戦略論・戦術論については、自分が起業した具体的ケースについて鋭く、深く講話した講師が多い。

小谷洋三氏の医師紹介事業戦略

　小谷氏の戦略・戦術は医師紹介専門のエム・ディー・マネジメント設立に関するものである。最近の医療・医師の環境を考慮するとともに、全国的な

医師不足、特に麻酔科医の不足に対応するための仕組みを打ち出した。小谷社長はモリテックス時代に本事業モデルに賛同し、最後は社会貢献に結びつく仕事がいいということが契機になったという。この辺りの設立の契機について次のように説明している。「最近医療問題は特集記事になっていますし、NHK も特集を組んでこの問題をかなり取り上げています。そういう中で我々は、その崩壊していく医療を何とか支えるため、医師を不足している病院に紹介しようとの思いで、このエム・ディー・マネジメントという会社を立ち上げるに至りました。そのきっかけになったのは、モリテックスで、バイオサイエンス事業を立ち上げ、遺伝子の解析の仕事を勉強し、遺伝子の解析、予防医学と突き詰めていく中で、今の現在の医療制度の問題が見えてきました。医師は東京中心にたくさんいます。東京都内の 23 区内の病院で医師が本当に不足している病院の数はそうありません。ただ東京から同心円で広がれば広がるほど医師がいなくなります。群馬県、福島県、茨城県、山梨県から長野県、この辺りになると医師不足は顕著になります。エム・ディー・マネジメントを立ち上げて最初に経験したことなのですが、北海道の伊達市に日本赤十字病院があります。そこに麻酔科医の医師が十分いないため手術ができない、脳溢血が起きても、心臓のバイパス手術をするにも麻酔科医がいないといくら外科の優秀な医師がいても手術は絶対にできないわけです」と。

そこでコンピューターネットワークを構築し、紹介する麻酔医の医者を登録し、どの医者が紹介できるかを管理し、全国の医療ニーズに応えていく戦略を考案したのである。多様かつ複雑なニーズに対応するシステムを構築したことは現代的なニーズに応えるユニークな戦略・戦術として評価が高いものである。現在事業はほぼ順調に拡大しており、今後さらに登録医者数を増やしていきたい考えである。時代にマッチした医療戦略として注目したい。

玉木剛氏の起業戦略

玉木剛氏は学生時代に起業に失敗したという経験があった。その経験から、社長として起業する、戦略を立てる方策として次のような対応策を生み出し

終　章　まとめ〜厳しく、優しいリーダーを目指す

た。すなわち、ビジネスに大事なことが3つあるという。1つ目は参入タイミングであるという。参入が早すぎてもニーズがないのでうまくいかない。逆に遅すぎても競合他社がマーケットシェアをかなりとっていて遅れをとってしまう。いかに最適なタイミングで事業を始めるかがすごく大事なのだと述べている。2つ目は売上を上げる方法を知ること。何でお客様がお金を払うのかという感性が大事で、お金を払うメリットを知っておくことだという。3つ目はベンチャーキャピタルの資金を当てにしては成功が難しいということ。この場合大体の企業は倒産するケースが多いという。この3つを経験から導き出している。

　同時に経営者の思考が会社の成長を決めているという。成功する経営者の思考構造を知っていないとなかなか成功が難しいのではないか、必ずしも急成長する企業がいいことではないのではないか、つまり自分にあった経営スタイルは何かを知ることが重要だということを指摘している。

　この点について、玉木氏は次のように説明している。「社長になりたいとか起業したい人が多いと思いますが、実際どれくらいの規模の会社をやりたいかによって、同じ社長といってもまったく違います。家族で年商1000万円程度でやるのか。もしくは年商10億円規模でやるのか。そもそも社長になりたいということは一体どれくらいの経営者を目指していくのかを考えることが大事なのです」。つまり、「10年かけて100億円200億円の会社にしたいのか、1億円くらいの会社で少人数で楽しくやるのか、どういうスタイルでやるのか、ということを決めないとなかなか前に進まない。そのため、ベストな選択ができるように心がけてきた」。

　現在の事業は、法人のコミュニケーション戦略を企画、実施するPR会社である。会社の経営者として学んだことは、まず経営の戦略目標をきちんと考えることが大事だというが、玉木社長としては、現在は数十億円の会社にする目標でがんばっているという。

3．コーポレート・ガバナンス（企業統治）について

　社長としてコーポレート・ガバナンス（企業統治）をどう考えるべきか、これは昨今の企業経営における現代的で重要な課題である。しかも米国のエンロン・ワールドコム事件以降、企業不祥事等が後を絶たない。社長としてこの問題を正面から捉えていくことが大事である。こうした問題に関連して、経営者としてどうコーポレート・ガバナンスを把握しているかを明らかにした講師も多い。

久志本一郎氏のコーポレート・ガバナンス論
　コーポレート・ガバナンス（企業統治）を正面から論じたのが久志本氏である。久志本氏は長期間企業再生ビジネスに取り組んできた。そうした中でコーポレート・ガバナンスはどうあるべきかを模索してきた。久志本氏はまず企業のステークホルダー（利害関係者）を明らかにし、それらを通してガバナンスを論じている。ステークホルダーとして、株主、取引先、顧客、従業員、国、地域社会の6つを挙げている。
　まず株主と取締役の関係を次のように説明している。「株主がステークホルダーの1人であることは間違いない。一方で株主は取締役を選任するわけです。取締役を誰にするかは株主総会で決めるわけですが、選ばれた取締役が会社を実質的に動かすわけです。株主が会社を動かすわけではありません。取締役は選ばれると、会社の経営を司るということで、非常に重要なステークホルダーになるわけです。もちろん株主であり取締役会の役員でもあるという両面を持っている人もいます」。
　次に取引先、顧客を挙げている。ステークホルダーとして往々にして取引先、顧客を見逃してしまう場合があるが、この取引先、顧客というのは会社にとって重要なステークホルダーであると述べている。次は従業員である。会社の従業員をきちっとステークホルダーとみなす場合もあるが、従業員はただの駒であり、給料さえ出せばいくらでも人はくるというような間違った

終　章　まとめ～厳しく、優しいリーダーを目指す

考え方でやっている会社もある。やはり従業員というのは会社を動かしていく上での重要な構成員なのでこれもきちっとステークホルダーとみなさなければならない、と述べている。他にステークホルダーとして国と地域社会があると指摘している。そして会社はこれらステークホルダーに囲まれたものであり、それぞれが単独で動いているものではなくて、みんなが有機的に関連し合って会社が運営されているということを強く指摘している。

　また、様々な例を引用しながら企業は特に株主だけのものではないと強調している。講話の締めくくりとして、会社は株主だけのものではない、株主以外のステークホルダーの利益も考えなくてはいけない、それが今の主流になっている。最近では、株主とステークホルダーの相互利益の両立を目指す企業経営をすべきであるというのがアメリカにおける最も主流な考え方で、日本でも同じような考え方が現在の主流になってきている、と述べている。

　このように現時点でみれば、企業のステークホルダーは少なくとも6つあげられ、それらすべてに囲まれた存在が企業であり、有機的に関連しているので、社長は6つのステークホルダーの利害を勘案しながらリーダーシップをとっていかねばならない、という基本的なコーポレート・ガバナンスを主張しており、企業経営上の主張として説得力がある。

山岡法次氏のガバナンス論

　山岡氏は企業再建におけるリーダーシップを述べる中でアジア、米国、日本3ヶ国の企業統治について触れている。日本IBM時代の事業再建の経験を踏まえたアジア企業のCEOとしての経営再建、米国企業経営や日本企業経営への参画について述べている。こうした経験をベースに言えば、日、米、アジア3つの地域のマネジメントに基本的な違いはないという。問題点の共有、専門分野のリーダーの選択、そのリーダーに完全に任せた経営、経営目標の達成、というスタイルを粘り強く遂行していけばよいと述べている。

　そうした中でマネジメントの若干の違いについて次のように指摘している。まず経営者選択については、日本の企業では内部の人がトップにいくのが主になるが、海外企業は、その会社が存続するためには誰が必要かを考えるか

ら、内と外と関係なく選択する違いがあるという。

　それから人材育成の点で違いがあるという。一言で言うと、海外企業は個人の成長を通して、個人が良くなれば会社が良くなるという考えを持っている。これについて山岡氏は次のような例を挙げて説明している。それはどういうことかというと、帰国子女は80％が会社を選ぶとき仕事で選ぶのに対して、日本の大学を出た人々は、80％が仕事より会社で選ぶという。仕事に対して個人が成長してくれるということが結果として会社が良くなることに繋がるという思想、これがまだまだ差があるという。

　アジア、米国、日本の企業を比較してみると、経営者選択や人材育成の面での若干の違いは見られるものの、マネジメントの基本的な違いはないという。貴重な指摘である。

前田晃伸氏のガバナンス論

　前田氏もガバナンス論を論じている。前田氏によれば、よくアメリカと日本を比較した話がたくさん新聞に出て、大体の新聞の論旨はアメリカが良くて日本が駄目ということになっているが、自分の判断軸を持ってほしいと述べている。ガバナンスの部分について、日本はアメリカとヨーロッパとのやや折衷型のガバナンスになっているが、何が良くて何が悪いという法則はないという。

　この点について前田氏は次のように説明している。「こういう方法でやれば絶対に偽装事件は起こらないという決まりはなく、人間がやることですからその経営陣が本当にちゃんと見ているかどうかにかかっています。社外取締役を入れたら立派な会社になるとかそういうことはないので、ここはよく冷静に見てほしいと思います。また、アメリカが良くて日本は駄目だとかいう論調が非常に強いので、日本国内では、アメリカ国内以上にそのことが頭の中にたたきこまれてしまう。実はアメリカのほうは日本の良さをものすごくよくわかっている。日本の人は自分の良さをわかっていないという非常に悪い状況にあり、日本というのは実は大変にいろんな意味で進んだ国なので、その部分はぜひ自信を持ってほしいと思います」。

終　章　まとめ～厳しく、優しいリーダーを目指す

海外拠点を含めた全体のリーダーシップを取り、グローバルな立場でグループを引っ張る前田氏ならではの主張であろう。また日本のマスコミが良くないのは、世界的に見ても非常に数が少なく、その少ないマスコミの媒体がほぼ同じ記事をのせているので、判断を間違えやすいということであり、次のように指摘している。「アメリカは多民族でマスコミの媒体が日本の50倍くらいあるので、いろんな意見がいっぱいあります。世の中こんなものだということで右も左も真ん中もいるということなのですが、日本はどうしても数が少ない上に記事が似ているので、これがすべてみたいになって、右だったら右、左といったら左というような非常に危険をはらんだ国です。皆さんが判断するときに『これが本当なのだ』という自分の判断軸を持ってほしい。そうしないと非常に変な国になってしまうと思います」。

我々日本人の欠点は、少ない数の、記事の似た報道に大きく影響されやすいということだと思う。前田氏の警鐘を強く感じざるを得ない昨今である。

4．人生哲学のアドバイス

人間としての生き方、人生哲学については全講師が触れている。これら講師のアドバイスの中から2つの講話について述べたい。

知念常光氏のアドバイス

知念氏は講話のテーマが「必要とされる人、人生の三感王になろう」である。まず必要とされる人になりなさいというアドバイスである。約2万人の社員がいる会社で、あなたにとって一番大事なことは何ですかというアンケートを取ったことがあり、「必要とされる人になりたい」というのが第1位だったという。たとえば結婚している人だったら、奥さん、子供たちに必要とされる。会社で必要とされる。そして大事なことは、自分のほうから相手に関心をもって接していくということであるという。必要とされる人の基本は挨拶であるという。この点について知念氏は次のように説明している。「まず、おはようということがきちんと言えることが大切です。ありがとう

ございます、おはようございますという挨拶をし、明るく振る舞える人になって下さい。明るく振る舞うと相手の立場に立てる人になっていきます。社会人として必要とされる人の第一条件は、相手の立場に立って気遣い、明るく行動できる人です」。

次に大切なことは、人生の三感王になることだという。「人生の三感王になるには、感謝ができること、自分をサポートしてくれる人たちに感謝ができ、それを言葉でありがとうと表現できる人です。もう1つは、ものごとに真剣に取り組んで、大きな感動、小さな感動をゲットできる人です。感動の体験を多く積み上げることのできる人であること。そしてその感謝と感動の2つを意識してやっていくと人間としての感性がどんどん深まり高まっていきます。ですから感謝と感動と感性。この3つが身について、私たちは人として成長して高まっていく。それは人間力が高まるということなのです」という。

そうした三感王になることで私たちがこの世の中に産まれて良かったと思えるような幸せに近づいていき、そして大きな幸せをこの手にしっかり握り締めることができるという。締めくくりに次のように述べている。「皆さんも私も、いつか天国に行くことが決まっていますから、その与えられた大事な時間を、今感謝ができて感動ができて、人間的に変化成長する感性を磨いていくということを大事にしていただきたいと思います。そして人生の三感王になって下さい」と。

知念氏のアドバイスはほかにもたくさんあるが、必要とされる人、人生の三感王になろう、というのが最も重視して述べていたポイントである。心に沁みる言葉である。

深沢英昭氏のアドバイス

深沢氏からは3つのアドバイスがあった。第1に、経済感覚を磨くため新聞を読むことを勧めている。日経新聞が理想であるが、学生であれば朝日、読売、毎日、東京でもよいと述べている。こういった新聞の経済欄は、細かくない分まとまった記事を書いているからだ。それに関して次のように述べ

終 章　まとめ～厳しく、優しいリーダーを目指す

た。「毎日読んで下さい。たまにしか読まないと記事が重く感じられて、長続きしません。少しずつでもいいから毎日目を通して下さい。目のフィルターに徐々に溜まる言葉がキーワードですが、毎日少しずつでも読んでいくと、なんとなくこの記事・言葉が最近多いなというようなことで友達と話していても先生と話していても、臨場感があるような、そういった新聞の読み方ができるんじゃないかなと思います。」

　第2に読書である。「経済に関しての本で私のお勧めは経済人が自ら書いた本です。稲盛和夫さんですとか、ユニクロの柳井正さん、和民の渡辺美樹さんが書いた本などは自分の皮膚感覚みたいなものが等身大で書かれていて、非常に参考にしています」と述べている。

　第3に現地・現場主義だという。「とにかく良い意味で流行に敏感と言いますか、話題になるようなお店とか、場所とかがあれば行ってみる。行ってみるとどんな人が来ているか、どんな顔して皆買い物しているかわかると思います。それを見ながらときどき新聞とか他の人の話を聞くということになると、やっぱりいろいろと多面的な見方ができると思います。よい意味での好奇心を持って、フットワーク軽く動いて下さい。もちろん学生の皆さんですから、すぐに出かけることができると思います。こういうことが積み重なっていくことによって経済感覚というのはおのずと磨かれていくのではないか」と述べている。

　さらに心構えについての次のようなアドバイスがあった。「これから就職すると、会社は楽しいときばかりではなくて、上司に怒られ、同僚と喧嘩し、当然厳しいことも多いと思います。でも結局これからの人生ほとんど職場で時間を過ごすわけですから、とにかく楽しむという、そういった心構えが大事じゃないかと思います。辛いときに辛い顔をしていると周りも気を使って誰も声をかけなくなるということになります。ぶりっ子でもいいから、とにかく辛くても、辛いときこそ楽しそうにしていると、なんだ、あいつ物が売れないくせに、あんなにニコニコしやがって、意外とタフなやつじゃないかとなります。このあたりは人それぞれの考え方がありますが、ニコニコしていれば良いことも来ます。ぜひ実践をしてもらえればと思います」。

最後に得意淡然・失意泰然という言葉を述べられた。人生には波があるのは当たり前なので、良いときは淡々とし逆に悪いときは普通にしている、よく"Business as usual"というが、すぐに舞い上がる、すぐに落ち込むのではなく、本当はすごく嬉しいが普通にしているとか、すごく苦しいが普通にしているということを意識してほしいと述べている。特にビジネスの世界に足を踏み込もうとするのであれば、こういった一種の平常心を意図的に保とうとする心構えが大切だと述べられた。
　いずれも参考にしたいアドバイスである。

あとがき

　本書は編者代表である玉木勝元教授の、玉川大学退職を記念して編纂された。

　ここでは「ビジネスリーダーシップ」という科目が、玉川大学経営学部に、なぜできたのか、その成り立ちについて述べることで、本書のあとがきとしたい。

　「ビジネスリーダーシップ」は、平成13年（2001年）4月発足した玉川大学経営学部の目玉科目の1つとして、平成15年度3年生を対象に開講された科目である。したがって本書は、基本的には平成15年度から20年度まで6年間春学期・秋学期年2回合計12回の実施の実績を背景にして、編纂されたものである。経営学部で最初の外部講師、しかも実業界の有力者を招聘する科目なので、学部からは、特に担当教員を3名配置する特例をこの6年間取っていただいた。担当教員は、本書の編者代表である玉木勝教授（最初の4年間は国際経営学科主任）、青木敦男教授、そして川野秀之（最初の4年間は経営学部長）の3名で行ってきた。玉木教授の退職に伴い、また外部講師の増加の影響もあり、平成21年度は川野1人で担当している。

　玉川大学に経営学部を作るとき、そのコンセプトとして、ビジネスリーダーシップとビジネスエシックスを考えた。指導力と倫理力、この2つがそろっていないと、これからの経営は成り立たないと考えたからである。この考え方は、現実の世界と日本の経済及び経営の動きからして、妥当なものであったと今でも考えている。というより、一層不可欠なものとなったと感じることが多いといえよう。

　これまでに多数の経営者の講話をいただいたが、各講師とも、その点を念頭においた講話をしていただくことができたと考えている。

　玉川大学では、昭和30年以来、平成16年3月まで、経営学部国際経営学科の前身として、文学部英米文学科に1つの専攻を置いていた。名前は、商業貿易専攻、理財専攻、国際経営専攻と変わり、46年間の歴史があり、多

333

数の卒業生を輩出している。

　その最後の国際経営専攻において、4年生の必修科目としておかれていた「国際関係特別講座」が、「ビジネスリーダーシップ」のヒントとなった科目である。もちろん、名称が大きく異なるように、そっくりそのまま移行したわけではないが、そこでの経験が「ビジネスリーダーシップ」にも生かされている。川野は平成9年度・10年度にこの科目を担当し、玉木教授もまた13年度に担当した。この科目は、国際経営専攻発足当初の主任であった石田襄教授や、教務部長であった森久義教授が、当時日本長期信用銀行出身のエコノミストである日下公人先生に依頼して、構成された科目であった。日下先生のコーディネートで講演された中には、高名なジャーナリストである鳥信彦氏、その後日銀副総裁になった藤原作弥氏などが含まれている。また国際金融について講演されたのが、当時長銀にいらした久志本一郎氏と正に玉木教授である。当時長銀投資顧問の専務であった玉木氏の理路整然たる講義に、実は私も魅せられた1人であった。

　その後経営学部開設に当たり、その責任者とされた私が、小原芳明学長の指示のもと、いかに新しい教員を集めるかに苦心した中で、実務家出身の教員をぜひ多数集めたいということがあった。もちろん実務家教員といえども、文部科学省の教員審査で教授資格が認められるだけの研究業績がなければいけない。玉川大学経営学部が認可された年度は、大学の学部の新設は2年審査で、教員1人ひとりの研究業績や教育業績が綿密に審査された最終年度だった。したがってコンサルタントの勧めに従い、審査書類提出までに研究業績をできるだけ多く出すこと、それもできれば単著の書籍を複数出版することが望ましいと厳しい条件をつけた。これは4年後大学院マネジメント研究科設置の際には大いに役立ち、9名のところ11名審査に通過するという快挙をなしとげることができた。その際、玉木教授は、たまたま長銀の破綻といった外在的要素もあったが、玉川大学の経営学部の新設に参加してほしいという我々の要望を快諾され、忙しい仕事の中で2冊の専門書を出版されるという実績を作られた。その点は深く敬服するものがある。

　おわりに、本書の監修者であり、お忙しい中、本科目においてたびたび講

あとがき

話をしていただいた小原芳明学長、そして「ビジネスリーダーシップ」科目設置に大変熱心であり、大変なご助力をいただいた菊池重雄学士課程教育センター副センター長（当時経営学部教務主任）、また科目運営にあたり、大変な助力をしていただいた歴代の経営学部長室長、郡司潔氏と酒井浩氏、さらに各講義を撮影し、講義のビデオやDVDの制作をしていただいたeエデュケーションセンターメディア教育推進室のスタッフの方々、また講義の設営の援助をしていただいた瀬山由美子さんと轡田和子さんに、大きな感謝をささげ、あとがきに代えることといたします。

玉川大学教授・前経営学部長　川野秀之

□監修者
小原芳明（おばら・よしあき）
玉川学園理事長・玉川大学学長

□編者代表
玉木　勝（たまき・まさる）
1966年一橋大学商学部卒業。日本長期信用銀行ニューヨーク支店副支店長、上野支店長、本店事業法人部長、長銀投資顧問株式会社常務取締役、専務取締役、長銀UBSブリンソン投資顧問株式会社常勤監査役などを経て、2001年4月から2009年3月まで玉川大学教授。
著書に『為替・株式・債券・デリバティブ市場』（シグマベイスキャピタル）、『入門 現代日本の金融』（シグマベイスキャピタル）ほか。

企業のトップが語る　ビジネスリーダーシップ

2009年9月25日　初版第1刷発行

監修者 ─── 小原芳明
編　者 ─── 玉川大学経営学部
編者代表 ─── 玉木　勝
発行者 ─── 小原芳明
発行所 ─── 玉川大学出版部
　　　　　　〒194-8610　東京都町田市玉川学園6-1-1
　　　　　　TEL 042-739-8935　FAX 042-739-8940
　　　　　　http://www.tamagawa.jp/introduction/press/
　　　　　　振替 00180-7-26665
装　幀 ─── 折原カズヒロ
印刷・製本 ─── 創栄図書印刷株式会社

乱丁・落丁本はお取り替えいたします。
© Tamagawa University 2009　Printed in Japan
ISBN 978-4-472-40399-6 C0034 / NDC 335